JN080346

新版

Social Welfare
Administration

社会福祉行政

● 福祉事務所論から新たな行政機構論へ

畑本裕介 著 Yusuke Hatamoto

法律文化社

はじめに

読者の方へ：社会福祉行政を理解するための見取り図として

　社会福祉行政は福祉事務所を中心とした運営体制のなかで措置権の行使を行うものという旧来のイメージから大きく変わりました。「措置から契約」へという標語のもと，特定の方を選別して社会福祉サービスを提供するものではなく，普遍的にどなたをも対象とするものに体制が改められたからです。とはいえ，一挙にその体制が作り直されたのではなく，旧来の仕組みに新しい仕組みを接ぎ木するように変更を加えながら今の姿へと至っています。そのため，社会福祉行政の全体像は複雑となり見極めるのは至難の業です。

　まず本書を手に取っていただきたいのは，社会福祉行政にこれから携わろうとする公務員初任者の方や，これから公務員として就職を目指す前に社会福祉行政とはどのような仕組みで運営されているかを知りたいと考えている方です。社会福祉行政を考えていく際の原理や歴史の基礎から紐解き，現状の全体像を理解できるようになっています。さらに本書の特色として，社会福祉行政の課題についても明らかにしていることがあります。学問的に解明した全体像から見えてくる課題や，現場で行政を運営する知見から導き出される課題を解説するという姿勢を取っています。もちろん，政治的・思想的にできるだけ中立であることを心掛けました。とはいえ，課題の取り上げ方には様々な立場がありますので，本書の見解はそのうちの一つと考えてください。皆様の知見が深まるきっかけとなれば幸いです。

　また，公務員試験などを受ける際の択一試験対策，論文試験対策などにも利用できるのではないでしょうか。全体像と課題が解説されているのですからうってつけです。

　ある程度，現場経験を積んだ方も社会福祉行政全体の変化の見取り図を手にするのに役に立ちます。いったん立ち止まって自分の仕事を見直してみる一つの道具になると思います。また，社会福祉行政の外部から，社会福祉行政はど

のように運営されているのかを知りたいと考えている方にも役に立つと思います。拡大し一大産業となった福祉サービス業界は，社会福祉行政と密接に関わって営まれていますので，その知識はきっと有益だと思います。

　次に，これから社会福祉を学習・研究していこうと考えている初学者の方にも手に取っていただきたいと考えています。社会福祉活動は行政と大きく関わって行われますので，社会福祉行政という特定分野の研究者だけではなく，社会福祉に関係する研究者には，社会福祉行政についての知識は研究の基礎です。ここで取り上げられた制度の情報や課題は，研究対象として押さえておくべき知識として整理するのに便利だと思います。

　最後に，社会福祉行政だけではなく社会福祉について関心のある一般の方にも手に取っていただきたいと思います。本書は学術的な研究を踏まえていますが，あくまで一層深い研究への導きの糸のつもりで，理解のしやすさに配慮して執筆していますので，比較的読みやすい内容になっています。

福祉事務所論を越えて

　本書は社会福祉行政の描き方をよりモダンなものにすることを目指し，前著『社会福祉行政——行財政と福祉計画』を下敷きにして，主要部分を大幅に書き改めたものです。前著は「福祉事務所」を中心として描く従来からの社会福祉行政の説明の在り方を抜け出すものではありませんでした。しかしながら，先ほど触れたように，現代では福祉行政の機構はすっかり様変わりしました。依然として福祉事務所は大きな存在ですが，社会福祉行政のその他の分野が拡大したために，その比重を大きく減じてしまいました。むしろ，現在の中心は都道府県庁，市役所・町村役場の「社会福祉関連部局」（福祉部・課，厚生部・課など）でしょう。そのため，副題にも「福祉事務所論から新たな行政機構論へ」とつけさせていただきました。実際の行政機構の運用においては，生活保護行政を担う福祉事務所ですら，独立した専門機関としてよりは，福祉部局の「生活保護課」や地域福祉課の生活保護担当と認識され，そうした看板を掲げることも多いのではないでしょうか。

　もう少し丁寧に書くと，これは，「措置から契約へ」の標語のもと，社会福祉基礎構造・共通的基本事項が社会保険を中心とした利用契約制度に比重を移

したことを受けた機構改革です。かつての行政処分による措置中心の社会福祉行政は，都道府県や市等の比較的規模の大きな制度運営余力のある自治体が担うものでした。しかし，社会福祉サービスがより広がりのある一般的なものとなった時代には，より小規模な基礎的自治体である市町村が中心となりました。介護保険，障害者総合支援制度，子ども・子育て支援新制度等の制度を担うのは，住民にとって最も身近な市町村担当課だからです。こうした大きな変化に合わせて，行政機構論を新たに用意する必要があります。

　一般の方には，行政における社会福祉の担当が，福祉事務所だとか福祉関連部局だと言われても，そのような区別に何の意味があるか不明でしょう。しかし，国，都道府県，市区町村からなる巨大な行政機関が運営されるとき，それぞれの部署内外で細かな役割分担がなされており，それが複雑な仕組みとなるのは当然です。また，行政機関は法律を根拠に運営され，法律は容易には改正されないことを考えれば，常に最適な形で組織が存在するとは限りません。すると，住民の福祉の向上のために適切にサービスを提供するというシンプルな流れに還元されない複雑な組織と手続きができあがってしまいます。こうした仕組みは，分析してみないと全体像が見えてこないもので，不可思議にも学問的テーマとなってしまうのです。

本書の特徴

　本書は社会福祉行政について体系性を備えた分析を試みています。社会福祉行政については様々な角度からの分析があり得ますので，標準的な教科書を標榜するのはおこがましいですが，一つの視点からは一応の体系をもったものとなっていると思います。

　経済学・財政学や法律学の立場からの類書は，比較的新しいものでもそれなりに存在しています。山本隆氏の『福祉行財政論——国と地方からみた福祉の制度・政策』（中央法規）は経済学の立場から詳細な知識を土台にした精緻な書物です。宇山勝儀氏の『新しい社会福祉の法と行政』（光生館）や蟻塚昌克氏の『入門 社会福祉の法制度——行財政の視点からみた全体図』（ミネルヴァ書房）は版を重ねており，法学の立場から基本的な知識を綿密に整理したものです。最近では，山口道昭氏の『福祉行政の基礎』（有斐閣）が実務からの知見を踏まえ

た法学的知見をアップデートしています。

その他にも類書は数ありますが，ほとんどは共著です。こうした書物は，論者ごとの視点の違いが反映してそれぞれが個性的な分析となっていますが，今一つ体系的な記述とはなり得ていないという印象です。

こうしたなかで，本書に特徴があるとすれば次のようなことではないかと思います。社会福祉学・社会政策論 (Social Policy) の立場を中心に，政治学・行政学，社会学，社会理論の成果を利用しながら，体系的に社会福祉行政についてまとめた内容となっているということです。

これらの学問分野は，社会制度や社会現象に理論的考察を施すという手法を主眼にするものばかりです。従来からある社会福祉行政の分析が，制度の込み入った紹介や経緯の説明に力を割いたり，批判的な立場から制度の負の側面をあぶり出したりといったことに力点があるのに対して，本書の依拠する学問は，制度や社会現象のそれぞれの部門がお互いにどのように関連しているのかを説明することに力点があります。制度と制度，機関と機関がどのように補いあって全体としてまとまりたり得ているかを分析しています。

また，できるだけ必要な知識を整理した上で網羅することにも気を配り，項目ごとの記述が過不足ないように心がけ，一つ一つが長くなり過ぎないように気をつけました。こだわりのために長くなってしまった箇所がない訳ではありませんが，なるべく本として厚くなりすぎず読みやすいように一定の配慮をしたつもりです。

記述には連続性がありますので，できればはじめから読んでいただきたいですが，それぞれの章だけを読んでも十分に理解できる記述となっています。また，学習の利便性を高めるため，各章末には，For Study と題して学習のポイントを記しました。

社会福祉行政論とは

次に，具体的な内容について少々注釈を加えさせてください。本書は，社会福祉行政について扱ったものであり，社会福祉政策の個別分野の課題を扱うものではありません。具体的な社会福祉制度・政策の変遷といったものは社会福祉原論・社会福祉政策論の課題であり，社会福祉行政論のなかで取り上げると

煩雑になりすぎます。さらに細かな各領域の制度・政策については，高齢者福祉論，障害者福祉論，児童福祉論，公的扶助論，地域福祉論といった社会福祉の対象別領域で扱われています。社会福祉行政論とは，あくまで社会福祉政策の実施機構に焦点を絞り，その基礎構造・共通的基本事項の行政的側面の解明を行うものです。

　近年，社会福祉行政論の扱う領域を規定する際に，社会福祉の他の領域に配慮して，切り詰めた形を採ることが多くなりました。例えば，社会福祉協議会は地域福祉論で扱うのでそちらに譲ったり，社会福祉法人は社会福祉施設経営論で扱うのでそちらに譲ったりしています。しかしながら，これは学問的要請ではありません。社会福祉学の大学におけるカリキュラムをまとめ上げるために，無理をして住み分けをしたご都合主義とも言えます。全体の結びつきを理解して問題点を洗い出すためには，両項目を含めた社会福祉に関わる様々な制度や仕組みを，社会福祉行政の観点から位置づけ直す作業は欠かすことはできません。よって本書では，社会福祉協議会や社会福祉法人，その他の関連機関に対しても，社会福祉行政論の立場から適切な割合の記述を行っています。学問的な記述においては，やはり体系性が求められるのではないでしょうか。

　とはいえ，こうした体系性は流動的な制度の現在の姿を切り取ったものにすぎません。前著において「社会福祉行政のこれから」というタイトルで扱っていた章は，もはや将来のことではなくなりましたので，「社会福祉行政の現在」として大幅に加筆修正のうえ配置を変えました（第8章）。最終章には，新しく「社会福祉行政のこれから」（第14章）を書き直しています。社会福祉行政の現在の動向と将来の課題についての新しい段階での考察を行った章となっています。

学問からの要請・実践からの要請

　本書は社会福祉学・社会政策論（Social Policy）の立場から記述したと述べましたが，それは著者がこの分野を専門とする研究者だからです。しかしながら，行政学の知見を大いに参考にしています。「一般」行政学の成果を個別分野である「社会福祉行政」に適用して社会福祉行政論としたことが一つの軸となったと言ってもよいでしょう。

　行政学の泰斗と言える西尾勝氏は，行政学を「政府（government）に属するヒ

エラルヒー型組織の集団行動について考察する学」(西尾 2001：47) としていますが，ここでは違う立場を採っています。そういう意味では，いわゆる行政学の主流からは違う位相に立つとも言えるでしょう。それは，本書が社会福祉学・社会政策論 (Social Policy) の研究でもあるからであり，もう一つの軸になっていると言えるでしょう。

　また，今回はより実践的な問題提起の書に衝撃を受けたことも執筆の背景となりました。それは，上林陽治氏の『非正規公務員』，『非正規公務員の現在——深化する格差』，『非正規公務員のリアル——欺瞞の会計年度任用職員制度』(いずれも日本評論社) という単著をはじめとした一連の論考です。私は，前著を書いた約10年前には，社会福祉行政は規模を拡大し，次第に専門職が雇用され，その専門性が最も求められる相談支援業務が紆余曲折はありながらも充実していくのではないかと楽観していました。しかし，事態はそう単純なものではありませんでした。上林氏が指摘するように，相談支援業務を担うのは任期のついた臨時雇用の職位 (会計年度任用職員等) の方々ばかりだったのです。社会福祉を担う職員の方々が不安定な立場に置かれる現実があります。これはせっかく改善されてきた社会福祉行政の挫折ではないでしょうか。私は具体的な個々の問題の摘発にはあまり優れていません。そのため，社会福祉行政の全体像をとらえ，こうした職員の方々の重要性と，その矛盾に満ちた立ち位置について，いっそう理解が進むように，現実の構造を整理することで問題の解決に貢献できればと考えました。

　本書の刊行にあたっては，法律文化社の田靡純子さん，その後編集の作業を引き継いでくださった梶谷修さんから格段のご支援・ご協力を賜りました。田靡さんから前著に引き続く概説書を出し直してみないかとのご提案をいただきましたが，当初はリップサービスなのだろうと思っていました。後になってどうも本気に考えてくださっているのだと分かってからは大変意気に感じて執筆を進めました。ちょうど世界中がコロナ禍に襲われ，私の勤務する大学でも，授業の実施や学生への対応等々において大わらわでしたが，その間隙を縫って執筆を進めることができたのは，やはり，田靡さんが熱意をもって勧めてくださったからです。

　また，途中で担当を引き継いでくださった梶谷修さんは大変熱心に編集作業を引き受けてくださいました。最後の最後まで無理な修正をお願いしてしまいました。

　福祉政策研究会の東京都立大学の圷洋一先生，明治学院大学の金子充先生，関東学院大学の西村貴直先生，法政大学の堅田香織里先生，埼玉県立大学の大岡華子先生には，社会福祉分野の研究仲間としていつも刺激をいただいています。金子充先生が著された『入門 貧困論』(明石書店)という秀作の出来栄えに触れ，これはまずいと焦ったのも執筆を進めた密やかな動機です。

　立命館大学の桜井啓太先生の周りに集まった大阪府の福祉関係職の方々の勉強会に参加させていただき，制度の機微について様々な教えを受け，私の理解の誤りを正していただいたので，本書での大きなミスをいくつか避けることができました。

　国立社会保障・人口問題研究所の泉田信行さん，西村幸満さん，黒田有志弥さん，藤間公太さん，一橋大学の白瀬由美香先生には，社会福祉行政の現場での調査にご一緒させていただき本書執筆のための知見の蓄積に大変お世話になりました。

　また，本書で引用した数々の先生方のご著書は大変参考にさせていただきました。学問は巨人の肩の上に立つことで初めて成り立つと言いますが，まさにその思いです。皆様には記して感謝申し上げます。

　引用した各氏の敬称は省略させていただきました。本書には歴史上の人物も多く登場するため，区別がつけがたいという理由があるからです。何卒ご容赦ください。

　最後になりますが，私の学問の基礎をトレーニングしていただいた中川清先生，霜野寿亮先生の学恩に負うところが大変大きいです。

2021年5月

　　　　　　　　　　　　　　　　　　　　　　　　　　　畑本裕介

第1章

社会福祉行政の定義とその範囲

　本章では，社会福祉行政とはどのような分野であり，何を対象とするのかを明確にするために，概念の定義および関連項目の説明を行うことにする。

　社会福祉行政という言葉を分解すると，社会福祉の行政である。それでは，社会福祉とは何であろうか。また，行政とは何であろうか。これからそれぞれに分けて説明していきたい。社会福祉行政学及び社会福祉行政論とは，それらをつなげた分野ということになるからである。

　説明の都合上，順番を逆にして，まずは「行政」について説明する。ここでは，行政を扱う学問の代表である行政学の議論を参考にして，行政という言葉を明確にする。

　その後，「社会福祉」について説明していくことにしたい。福祉という言葉は多様な使われ方をしており，行政システムのなかに位置づけられた福祉領域を扱う場合には意味合いを限定しておかなければならないからである。

　以上の議論は，社会福祉行政における行政活動とはどのようなものかを理解するための第一歩である。

1　行政・財政とは何か

1-1　行政を学問の対象とするとはどういうことか

　行政とは政治的リーダー（政治家など）をサポートして中央政府・地方政府の管理運営業務を行う部門のことである。民主主義社会では，国や地域の政治的リーダーは民主的な手続きに従って投票などによって選ばれる。いわゆる政治家と呼ばれる人々が中心となる。政治的リーダーは折々の政府の方針を示しその方向へと人々を導く。しかし，政治の前提となる法律や以前から継続している政治のルール・慣習に精通している訳ではない。また，方針は示すが，その方針を最も効率的に実現する方法に必ずしも明るくはない。時代時代に選ばれ

る政治的リーダーにも不得手があるのである。そのため，政治的リーダーには
サポート役が必要となる。政治のサポート役こそが行政であり，それを担うの
が官僚や役人（公務員）と呼ばれる人々である。

　行政は，社会福祉を扱う多様な学問の研究対象となっている。

　社会政策学は，経済学や社会学の立場から社会保障政策や労働政策を扱う。
社会福祉についても，その発展の歴史や国際比較を長く扱ってきた。社会政策
学は，資本主義の発展に対して批判的な視線を常に投げかけるということがそ
の特徴である。そのため，資本主義の発展から負の影響を受けがちな人々を対
象とする社会福祉は社会政策学の重要な研究対象であり続けた。近年でこそ，
民間の組織・団体から公的機関まで，様々なアクターがそれぞれ主体的に福祉
サービスを提供しているが，かつては国家が圧倒的な存在としてサービスを提
供していた。そのため，社会政策学の扱う社会福祉の歴史も国家の政策の歴史
が中心となったし，国際比較も国々の政策の比較であった。よって，国家の政
策を遂行する行政を研究対象とすることは必然的に多くなっていた。

　社会保障制度が世界に先駆けて発達したイギリスでは，社会政策学（social
policy）は日本と比べて労働政策とは関連が薄い。その代わり，住宅政策などま
で含めた生活保障全般を扱う学問となっている。ここにも，その下位分野とし
て，social administrationという行政運営を主に扱う領域がある。

　社会福祉学も政府の政策を扱うことがあるので，社会福祉行政をその研究対
象としてきた。ただし，行政の機能を直接研究対象とすることは必ずしも多く
はない。福祉的支援の対象者に対して行政が権力的な関係となっていないか，
提供するサービスが利用しにくいものとなっていないかといった，利用者の権
利侵害を防止するための研究が多かった。もちろん，社会福祉行政の最前線と
なる福祉事務所などの特定機関の役割や変遷の研究は活発であり，行政の機能
を研究対象とすることがなかったわけではない。

　とはいえ，行政をそのものとして中心的に扱う学問は行政学であろう。よっ
て，行政を学問的にどう扱うべきか，その基本的な考え方を明らかにするには
行政学の知見を参考にするのが最も適切である。

　西尾勝によれば，行政学とは「政府（government）に属するヒエラルヒー型組
織の集団行動について考察する学」（西尾 2001：47）である。アメリカで発達し

▶▶ **column 1** ◀◀

行政の在り方の変化

　わが国の行政制度は中央集権的な色彩が強いものであった。地方自治の類型論からすると，いわゆる集権・融合型のそれである。戦後改革で内務省が解体され，都道府県が完全自治体に改められるなどして，アメリカ型の自治の特質が加味されたが，分権改革までは戦前と同じく，「機関委任制度を継承していること，自治権の範囲について包括受権主義を採っていること，自治体を地域総合行政の主体として維持し続けようとしていることなど」(西尾 1990：385)，大陸型の集権的特質を色濃く残すものであった。そのため，西尾勝は，わが国で行政学の課題を設定して，「ヒエラルヒー型組織の集団行動について考察する学」(西尾 2001：47) であるとしていた。

　西尾は，公的な官僚制組織の特色をいくつかあげるなかで，その「独占的性格」と「政治のメカニズム」に規定されている状況を強調している (西尾 2001：48)。これは現代でも多分に見受けられる現象であろうが，いささか一面的であるようにも思われてしまう。地方分権が進展した現状を考えると，行政研究の定義づけはもう少し違った角度からも考えていく必要があるのではなかろうか。

　第 7 章で詳しく説明するが，1999 (平成11) 年の地方分権一括法 (2000〔平成12〕年 4 月施行) を頂点とする地方分権改革後には，地方自治の在り方には大きな変化が起きた。地方分権改革に伴い，中央集権的なヒエラルヒー的行政体制は相対化され，地方自治体とその行政職員が以前よりも主体性を備え，創造的に制度を構築していくようになった。よって，これからは，地方行政領域の研究は，「権力のヒエラルヒーの研究」からいわば「自治における主体的組織形成の研究」を中心に据えた学問体系へと移行していくことが求められるだろう。

たこの学は，「行政理論」と「組織理論」を車の両輪として発達した。行政理論とは，選挙によって選ばれた政治家による「政治」と政府組織の官僚・役人を中心的な担い手とした「行政」の関係を考察するものである。これは行政の定義を行った本節冒頭の記述に通じるものである。組織理論とは，経営学の視点を行政にも導入して行政組織の仕組みや能率のあり方を考察するものである。本書でも，第 2 章は行政と能率の関係について特に取り上げる章となっている。

　つまり，行政学の考え方では，行政はヒエラルヒー型の上意下達の形を基本としつつ政治をサポートする一方で，政治からは一定の距離をとる組織体であ

る。なぜ距離を取るかと言えば，政治（政治的リーダー）が不得意とする政府運営の能率を特に重視するからであるということになるだろう。本書はこうした行政の在り方を研究対象とするものである。

1-2 社会福祉行政の定義

社会福祉行政は，社会福祉政策を遂行する行政の体制である。それでは，この社会福祉政策とは何であろうか。坂田周一は次のように定義している。

> 「社会福祉政策とは，狭義に理解される実体としての社会福祉実践の背後にあって，それを事業として展開する公私の機関ならびにその従事者の行動方針となる原理ならびに供給体制の構造と運営に関する国および地方自治体の政策であり，法律・規則・要綱・計画・判例などのかたちで表される。」（坂田 2007：13）

すなわち，この定義に従えば，社会福祉政策とは，社会福祉として提供されるサービスや社会福祉に関連する活動を背後で支える国や地方自治体の政策のことである。本書も基本的には政策分野を中心とした学問として，社会福祉行政論を扱うことにしたい。

とはいえ，坂田の定義では，政策は国や地方自治体が担うということが強調されすぎているという意見もあるだろう。戦前に内務省が主導して民間の慈善活動を国家の統制のもとにおいた歴史もあってか，従来は福祉の中心的な担い手は中央政府を始めとした行政であると考えられてきた。しかし，近年は民間の団体と行政は対等であると考えられるようになったし，行政が担ってきた仕事の多くを民間に委託する機会も増えた。また，民間団体がイニシアチブをとって行政の制度を変革することももはや当たり前となった時代である。行政と民間活動には明確な境界線を引くことはできないし，それが望ましくもなくなったと言えよう。社会福祉行政と言っても，純粋な行政体単独で運営しているのではなく，現実には民間諸団体がそのなかに入り込む形で運営されているのである。よって，本書はいわゆる行政機関の各組織の在り方とその活動を扱うのが中心とはなるが，それ以外の機関や団体についても当然言及することになる。

そこで，坂田の政策の定義に少しだけ修正を加えて次のようなものと考えた

い。すなわち，社会福祉行政とは，「社会福祉政策を遂行するために，法律や
それに準ずる命令・規則に規定されている政策をもとに行われる，行政機関及
びそれに準ずる機関，影響を受ける民間の機関を含んだ各機関の活動のことで
ある」というものである。本書は以上の定義をもとに社会福祉行政の解説を
行っていきたい。

1-3　福祉行政と福祉財政

　政策が規定されたとして，それだけでは行政各機関は活動をすることができ
ない。活動の燃料にあたる財源の裏づけがなければ，何事も機能しないのであ
る。政策は規定されたが，財源が整わないという状況は多く，社会福祉行政の
大きな課題となっている。後の各章で述べていくが，憲法25条に規定された生
存権の保障が現実には制限されている問題，地方分権は政策権限と財源の二段
階を経ないと実効性がないといった問題など，政策と財源の領域は相対的に独
立した領域として取り扱わなければ見えてこない場合が多い。この節では，簡
単に問題提起をするだけにとどめるが，こうした視点にもぜひ留意しておく必
要があるだろう。

2　社会福祉行財政における福祉とは

2-1　福祉の二つの意味

　以上で「行政」の意味については説明したが，用語のもう一つの部分である
「社会福祉」という言葉についても説明しておかなければならない。

　社会福祉という言葉も「社会」と「福祉」から成り立っている。「社会福祉」
を英英辞典（『ケンブリッジ英英辞典』）で引くと，「政府や民間の機関によって貧
しかったり，障害があったり，年を取ったりする人々に提供されるサービス」
（services provided by the government or private organizations to help poor, ill, or old
people.）とある。一方，ただの「福祉」は「特に政府や組織によって提供される
（…略…）助け」（help given, especially by the state or an organization…）とある。単
なる福祉は「特に」政府や組織によって提供されるということだから，そうで
はない場合もあるということになるだろう。しかし，「社会」が付くと政府や

民間の機関といった社会的な存在によって提供されることが必須となる。つまり，社会福祉とは，個人による福祉（≒施しや親切）とは違う社会的な広がりを持つ福祉であるということになるだろう。

　よって，社会福祉行政は社会的な広がりのある福祉の行政である。では，その福祉とは何であろうか。福祉という言葉を用いるときには，「地域の福祉や環境を守る取り組みを行う」や「人々の平和と福祉を願う」といったように，人々の「幸福」という意味で使われることがある。一方で，「この町の福祉はどうなっているんだ」や「福祉のおかげで何とか生活をおくれている」といったように，何らかの制度を指して使われ，最初のものとは違った意味合いになっていることもある。一般の用語法で福祉の意味合いは最低でもこのような二つの意味で使われるようである。

　社会福祉学では，これらの混乱を避けるため，それぞれに名前を付けて区別しているようである。前者の人々の幸福という意味合いで福祉という言葉を使うときには，「目的概念」としての福祉と呼んでいる。社会福祉行政が実現しようと目指している目的の状態という意味であり，一人ひとりのニーズが満たされ幸せである状態を指している。この目的概念としての福祉における福祉という言葉は，英語ではwelfareだけではなく，well-beingと表記することも可能ではないだろうか。他方，制度について言及している後者を「実体概念」としての福祉と呼んでいる。これは，広くは目的概念としての福祉の状態を達成するための政策手段のことを指している。いわゆる福祉分野の学問とか福祉分野の仕事，（社会）福祉行政といったように，幸福一般のことではなく「何らかの制度領域」のことを指し示すと考えてよいだろう（古川 2008: 182）。（社会）福祉政策というときには，こちらの意味合いで用いられる。

　こうした言葉の混乱は，一般の用語法に限ったものではなく，公的な文書においても散見されるものである。大学の教員が，自分は社会福祉の思想を教えていると言ってはばからない場合に，実は後者の実体概念ではなく前者の目的概念である場合も多い。

　さらに，こうした言葉の混乱は，何も日本に限ったことではない。イギリスの社会政策学者ポール・スピッカーは，「福祉」（welfare）の意味するところを三つに分類した。三つの分類を引用すると，「(1)福祉は『ウェルビーイング』を

意味することがある。(…略…)(2)福祉は，社会サービスの供給を意味することがある。『社会福祉』はふつう，国家によって供給される一定のサービスをさす。(3)とくにアメリカの文献では，『福祉』は(…略…)とりわけ貧困者を対象とした資力調査付きの社会保障給付をさすことがある」(Spicker, 1995＝2001：67) とされている。(1)は日本で言うところの「目的概念」であろうし，(2)は「実体概念」であろう。(3)は海外に独特の用法であるが，日本でも「福祉」という言葉を否定的な意味合いで用いるときに海外のこの言葉の意味が反映しているといえるだろう。

[2-2] 社会福祉行政における社会福祉とは

　それでは，社会福祉行政といったときの社会福祉とはいかなる意味であろうか。基本的には「実体概念」としての社会福祉という意味合いで用いられている。しかしながら，具体的にどういった領域の制度を指しているのかを示す段階になると，世界の社会福祉政策は国ごとにその定義が異なっており，統一的な定義がある訳ではない。よって，それぞれの国ごとに対象とされている制度領域を確認しなくてはならない。わが国の社会福祉行政においては，社会福祉という言葉は次の社会保障制度審議会の勧告のなかでの用語法に従うことが多いようである。本書でもこの用語法を踏襲することにしたいと思う。ちなみに，この勧告は1950年に出されたので，「50年勧告」と通称されており，戦後社会保障制度の出発点となる勧告である。

> **社会保障制度に関する勧告（社会保障制度審議会, 1950〔昭和25〕年10月16日）**
> (…略…)社会保障制度とは，疾病，負傷，分娩，廃疾，死亡，老齢，失業，多子その他困窮の原因に対し，保険的方法又は直接公の負担において経済保障の途を講じ，生活困窮に陥った者に対しては，国家扶助によって最低限度の生活を保障するとともに，公衆衛生及び社会福祉の向上を図り，もってすべての国民が文化的社会の成員たるに値する生活を営むことができるようにすることをいうのである。
> ＊下線は筆者。

　この勧告は戦後社会保障行政の方向性を基礎づけたものと評価されている。そのなかで，社会保障制度の定義を行い，この制度は社会保険，社会福祉，公

			給付費（構成比） （平成29年度） 計116.1兆円
個人・世帯を対象とする給付	社会保険 国民が病気，けが，出産，死亡，老齢，障害，失業など生活の困難をもたらすいろいろな事故（保険事故）に遭遇した場合に一定の給付を行い，その生活の安定を図ることを目的とした強制加入の保険制度	医療保険，年金保険，介護保険，雇用保険，労働者災害補償保険	102.8兆円 −88.60%
	社会福祉 障害者，母子家庭など社会生活をする上で様々なハンディキャップを負っている国民が，そのハンディキャップを克服して，安心して社会生活を営めるよう，公的な支援を行う制度	障害者，老人，児童，母子等に対する福祉等	12.6兆円 −10.90%
	公的扶助 生活に困窮する国民に対して，最低限度の生活を保障し，自立を助けようとする制度	生活保護	
社会保障の基盤をかたち作る国民全体を対象とする施策	公衆衛生 国民が健康に生活できるよう，様々な事項についての予防，衛生のための制度	食品衛生，結核，感染症，麻薬対策，上水道等	0.6兆円 −0.60%

　（注）1：社会保障制度審議会「新しい世紀に向けた社会保障〈意見〉」（平成12年9月），社会保障制度審議会事務局
　　　　　「社会保障制度のあらまし」（平成10年11月）を基に作成。
　　　　2：給付費は，社会保障・人口問題研究所「平成17年度社会保障給付費」による。
　　　　　旧社会保険庁ホームページより（http://www.sia.go.jp/infom/text/shakaihosyou01.pdf）
　※　社会保障・人口問題研究所「平成29年度社会保障給付費」により給付費を著者が調整。給付費のうち「恩給」，
　　　「雇用対策」，「戦争犠牲者」，「他の社会保障制度」の項目は除いて集計。社会福祉・公的扶助の集計に「家族手
　　　当」の項目を含めた。四捨五入のため割合の合計は100%となっていない。

的扶助，公衆衛生の4分野からなるとしたのであった。ここでの「社会福祉」
という言葉は，社会保障制度のなかの一分野という意味であり，目的概念とし
ての福祉を達成する集団全体を指しているのではない。厚生労働省・旧社会保
険庁がホームページ上で発表した資料を参照すると（図1−1），「障害者，母子
家庭など社会生活をする上で様々なハンディキャップを負っている国民が，そ
のハンディキャップを克服して，安心して社会生活を営めるよう，公的な支援
を行う制度」ということになっている。

　つまり，イギリスにおいてパーソナル・ソーシャル・サービスと呼ばれている，金銭の支給ではない直接の対人援助サービスによって支給される社会的支援の提供や，ハンディキャップを負った対象者に特に的を絞った金銭的支援を担当する分野ということになる。すなわち，戦前の日本では「社会事業」と呼ばれていた分野である。社会福祉行政というときにも，慣例上この意味合いで用いられることが多いので，本書でも実体概念におけるこの最狭義の意味合いで用いたいと思う。

　ただし，この50年勧告では，社会福祉と公的扶助（生活保護）は区別され別分野とされているようであるが，歴史的な経緯を考えて，社会福祉行政という場合の社会福祉には公的扶助制度も含まれていると考えることにしたい。もともと社会福祉制度は戦前の救貧行政（現在の公的扶助行政）から派生したものであり，両分野は一体となっている側面が強いのでこうした考え方となる。よって，社会福祉行政という言葉を用いるときには公的扶助（生活保護）行政のことも含まれることになる。

2-3　社会福祉の拡大？

　ここで，定義の話は終わりかと一息つきたいところだろうが，実はまだ終わりではない。日本の社会保障制度と社会福祉のそのなかでの位置づけについては，社会保障制度審議会の50年勧告の示した定義に従うのがまだまだ一般的である。しかし，図1-1を見れば明らかなように，この定義づけは現状からかなり乖離してしまっている。

　はじめから社会保険のシェアは圧倒的に高かったが，現代では全体の9割前後を占めるまでになっている。医療保険や年金保険といった高齢者のための社会保障が伸長したという社会保険制度内部の事情が最も大きな原因である。

　しかしながら，もともと社会福祉の領域であった制度が社会保険の方へ移行したことも社会保険のシェアを押し上げた理由の一つである。老人・高齢者介護は，介護保険の登場とともに社会福祉から社会保険に移し替えられた。障害者福祉は，給付費の面では社会福祉の領域のままではあるが，障害者自立支援制度・障害者総合支援制度の導入の少し前から運営においては極めて保険制度と近しいものとなった。保育所も措置として運営するというよりも契約をベー

スとした利用制度へ移行し，これまた保険制度のような運営法である。このように，現在では，社会福祉は社会保険のなかに一部が入り込み，社会保障制度審議会の50年勧告の示した棲み分けでは実態がうまくつかめなくなっているのも事実である。

　支援の現場でも，社会福祉と年金・医療といった社会保険を切り分けて運営するのは実態とはあっていない。国民健康保険をはじめとした医療保険の保険料を滞納すれば，生活保護制度の医療扶助に切り替えられる。年金が少なく生活できなければ同じく生活保護制度の生活扶助を利用することになるといったように，両領域の制度の統合的運用が必要だからである。

　よって，社会福祉行政を考える際に社会福祉を少し拡大して考える必要が出てくるのではなかろうか。基本的には50年勧告の定義に従うが，「50年勧告の示す社会福祉及びその隣接領域」と考えていくのが現状を一番うまくつかむ定義であろう。

　こうした定義の変更は，社会福祉行政の制度を理解する際にすぐに変化を生み出すものである。従来は，社会福祉行政を担う機関と言えば「福祉事務所」を中心とした各種相談所のことを指した。しかし，現代では，むしろ社会保険及びその隣接制度を運営する介護保険課，障害福祉課，地域福祉課といった市役所・町村役場の福祉部局（いわゆる「福祉課」）も大きな位置を占めるようになった。さらに，ここに国民健康保険課なども加えて捉えると，より実態を反映している。もはや，社会福祉行政を担う機関は，福祉事務所と並んで福祉課なのである。第8章にて，こうした社会福祉行政の在り方の変化について紙幅を割いて説明していきたい。

　社会福祉行政論とは長らく福祉事務所を中心とした措置行政論と言ってもよかった。しかし，現代の社会福祉は利用・契約制度によって主に提供されている。本書の大きな提案の一つは，こうした新しい時代に対応し，社会福祉行政の全体像を定義しなおすことである。すなわち，福祉事務所・福祉課を包括する措置及び契約制度運営論として提示していくことである。

　以上，社会福祉行政という言葉をめぐってのいくつかの問題点を考察してきた。言葉の定義の問題は面倒ではある。とはいえ，言葉が混乱しているという

ことはその裏に制度を運営する諸事情が反映しているからであり，歴史的な経緯もあるから，その機微を理解するためにもぜひとも確認しておく必要がある。

　次章からは，社会福祉行政をめぐる具体的な諸問題に踏み込んでいくことにしよう。学習のためには，順を追って読み進めてもよいし，興味関心のあるところから読んでもよい。

(For Study)

1) 行政機関に勤務する公務員が自分はどのようなイメージをもっているかを確認してみよう。上の命令に従うだけの受動的な存在だろうか。地域や公共の利益のために能動的に働く存在だろうか。

2) 社会福祉という言葉には二つの意味がある。それぞれどういう意味合いで用いられるかを確認しよう。

3) 社会福祉という言葉が自分の身の回りで十分に理解されているかどうか観察してみよう。理解が進んでいないと感じた場合，理解を進めるためには行政はどのような対策を立てなければならないかを考えてみよう。

参考文献

古川孝順，2008，『社会福祉研究の新地平』有斐閣

西尾勝，1990，『行政学の基礎概念』東京大学出版会

―――，2001，『行政学　新版』有斐閣

―――，2007，『行政学叢書5　地方分権改革』東京大学出版会

坂田周一，2007，『社会福祉政策（改訂版）』有斐閣

Spicker, P., 1995, *Social Policy Themes and Approaches*, Simon & Schuster Company ＝武川正吾・上村泰裕・森川美絵訳，2001，『社会政策講義――福祉のテーマとアプローチ』有斐閣

第2章
社会福祉行政の効率的運営

　近年，行政という言葉を使うときには，「公務員はいらない仕事ばかりする
から仕事が滞る」だとか「役人がやることだから効率が悪い」などといった非
難の意味合いとともに用いられることも多い。社会福祉行政の各制度につい
て考察する前に，それら全体に通底する問題として，この能率・効率の問題
を取り上げたい。こうした考察は，そもそも行政が社会福祉にかかわること
にどのような意味があるのかという基本的な問いを考えるきっかけともなる
はずである。

1　行政における能率・効率

1-1　能率の学としての行政学

　近年になって特に問題にされることが多くなったということは確かである
が，そもそも行政学の成立自体がこの能率・効率の問題と密接に関係してきた。
　ドイツには官房学として行政機構について研究が行われてきた歴史がある
が，近代行政学はアメリカにおいて発達した。後の第28代大統領であるウッド
ロウ・ウィルソン（W. Wilson）の論文「行政の研究」（1887年）とフランク・グッ
ドナウ（F.J. Goodnow）の著書『政治と行政』（1900年）がアメリカ行政学の出発点
であると言われている（西尾 2001：28）。政党政治の紛糾が行政に混乱を及ぼし
ていたために，政治とは分離した行政の任務の基礎理論を確立しようとした業
績であった。こうした行政理論は，1906年に設立されたニューヨーク市政調査
会の設立を皮切りに現実のアメリカ地方行政改革に適用されていった。ここで
は，当時流行し始めていた企業経営の科学的管理法を地方行政の公的経営
（public administration）にも適用することが目指された。すなわち，行政を経営
するという考え方であり，行政の「節約と能率」（economy and efficiency）を探求

しようとする姿勢であった。

　このように行政学は政治学とは違った視角で公的機関の統制をおこなう学問として始まった。わが国でも，戦後GHQの指導の下，アメリカ行政学の影響を受け，行政の目的を掲げた各種法令において「民主性」とともに「能率性」を指導原理に掲げている（地方自治法1条, 国家公務員法1条, 地方公務員法1条など）。

■地方自治法

　第1条　この法律は，地方自治の本旨に基いて，地方公共団体の区分並びに地方公共団体の組織及び運営に関する事項の大綱を定め，併せて国と地方公共団体との間の基本的関係を確立することにより，地方公共団体における<u>民主的にして能率的な行政の確保を図る</u>とともに，地方公共団体の健全な発達を保障することを目的とする。

■国家公務員法

　（この法律の目的及び効力）

　第1条　この法律は，国家公務員たる職員について適用すべき各般の根本基準（職員の福祉及び利益を保護するための適切な措置を含む。）を確立し，職員がその職務の遂行に当たり，最大の能率を発揮し得るように，民主的な方法で，選択され，且つ，指導されるべきことを定め，以て国民に対し，<u>公務の民主的且つ能率的な運営を保障する</u>ことを目的とする。

■地方公務員法

　（この法律の目的）

　第1条　この法律は，地方公共団体の人事機関並びに地方公務員の任用，職階制，給与，勤務時間その他の勤務条件，分限及び懲戒，服務，研修及び勤務成績の評定，福祉及び利益の保護並びに団体等人事行政に関する根本基準を確立することにより，<u>地方公共団体の行政の民主的かつ能率的な運営</u>並びに特定地方独立行政法人の事務及び事業の確実な実施を保障し，もつて地方自治の本旨の実現に資することを目的とする。

1-2 多様な能率観

　とはいえ，行政は私企業ではないため，能率・効率ばかりを重視した運営がなされても本来の目的が達成されたとは言えない。今掲げた各法のなかにも「能率」以外に「民主的」であることを目指すと書かれているように，行政機関の公共的性格を考えれば「正統性・合法性・公平性」といった価値基準も重視

されなければならないだろう。社会福祉行政においては特にこの視点が重要となってくるので，節を改めて詳述したいと思う。

　もちろん，行政学における能率のとらえ方は単純ではなく，費用と効果との関係を機械的に判断するだけにはとどまらない。概念自体のなかに住民の主観的な評価を導入する議論も存在している。先にアメリカ行政学は能率の観点に注目してきたと記したが，この能率概念の確定的な定義はいまだに存在しない。能率を民主的な政治とは対比される行政領域特有の問題意識と捉えても，その考え方には最低でも二つあると言われている（西尾 2001：347-358）。

　まずは，正統的な能率概念であり，「ある活動に投入された努力とその活動から産出された成果との対比」（①）と考えるものである。かかった経費や作業量・事業量にたいしてどれだけの効果があったかを数値で比較する「費用効果分析」である。数値で各種の事業を比較することが可能となるという考え方だから，能率の測定方法としては最も明確である。こうした能率観は，行政学において「機械的能率」・「技術的能率」と呼ばれている。ところが，行政活動の効果は明確に測定できるものばかりではない。個々の活動の評価であれば測定が可能になる場合も，その事業が「福祉の増進」などの行政目的に照らして有効性をどの程度持つかを複合的な要因のなかで検証するのは容易ではない。デイサービスセンターに支出された補助金に対する地域住民の利用頻度のような指標であれば測定できるが，地域福祉の増進といったような貨幣価値などの数値に換算して測定可能な評価基準にはなじまないような指標の測定は難しい。

　こうした問題点を克服するために，行政学ではもう一つの能率概念が生まれた（②）。それは，「組織の職員の勤労意欲（モラール）とこの組織に所属していることに対する満足感，並びにこの組織が生産・供給している財・サービスの消費者などの抱いている満足感」（西尾 2001：349）によって決まると考えられる能率の考え方である。これなら，利用者や住民にアンケート調査を行って満足感を問えばよいから，地域における「福祉の増進」のような指標であっても測定可能となる。これを能率から特に区別して「有効性」（effectiveness）と呼ぶことも多い。こうした能率観は，行政学において「社会的能率」と呼ばれている。とはいえ，こちらの能率観だけを採用すると，費用に対する効果を統制する視点は緩み，利用者や住民が満足するように財やサービスの供給にかける経費と

人員が増大しつづけるという結果になりやすい。両者のバランスを考えながら能率の測定を行っていくことが必要であろう。

②の能率観では，利用者や住民の満足度調査を行うのだから彼らの意向を伺っていることになり，より民主的である印象を与える。しかしながら，生の意見を発したり，政策過程に実質的に参加する機会が与えられている訳ではないから，「民主的」手続きが確保されたとは言い難い。また，よくある批判のように，行政は能率が悪いから悪であるというようなステレオタイプな批判に陥ってしまいがちである。結局のところ，①であれ②であれ，費用対効果を最適化する，能率的・効率的に作業を進捗させるといった価値観を満たすだけでは，行政に求められる要請をすべて満たしたとは言えないということは確認すべきであろう。次に，社会福祉行政における能率と民主制の問題について考えてみたい。

2　行政の能率・効率と民主主義

2-1　社会福祉行政と民主主義

能率的・効率的行政の目的が，コストをかけずに有効な政策を実施したり資源再配分を行ったりすることであるならば，民主的行政の目的は，憲法25条に規定される生存権をはじめとした各種の権利や生活上の福利を保障することであろう。

転じて地方行政に目を向けても，地方自治の概念は行政学において両者に対応して区分されている。行政効率にばかり注目する訳ではなく，行政統制の問題まで含んだ理念であるが，能率的・効率的行政を重視した自治のあり方は「団体自治」と呼ばれている。一方で，民主的行政を重視した自治のあり方は「住民自治」と呼ばれている。イギリスの法学者ジェームズ・ブライス（J. Bryce）が「地方自治は，民主主義の最良の学校である」と言った言葉に代表されるように，住民参加による地域の運営と地域生活の民主化を求めることが住民自治を反映した自治行政の目的となる。

社会福祉行政は，生存権の保障を直接的な目的とするのだから，能率・効率だけを重視するだけではその目的を十分には達成できないということに，とり

わけ敏感でなければならないだろう。生活上の困難を取り除き，ぜい弱性の高い（vulnerable）人々へ配慮することで，行政が民主的であるかどうかを判断する尺度に用いられることすらある。

　とはいえ，大河内一男が社会福祉（当時は社会事業）を残余的カテゴリーとして扱ったように（社会政策生産力説）（大河内 1938＝1981：119-120），社会福祉は労働者保護の対象から漏れた者だけをすくい上げ，財政逼迫の際には排除される慈恵的なものと考えられてきた歴史がある。かつては，他の行政領域からははみ出したので，できるだけコストを節約し「効率化」するためのゴミ捨て場のようなカテゴリーと考えられてきたふしすらある。

　今となっては驚くべきことではあるが，田村栄一郎が指摘するように，学校給食はコスト削減できない「教育」の対象か，それともコストを節約できる「福祉」の対象かといった滑稽な論争があったことは象徴的である。多少長くなるが引用しておこう。

　　「日教組は，一九七九年七月五日，福岡市での大会で，従来，『学校教育を教育活
　　動とは絶対に認めなかったのに』『今回初めて，学校給食には福祉だけでなく教育
　　の面もあることを認めた』という。こうなるまでには，実は次の事情，すなわち，
　　調理の人たちが属する自治労が，『食事の際のマナーも含めて学校給食はりっぱな
　　教育の場だ。福祉というなら，ただ食べさせればいいということになってしまう』
　　として，以前から日教組とは，意見を異にしていたのだが，一年近く双方の折衝の
　　結果，給食を『……教育と福祉の両面から統一的にとらえなければならない』との
　　結論を出すことでまとまったという事情があった。（…略…）［こうした福祉観は，］
　　当事者たちの，福祉は教育より低次元でよい，という思考パターンを描き出してい
　　るといって過言ではない。」（田村 1980：71-72）（［　］括弧内は著者による補足）

　その後，給食は福祉から教育に「格上げ」されたのだから，教師が指導しなければならない領域になったとされる。それまでは，福祉なのだから雑務として処理すればよい対象だったとのことである。著者は小学校のころに三角食べなるもの（ご飯と汁物とおかずを順序よく食べること）をやらされた。こういう食べ方はおいしいとは思えないが，先生は給食まで指導してくださるとは偉大なものだと幼心に感心したものである。今思えば，教育の政治に巻き込まれた児童だったのかもしれない。かつてより福祉の場である保育所と教育の場である

幼稚園の一元化を主張する意見があるが，こうした福祉観が障害となってなかなか議論が進展しなかったという面もあるのだろう。やっと認定こども園制度が定着してきたが，ずいぶんと長い道のりだったものである。

　このように，行政はもともと政治との対立概念として概念化されてきたからといって，能率・効率のみをその運営の基準にしてしまえば，社会福祉を貶めるような歪んだ構造ができあがってしまう。社会福祉に注目して行政を考える際には，効率・能率だけではなく，行政目的や理念をどう達成するか，当事者がいかに参加できるか，ぜい弱性を抱えたメンバーをどうサポートするかといったような民主性を重視しなければならないことは容易に理解できるであろう。

2-2 福祉国家の要件

　そもそも，福祉国家は「市場の失敗」を補うことがその存立の根拠である。武智秀之は，公共財の提供，所得再分配，外部性（外部不経済）への対応といった点に注目し，市場だけでは人々の生活が維持されえないために国家による行政的救済が必要となると解説している（武智 2001：4-8）。

　「公共財」とは，非排除性もしくは非競合性を持つ財である。非排除性とは，財の利用料を支払わなくとも誰でも利用できる財のことである。例えば公園の利用は，通常利用料を取らず誰にでも利用可能なのでこの非排除性の要件を備えている。一方の非競合性とは，利用者が増えても維持コストが変わらない財（サービスの増加によってサービス供給の総費用が変わらない財）である。道路は，一定限度内ならどれだけ利用されても維持費は一緒なのでこうした要件を備える財である。狭義の社会福祉ではないが，第1章の図1-1に示されていた公衆衛生政策（食品衛生，結核，感染症，麻薬対策，上水道など）によってもたらされるサービスは，誰もが利用でき利用料に制限を設けないことが多いから公共財の事例としてうってつけであろう。

　「所得再配分」とは，国家が税や社会保険料を高所得者を中心にして集め，低所得な者へ配分し直す仕組みのことであり，社会福祉の起源とも言える。市場メカニズムが商品の生産・販売を効率的に行ったとしても結果として過度の不平等が生じてしまうという事態を修正する。

　最後の「外部性（外部不経済）」とは，市場競争の結果生まれた副産物のことである。本来の市場の目的とは違った結果がもたらされるために，往々にして市場だけでは対処できない事態が発生する。よって，福祉国家による調整が必要になる。大気汚染や水質汚濁などのいわゆる公害への対策がこれにあたる。かつて，ウィリアム・A・ロブソン（W. A. Robson）（『福祉国家と福祉社会』）や宮本憲一（『社会資本論』）は，環境問題を新しい福祉の問題として取り扱うべきと主張したが，これは福祉国家が福祉を行い外部不経済に対処するよい事例であろう。

　こうした事例は，市場効率に対する民主主義の必要性を直接的に示すものではないが，その基盤となる福祉国家が必要になるということは示されている。福祉国家と民主主義をダイレクトに結び付けることには異論もあろうが，一つの考え方ではあろう。社会福祉行政の基盤となる福祉国家自体が市場を離れた非効率性から生まれているのである。こうした問題は，福祉給付のラショニング（割当）の問題と関連させて福祉財政を扱う第5章及び福祉事務所を扱う第9章でも取り上げる。

3　行政能率・効率の新潮流

3-1　NPM（新公共管理 New Public Management）

　能率・効率に比重を置くか，それとも民主的であることに比重を置くかといった議論は一進一退し，時代によってどちらが重視されるかは変わってくる。戦後民主主義のもとでは，社会福祉行政は民主制を追求するために比較的予算制約は緩やかだった。しかし，その後，能率・効率に再び注目が集まった時期もあった。さらに後には，効率・能率重視の思想への反省が生まれた時期もあり，行きつ戻りつのプロセスをたどった。

　能率・効率が再び注目されたきっかけは，1990年11月に政権に就いたイギリスのメージャー保守党政権であった。この政権はそれ以前のサッチャー政権の民営化路線を一歩進め（次の段階〔Next Step〕），行政そのものの管理手法に民間企業の経営的な手法を取り入れた。これは一般にNPM（New Public Management）と呼ばれている。このNPMとは，行政実務の現場を通じて形成された行政運

表 2-1 厚生労働省所管の独立行政法人 (平成31年4月現在)

勤労者退職金共済機構, 高齢・障害・求職者雇用支援機構, 福祉医療機構, 国立重度知的障害者総合施設のぞみの園, 労働政策研究・研修機構, 労働者健康安全機構, 国立病院機構, 医薬品医療機器総合機構, 医薬基盤・健康・栄養研究所, 地域医療機能推進機構, 年金積立金管理運用独立行政法人, 国立がん研究センター, 国立循環器病研究センター, 国立精神・神経医療研究センター, 国立国際医療研究センター, 国立成育医療研究センター, 国立長寿医療研究センター：17法人

(注) 福祉医療関係では, 他に内閣府所管の日本医療研究開発機構がある。

営理論であり,「民間企業における経営理念・手法, さらには成功事例などを可能なかぎり行政現場に適用することで行政部門の効率化・活性化を図ること」(白川 2001：59) である。それまでの行政管理では, 予算を効率化する場合には, ほぼ全予算に削減幅を一律に課すことで金額の削減を行うのがせいぜいであった。一律に天井を設けるから, こうした手法はシーリング (ceiling) と呼ばれる。しかしながら, NPMは, よりきめ細かいノウハウが蓄積された民間の知恵を導入することで, 本質的な効率化を目指そうという発想であった。

メージャー政権におけるNPMにおいて特に注目されたのは, エージェンシ (独立行政法人) とPFI (Private Finance Initiative) の活用である。このうちエージェンシとは, 行政機関を企画・立案部門と執行部門に分離し, 後者を担うために新たに設けられた独立機関である。人事や財務についての自律性を高めることで行政特有の制約・しがらみを断ち効率化を目指す。また, 執行部門を企画・立案部門が監視し, 十分な成果が上がらない場合には制裁的措置を加えることで目標管理を厳密にする。わが国でも, 国立公立病院や研究所の多くが独立行政法人になったり (表2-1), 名称が異なるが大学が国立大学法人や公立大学法人になったりしたように, この手法は本格的に導入されている。

3-2 PFIとは

NPMの手法として最も注目を集めたのがPFIである。このPFIには様々な手法が混在しているが, 典型的なタイプは次のようなものとなるだろう。すなわち, 路, 橋梁, 病院, 学校, ごみ施設といった公共施設などの従来は公共部門が担ってきた社会資本整備を, 資金調達・建設・運営まですべて民間に任せ, かかった費用を後から返済する制度である。最初は施設建設を伴うものが

多かったが，施設を建設せずにサービスを運営する場合にも利用されるように
なっている。

　我が国においても，1999（平成11）年 7 月に「民間資金等の活用による公共施
設等の整備等の促進に関する法律」（PFI法）が成立した。すでにしばらく時間
が経過しているので，現在では地方自治体ではこの PFI を利用した公共施設整
備が随分と進展している。施設運営の始めから終りまですべてを委託する方式
であるため，長期の契約を結ぶことが特徴となる。そのため，PFI法では，30
年もの長期契約ができる仕組みとなっている。

■民間資金等の活用による公共施設等の整備等の促進に関する法律
　（国の債務負担）
　　第68条　国が選定事業について債務を負担する場合には，当該債務を負担する行為
　　により支出すべき年限は，当該会計年度以降30箇年度以内とする。

　次に，このPFIの特徴をまとめてみよう。それは，①民間の資金・ノウハウ
の活用と②VFM（Value for Money）の達成である。

　まずは，①であるが，先の説明通り社会資本整備の最初から終りまでを原則
として包括的に民間事業者に委託する。すなわち，事業者がPFIを受注する場
合，資金調達・建設・運営といった事業の流れすべてを担当する。民間のノウ
ハウを最大限に発揮させるためにはこうした方式が有効であろう。また，発注
においてもあらかじめ業務内容を細かく「仕様」として定めておくのではなく，
事業に必要な機能だけを定めておき後は受注事業者の創意工夫に委ねる「性能
発注」が採られることになる。この際に，一企業ではそのすべてのノウハウを
持つわけではないし，資金調達にも苦しむので，複数の異業種企業が企業連合
（コンソーシアム）を組むこととなる。この時作られるのがSPC（Special Purpose
Company 特定目的会社）である。このSPCを主体として運営や保険契約など事
業が統括される。

　次に②である。VFMとは，従来方式と比べてPFIを導入したときにどれだ
けコスト圧縮できたのかを表わす用語である。税金等を原資とする一定の支払
に対して，最も価値の高いサービスを提供することが目指されるためこの名称
となっている。社会資本整備にPFIを適用する際には，このVFMの確保が見

図2-1　VFM（Value for Money）

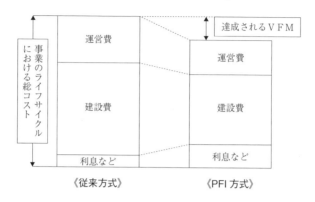

込まれなければ意味がない（図2-1）。VFMが達成されれば，事業が効率化された ということになる。また，見込まれるVFMを前提に行政と事業者は契約を結ぶので，事業に損失が出た場合には契約を受注した事業者がその損失の責任を負うことになる。そのため，契約においては，損失に備えた保険契約も含まれることが通例である。

　こうしたPFI方式による事業の運営は，社会福祉分野でも一時期大変注目された。しかし，将来的に民営から公営に転換されるものであるとはいえ，そもそも公設施設を建設することが少なくなってきたために，現在は事例がそれほど多くはなくなった（表2-2）。

3-3 PFIの問題点

　VFMを見込んだ契約であるため，行政にとっては好都合な条件ばかりのようにみえる。とはいえ，このPFIには問題がないわけではない。[1] まずは，① SPCは民間事業体であるため，破たんリスクがあるということである。民間事業体は破産する可能性があるため，そうなればかかったコストの回収が困難となる可能性もある。保険が掛けられていても，保険内容によっては損失のすべてが賄われるとは限らない。実際，破綻をした事例も存在する。福岡市がPFI契約を結んだ健康増進施設「タラソ福岡」（福岡市臨海工場余熱利用施設整備事業）は，2004（平成16）年にPFI事業最初の破たん例となった。この事例では他の民

表2-2　社会福祉施設におけるPFIの導入状況

社会福祉施設におけるPFIの導入状況（老人福祉施設）

東京都杉並区 　新型ケアハウス整備等 　事業 　井草介護強化型ケアハ 　ウス整備等事業	BTO 方式 BTO 方式	平成14年2月　実施方針公表（新型ケアハウス） 　　　　　4月　事業者募集開始→13事業者が審査通過 　　　　　7月　事業者決定（㈱ベネッセケア〔現㈱ベネッセスタイ 　　　　　　　　ルケア〕） 平成16年4月　施設運営開始 平成16年2月　実施方針公表（井草介護強化型ケアハウス） 　　　　　4月　事業者募集開始→5事業者が審査通過 　　　　　8月　事業者決定（株式会社ニチイ学館） 平成18年4月　施設運営開始
千葉県市川市 　ケアハウス整備等PFI 　事業	BTO 方式	平成14年6月　実施方針公表 　　　　　7月　事業者募集開始→3事業者が審査通過 　　　　11月　事業者決定（（社福）長寿の里，㈱日本設計，大成 　　　　　　　　建設㈱，スターツ㈱，上條建設㈱によるグループ） 平成16年9月　施設運営開始
愛知県高浜市 　新型ケアハウス整備事 　業	BTO 方式	平成14年8月　実施方針公表 　　　　　9月　事業者募集開始→4事業者が審査通過 平成15年2月　事業者決定（株式会社アサヒサンクリーン） 平成16年4月　施設運営開始
東京都中央区 　認知症高齢者グループ 　ホーム等の整備・運営 　事業	BTO 方式	平成14年3月　実施方針公表 　　　　　9月　事業者募集開始→7事業者が応募 平成15年3月　事業者決定（株式会社ジャパンケアサービスを代表 　　　　　　　　とするグループ） 平成17年10月　施設運営開始
福井県鯖江市 　ケアハウス整備等PFI 　事業	BTO 方式	平成15年6月　実施方針公表 　　　　　8月　事業者募集開始→3事業者が審査通過 平成16年1月　事業者決定（社会福祉法人わかたけ共済部） 平成17年10月　施設運営開始
山口県山陽小野田市 　山陽町新型ケアハウス 　整備事業	BTO 方式	平成15年9月　実施方針公表 　　　　12月　事業者募集開始→4事業者が審査通過 平成16年4月　事業者決定（医療法人光栄会を代表とするグルー 　　　　　　　　プ） 平成17年10月　施設運営開始
東京都中野区 　江古田の森保健福祉施 　設の整備運営事業	BOO 方式	平成15年5月　実施方針公表 　　　　10月　事業者募集開始 平成16年6月　事業者決定（社会福祉法人南東北福祉事業団） 平成19年4月　施設運営開始
新潟県長岡市 　「高齢者センターしな 　の」整備運用及び維持 　管理事業	BOT 方式	平成14年5月　実施方針公表 　　　　　9月　事業者募集開始→3事業者が審査通過 平成15年3月　事業者決定（㈱マイステルジャパンを代表とするグ 　　　　　　　　ループ） 平成17年8月　施設運営開始
石巻地区広域行政事務組合 　石巻地区広域行政事務 　組合養護老人ホーム万 　生園改築事業	BOO 方式	平成19年6月　実施方針公表 　　　　　8月　事業者募集開始→2事業者が審査通過 平成20年1月　事業者決定（社会福祉法人こごた福祉会） 平成21年4月　施設運営開始

社会福祉施設におけるPFIの導入状況（障害者福祉施設）

新潟県 にしき園改築及び運営 事業	BOO 方式	平成19年 5 月 実施方針公表 　　　　 8 月 事業者募集開始 平成20年 3 月 事業者決定（社会福祉法人上越福祉会） 平成22年 4 月 施設運営開始
埼玉県 埼玉県障害者交流セン ター ESCO 事業	BOT 方式	平成20年 3 月 実施方針公表 　　　　 4 月 事業者募集開始→ 4 事業者が審査通過 　　　　11月 事業者決定（東京電力株式会社埼玉支店を代表とす 　　　　　　　るグループ） 平成21年 4 月 施設運営開始
新潟県 緑風園改築及び運営事 業	BOO 方式	平成15年 5 月 実施方針公表 　　　　10月 事業者募集開始 平成16年 6 月 事業者決定（社会福祉法人のぞみの家福祉会） 平成18年 4 月 施設運営開始
東葛中部地区 総合開発事務組みど り園改築等PFI事業	BTO 方式	平成21年 9 月 実施方針公表 平成22年 5 月 事業者募集開始 未定 事業者決定 未定 施設運営開始
埼玉県 埼玉県嵐山郷ESCO事 業	BOT 方式	平成22年 3 月 実施方針公表 平成22年 4 月 事業者募集開始 未定 事業者決定 未定 施設運営開始

（出所）厚生労働省「厚生労働省における PFI 事業の取組状況について」（平成24年12月）。

※　PFIでは，次の三つの方式がよく利用されているようである。

BTO	Build 民間が建設	－	Transfer 所有権は公共	－	Operate 民間が運営・管理
BOT	Build 民間で建設し運営・管理	－	Operate	－	Transfer 事業終了後に公共に所有権を委譲
BOO	Build 民間が建設・運営・管理	－	Operate	－	Own 公共に所有権移転しない

間事業者に営業譲渡されることになったが，契約によってはPFIを実施した自治体が大きな損失を負う可能性すらある[2]。

　太下義之によれば，PFIは民間事業者が損失リスクを負う手法であるので，事業の需要リスクを評価し料金収入などがどの程度見込めるかを見積もる際に構造的に欠陥がある。特に「需要リスクをPFI事業者に対して全面的に移転した場合において，需要リスクに関して現実的な評価のできる民間事業者は応札しない，または，より確実で低めのVFMを提示するために競争力を欠くことから，結果として，事業リスクに甘い事業者が選定されてしまう」（太下 2007：117）のである。こうした事態を解決するいっそうのノウハウの蓄積が必要とな

るであろう。

　次に，②コスト高になってしまう可能性もあるということである。契約を厳密に運用すれば当初想定されていたコストから追加費用が発生することはないのかもしれないが，公共的な性質を持つ事業を取りやめる訳にはいかないから難しい場合もある。民間に任せ，かかった費用を後から返済する方式なので，支払利息などがかさみ，結果としてコスト高となることがある。①で指摘したような，コスト計算の甘い事業者が受注する可能性が高い制度的構造を持っていることを考えれば，この危険性はかなり高い。

　最後に，③長期で運営を包括的に一体として請け負う契約となるために不正・腐敗の温床になりやすいということがある。包括的に契約するために，一番利益につながりやすい建物の建築などに過大な費用をかけ，その後の長い年月にわたる運営費用などに過小な費用を見積もるといった行動をとる事業者が現れてくる。例えば，2002（平成14）年12月にPFI契約が締結された高知医療センターを建築・運営する事業では，行政の監視から相対的に離れたSPCの運営において不透明な部分があり汚職事件にまで発展している（『高知新聞』2007年10月3日から10日の特集記事）。伊関友伸は，PFIは理論的に間違っている訳ではないが，魔法の呪文となってしまう場合があり（伊関 2007：275），この高知医療センターの場合は行政がSPCに必要以上の豪華な施設建築を求めてしまったと分析している。不正行為ではないが，事業運営上の統制作用が緩んでしまう可能性は排除できない。

　以上のように問題がないわけではないPFIではあるが，これらの問題はノウハウの蓄積が不十分だったり，監視・管理の仕組みが十分でなかったりすることから発生している側面もある。今後は手法をさらに洗練化していくことが望まれる。

3-4　その他の民間的経営手法：指定管理者制度を中心に

　NPMから生まれた民間経営の手法を導入する試みは，指定管理者制度や官民競争入札（市場化テスト），独立行政法人の設立など，PFI以外にもいくつもの手法がある。そのうち，社会福祉行政の分野に特に関連の深い指定管理者制度について取り上げたい。

表2-3 指定委託者制度と管理委託制度の相違点

	旧制度 （管理委託制度）	新制度 （指定管理者制度）
委託先	自治体の出資団体等に限定 （財団法人や第三セクター等）	民間事業者やNPOを含め幅広く可能（個人除く）
選定方法	条例で定める特定の団体への委託が可能	原則として公募し，議会での議決が必要
業務の範囲や権限	委託契約の範囲に限定 施設の使用許可権限なし	管理を幅広く代行 施設の使用許可権限を有する

（出所） 全国社会福祉協議会（2007：2）。

　指定管理者制度は官民協働（PPP後述）が広がるなかで，民間にできることはできるだけ民間に委ねる方針のもと，すでにある公の施設の管理について民間に委託する手法の一つである。2003（平成15）年の地方自治法の改正により創設された（地方自治法244条の2）。社会資本整備の最初から終りまでを包括的に委託することの多い先述のPFIと違って，原則的に既存施設の運営・維持管理のみを委託するための仕組みとなっている。

　こうした制度として，従来より管理委託制度（自治体出資財団法人や第三セクターなどへの委託）というものがあった。しかし，従来の制度では，施設の管理権限とそれに伴う責任は，施設設置者の地方自治体が保持するものだったので，委託目的に外れる施設の使用許可などを委託業者が行うことができず柔軟な運営が困難であった。また，委託先も自治体が出資する法人（公社，財団）や公共的団体（社会福祉法人など）に限定されていたため，民間の創意工夫を導入するという意味でも不十分であった。

　指定管理者制度では，こうした点を改善し，指定管理者（委託事業者）を当該施設の管理代行者として管理権限を委任することが可能になり，施設の使用許可権限等が与えられている（全国社会福祉協議会 2007：2）。また，指定管理者の指定が，民間事業者やNPO等に広く開放されることになった。さらに，指定管理者に自主的な経営努力を発揮しやすい効果を期待して，利用料金制を採用して指定管理者の収入とすることを可能とする仕組みを旧制度から引き継いでいる。ただし，指定管理者制度では，指定管理者の指定は議会の承認が必要であるし，利用料金は条例で上限が設定できることになっている（表2-3）。

　この指定管理者制度は，すでに数多くの公の施設で利用されており，2018（平

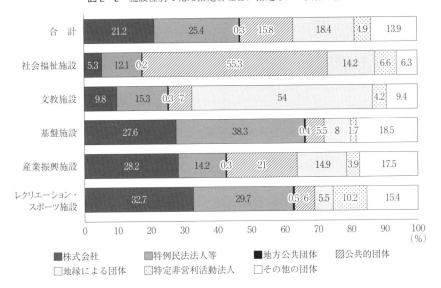

図2-2　施設種別で見た指定管理者に指定された団体の構成

(注) 1：ここでの公共的団体とは，社会福祉法人，農業共同組合，森林組合，赤十字社，自治会，町内会などのこと。
　　　2：その他は，学校法人，医療法人など。
(出所)　総務省自治行政局行政課（2019：4）をもとに著者作成。

成30）年4月1日の段階で76,268施設で導入されている。また，都道府県のもつ施設だけの数字になるが，全国の公の施設の59.67%は指定管理者制度が導入され，かなりの割合を占めている（総務省自治行政局行政課 2019：1-2）。公立保育所を民営化する際に民間法人へ保育所を譲渡するだけではなく，この指定管理者制度を利用することが多いと注目されたのは記憶に新しい（関川他2017：16）。

　また，社会福祉関係施設では，指定管理者のうち第9章で取り上げる社会福祉法人を主とする公共的団体の割合が55.3%となっており，この制度の大きな受け皿として活用されている（図2-2）。

[3-5]　効率性の捉え方の変化　NPMの成果と問題点

NPMは，効率・能率だけを追求し弱者を切り捨てる純粋な市場原理主義や

管理主義であるとの批判も多い。しかし，実行方法によっては，新たな便益をもたらす。それは，利用者や住民のサービスに付与される「選択権」(selectivity)である。この選択権を理論的に根拠づけたのは，ジュリアン・ルグランの「準市場論」(quasi-market)であろう。彼はこの概念を次のように述べている。

> 「準市場は，顧客を獲得するために競争する独立した複数の供給者が存在するという意味で市場と同じである。しかし，準市場は，少なくとも一つの決定的に重要な点で通常の市場とは異なる。それは，通常の市場のように，利用者はモノやサービスを買うために自分自身の資源を持って準市場に来るのではないということである。そうではなく，サービスは国家によって支払われるのであり，しかもバウチャー（サービスの利用券などの証票）や，使途が特定された予算や資金提供方式などの形式を通じて，利用者の選択に従って動く資金によって支払われる。」(Le Grand 2007＝2010：38)

社会福祉行政をはじめとした行政の管理手法に民間の経営的視点を導入するといっても，営利企業がサービス提供の対価に利潤を求めて利用者を選別する場合もある純粋な市場原理とは一線を画さなければならない。とりわけ社会福祉サービスを提供する対象には，低所得者や社会的基盤がぜい弱な者も多い。そのため，サービスの提供に対する支払いは，利用者から直接なされるのではなく，社会保険制度や租税を通じた再配分制度を利用することで，国家が費用の負担のすべてか一部を賄う仕組みが中心となる。このような仕組みは，純粋な市場ではないから準市場と呼ばれており，利用者の選択権を確保しつつ効率性も追求するものである。

とはいえ，NPMは負の側面が目立ってきたのも確かである。①マネジメント主義（成果管理主義）一辺倒の弊害が生まれたことや，②参加や公正といった価値が再び見直されNPMはこうした価値を必ずしも汲み取れなかったこと，等である。

まずは①である。マネジメント主義で個々の職員や個々の部門にその成果の責任を持たせ効率性を追求しても，それは個々においての効率化（部分最適化）であり，必ずしも全体としての効率化（全体最適化）ではない。例えば，業績主義的な人事評価は業務の効率化につながるが人材育成機能を阻害してしまう等

表2-4　福祉行政のモデル

	参加者	実　践	プロセス
官僚的制度 （公共管理）	政府機関	現場の職員が手続きとルールを適用する。	国民国家が中心的役割にとどまる。
新公共経営	民間法人と契約パートナーとしてのNGO	現場の職員がパフォーマンス目標に向かって職務を遂行。	国民国家には調整と統制の役割が与えられる。
［新公共］ ガバナンス	政府，民間法人，NGO，その他の主体のネットワーク	現場の職員が多様な利害関係を前提に職務を遂行。	超国家的及び地方レベルの団体と同時進行。

（出所）　Henman & Fenger (2006：263).

の事例が考えられるだろう。NPMの効率追求は分かりやすい数値目標の達成に注目するあまり全体を見わたす視点が不足していたかもしれない（Bovaird & Löffler 2003＝2008：57-59）。

　次に②である。行政は，すでにできあがった組織内のマネジメントシステムを効率的に運営することが目的ではない。その成果は，「サービス利用者や彼らの住んでいる地域社会の反応によっても左右される」（Bovaird & Löffler 2003＝2008：170）ものである。行政の本来の目的とは，国民や住民の生活の質（QOL）を高めることである。そのためには，行政プロセスに利用者や国民・住民が参加し，自らの生活への影響を管理する権限を持つ必要がある。また，効率の重視は社会福祉サービスに携わる労働者の低賃金化を招き，住民でもある彼らの生活の質を低下させる。こうした被害を受けるのは，女性やマイノリティ等社会構造的に賃金水準が不利な立場にある人々が多く，結果として多様性への配慮が大きく後退することがある（Bovaird & Löffler 2003＝2008：186）。

　よって，次の時代には，参加や公正という価値を共有し地域の各アクターの連携・協働を可能とすることで，全体最適を達成して持続可能な公共政策・社会福祉行政を可能とすることが必要となるだろう。こうした新たな行政の在り方を，NPMの次の段階として「新公共ガバナンス」（NPG）と呼ぶことがある。例えば，ヘンマンとフェンガーはこうした変遷を**表2-4**のようにまとめている。

[3-6] マネジメント主義とKPI

NPMにおけるマネジメント主義は，様々な批判がありつつも現代の社会福

祉行政において定着している。とはいえ，NPMの問題点がある程度明らかに
されてきたので，現代のマネジメント主義はその問題点を指摘しやすくなって
いる。近年，マネジメント手法としてKPI（Key Performance Indicators 重要業績
指標）が設定されることが多くなってきたが，ここではこの手法のポイントと
問題点を考えてみよう。

　このKPIは，もともと企業経営の指標として活用されてきたものである。ま
ずは，企業業績全体を改善するためにビジネス・プロセスにおける因果関係等
を特定する。次に，その因果関係をたどることによって業績を決定的に向上さ
せる要因（パフォーマンス・ドライバー）を成果指標として特定する。こうして特
定された指標がKPIである。このKPI向上にむけて様々な施策を展開すれば
企業は業績が向上するのだから，KPIは業績改革の進捗管理や効果測定のため
のガイドラインとなる。また，KPIは定量的に把握可能な指標によって構成さ
れることが望ましい。

　近年になって，このKPIは企業経営だけではなく行政運営においても注目さ
れている。2013（平成25）年6月14日に閣議決定された第二次安倍政権の産業政
策である「日本再興戦略—JAPAN is BACK」のなかで進捗管理を行うための
成果指標として採用されたことが起源であるとされる（大西・福元 2016：2）。

　その活用法は以下のようなものである。まずは，地域間比較などを可能にす
るために，政策のインプット（費用）とアウトプット（効果）を明らかにする各
種指標を用いて政策課題の因果関係等の状況を「見える化」する。見える化さ
れた情報をもとに，必要な改革のための時間軸（改革工程）が明確化される。
KPIは，ここでの改革工程の進捗管理や測定に必要となる主な指標及び目安と
して利用される。KPIを設定することによって，行政改革において何を改革す
べきかを特定する段階から，どのように（改革手法），またいつまでに（時間軸）
改革をするのかという段階になったと言われる（川上 2016：5）。

　2015年12月に経済財政諮問会議が取りまとめた「経済・財政再生アクション
プログラム—"見える化"と"ワイズ・スペンディング"による『工夫の改革』」
では，社会保障分野にもKPIが導入された（金子 2017：86）。このアクションプ
ログラムでは，KPIを活用した改革工程表が示され，それから毎年のように工
程表が改定されている。「[被保護者の]就労支援事業等に参加可能な者の事業

参加率」(65％ 2021年度末)，「[生活困窮者自立支援制度において]自立生活のためのプランに就労支援が盛り込まれた対象者数」(プラン作成件数の60％毎年度)のように明確な数値目標が示されたものもある。一方で，「介護分野における書類の削減」(半減　2020年代初頭)や「1社会福祉法人当たりの介護サービスの事業数」(増加　2020年代初頭)といったあいまいな目標値しか示せていないものもある。

　このKPIは，改革の内容が定まれば，それをできる限り数値によって管理し，実行に移していくための手法としては有力であろう。NPMをさらに進化させるための手法である。そのため，NPMへの批判と同じ批判が当てはまる。NPMの系列に連なる成果管理主義は「部分最適」は達成できても「全体最適」は達成できない。成果管理主義の最たるものとも言えるKPIは全体の目標を示す指標であるため，KPI達成こそ全体最適であると主張したくもなるだろう。企業であれば，企業業績，すなわち利益最大化といったような単純な目標を最終目標として達成するためにKPIを全体目標として設定すればよい。しかし，行政にはそうした単純な最終目標など設定できない[7]。よって，そもそも真の意味で全体目標を示すKPIはあり得ないのである。すると，全体目標として設定されたものから必ず零れ落ちる目標が必然的にできてしまう。例えば，アクションプログラムの改革工程表は，社会保障費抑制という目標には適合的であろうが，それは社会福祉サービスの低位平準化を避けるという目標には非適合的かもしれない(川上 2016：21)[8]。

　また，KPIとして固定された成果指標を設定し，数値によって統制するなら，国民や住民が改革へ参加する余地を狭めてしまう懸念もある。国民・住民が政策過程に参加し，常に異論を唱えることを許容する仕組みは行政運営には必要である。行政の定める成果指標の方向性が，国民や住民の生活の質(QOL)を向上することと正反対の方向に政策を推し進めてしまうこともあるからである。

(For Study)

1）　行政の能率・効率を測定するのにどういう考え方があるのかをまとめ，それぞれの能率の考え方で実際にどのような測定が行われているのかについて実例をあ

げてみよう。

2） 行政能率・効率と行政の民主性が対立する具体例を考えてみよう。できるだけ社会福祉に関係する事例がよい。

3） NPMの各手法をまとめた上で，そのよい点と悪い点についてもまとめてみよう。

注

（1） PFIの問題点について検討する論者も増えてきた。例えば，尾林芳匡は，①事業者の破綻のリスクがある，②事故等の損失の負担の問題が生じる，③経費節減は必ずしも実現しない，④長期間の契約による膨大な利権をめぐり行政と担当する民間事業者特に大企業との癒着が生じる，⑤担当事業者の下請けが安さを競わされ頻繁な交替や担い手の非正規が生じる，といった問題を指摘している（尾林 2020：47）。

（2） タラソ福岡の事業契約では，施設の運営が困難になった場合の「施設買い取り義務条項」が設けられており，およそ8.4憶円で福岡市が買い取ることになっていた。PFIは施設運営における損失リスクまで含めて民間事業者が責任を取ることが目的の一つであるのに，こうした契約ではそもそも趣旨から外れている。ただし，民間事業者だけが責任を取ることになると，ダンピングが横行する等構造的な不正も起こる可能性があるので，バランスを追求しPFIを運営するノウハウの蓄積が重要である。

（3） ここでは高知新聞社のホームページを参照した（http://www.kochinews.co.jp/07PFI/07PFIfr.htm）。

（4） バウチャーとは証票のこと。従来，福祉サービスの供給は措置制度によって行われ，利用者の選択の余地はほとんどなかった。措置制度が利用契約制度へと移行するにつれ次第にその状態は解消しつつあるとされる。バウチャー制度はそれをさらに一歩進め，利用者にクーポンを支給することにより福祉サービス事業者と直接契約する資源とするものである。事業者は集めたクーポンの数に比例して報酬を受け取るため市場原理が貫徹しやすくなる。

（5） 坏洋一は，準市場はリチャード・ティトマス（R. Titmuss）が唱えた「社会市場」（Social Market）と手法は異なるが，人々の生活を維持する「社会防衛」の手段として歴史的継続性があるとしている（坏 2008）。歴史には様々な知恵を見出すことができるから，社会福祉行政の学習においても歴史を参照することは様々なヒントを与えてくれるだろう。

（6） その他NPMが見直された要因として，トニー・ボベールとエルク・ラフラーは，財政のひっ迫状況がひと段落したという要因をあげている。しかし，日本の文脈に限定すればこの要因はあたらないので，ここでは割愛した。こういう意味では，NPMにも時代的役割があったと言ってよいだろう。

（7） より詳しくは第12章を参照のこと。

（8） 川上は，アクション・プログラムの工程表にKPIが活用されたことに対して次の三つの問題点があると指摘している。すなわち，①構造改革が数値至上主義に置き換えられてしまうこと，②歳出削減をめぐる自治体間競争を促し医療費・介護費の低位平準化が広がってしまうこと，③構造改革への批判が個別化されてしまうこと，である（川上 2016：21）。

参考文献

坏洋一，2008，「福祉国家における『社会市場』と『準市場』」『季刊・社会保障研究』Vol.44
　　No.1（Summer'08）：82-93

伊関友伸，2007，『まちの病院がなくなる!? ——地域医療の崩壊と再生』時事通信社

大河内一男，1938＝1981，「わが国における社会事業の現在及び将来」『大河内一男著作集
　　第 1 巻　社会政策論 I 』労働旬報社

太下義之，2007，「PFI における『需要リスク移転のパラドックス』を巡る考察——PFI 失敗
　　事例に学ぶ，PPP 成功のポイント」『季刊　政策・経営研究』（2007 Vol.2）：101-129

大西淳也・福元渉，2016，「KPI についての論点の整理」『PRI Discussion Paper Series』
　　2016 年 2 月 /16A-04（通巻293号）（財務総合政策研究所）

尾林芳匡，2020，『自治体の民営化のゆくえ——公共サービスの変質と再生』自治体研究社

金子充，2017，「費用対効果を重視する社会保障政策の陥穽——『低コスト化』と管理棟性
　　の現実」『社会福祉研究』第128号：84-88

川上哲，2016，「『経済・財政再生アクション・プログラム』と KPI 改革——その内容と問題
　　点」『賃金と社会保障』No.1659（2016年 6 月上旬号）：4-23

白川一郎（編著），2001，『NPM による自治体改革——日本型ニューパブリックマネジメン
　　トの展開』経済産業調査会

関川芳孝（編著），2017，『公立保育所の民営化——公共性の継承をめぐって』大阪公立大学
　　共同出版会

全国社会福祉協議会，2007，『社会福祉施設等における指定管理者制度をめぐる現状と課題』

総務省自治行政局行政課，2019，『公の施設の指定管理者制度の導入状況等に関する調査結
　　果』（令和元年 5 月17日公表）

武智秀之，2001，『福祉行政学』中央大学出版部

田村栄一郎，1980，「福祉と教育」青井和夫・直井優編『福祉と計画の社会学』東京大学出版
　　会：55-74

西尾勝，2001，『行政学 [新版]』有斐閣

西尾勝・松村岐夫編，1994，『講座行政学　第 1 巻　行政の発展』有斐閣

宮本憲一，1967，『社会資本論』有斐閣

Bovaird, T. & E. Löffler (ed.), 2003, Public Management and Governance, Routledge ＝ みえ
　　ガバナンス研究会訳，2008，『公共経営入門——公共領域のマネジメントとガバナンス』
　　公人の友社

Henman, P. & M. Fenger, 2006, "Reforming welfare governance: reflections" in Henman, P.
　　& M. Fenger (eds.), *Administering Welfare Reform*, The Polity Press：257-278

Le Grand, J., 2007, *The Other Invisible Hand*, Princeton University Press ＝ 後房雄訳，2010，
　　『準市場　もう一つの見えざる手——選択と競争による公共サービス』法律文化社

Robson, W. A., 1976, *Welfare State and Welfare Society*, George Allen & Unwin Ltd. ＝ 辻清
　　明・星野信也訳，1980，『福祉国家と福祉社会』東京大学出版会

第3章

社会福祉行政の歴史

　この章では社会福祉行政の歴史を振り返ることで現代の制度を理解するための前提となる知識について整理する。現代的な感覚からすると理不尽に思えるような制度も当時の事情からすると最善の問題解決策である場合が多々ある。こうした，意外な発見には著者も驚くことがある。もちろん，社会福祉行政の歴史を振り返るといっても微に入り細に入りという訳にはいかない。後の制度解説などで必要になる知識や各時代において特徴的である事項に絞っての解説となることはあらかじめご了承願いたい。

1　戦前の福祉事業の展開

1-1　慈善事業から感化救済事業へ

　戦前の福祉事業は篤志家や慈善団体の活動が先駆けとなって展開したが，国家の福祉行政がそれらの活動を吸収し統制することで発展した。こうした流れを理解するには次の二つの特徴を整理しておくとよいだろう。①福祉事業の特徴を表わす事業名がその時代その時代に用いられることが多く，これらの名称の展開を追いかけると折々の時代性をよく理解できること。②福祉行政と言いながら，その中心は救貧事業などの貧困対策であり，その他の福祉領域は派生体としての特徴が色濃かったこと，である。まずは，①の特徴を追いかけ，戦前の福祉事業の展開について説明したい（表3-1）。

　吉田久一によれば，最初は「**慈善事業**」の段階と言われる。[(1)] 主に地域社会の住民が互いに行う隣保扶助が，生活困難状況へ対処する際の中心的な役割を担っていた。組織的な救済事業が行われるとしても，多くは宗教的な動機づけなどによって行われる民間事業者の活動であった。特に有名なものを**表3-2**に掲げておく。

表 3-1　社会福祉に関する事業

Ⅰ期	慈善事業	主に宗教的な動機付けから行われる生活困窮者に対する救済事業。隣保扶助の時代
	感化救済事業	明治41年〜大正中期 内務省が慈善事業を再編しようと介入し始めた時に使われるようになった名称。
Ⅱ期	社会事業	大正11年〜日中戦争開戦の頃 慈善事業はあくまで民間の自発的な活動であるが，そこに救済の公的責任が認められるようになったもの。：社会連帯責任思想
	戦時厚生事業	昭和12年〜終戦　戦争遂行ために社会事業を再編したもの。
Ⅲ期	社会福祉事業	戦後 社会事業を一歩進めて，権利の承認やサービスの普遍化が加わったもの。

表 3-2　慈善事業期の主な民間活動

年　　号	施設・団体名	創設者	備　　考
1887（明治20）	岡山孤児院	石井十次	
1891（明治24）	孤女学院（後の滝乃川学園）	石井亮一	濃尾大地震の孤児を収容した。
1895（明治28）	救世軍	山室軍平ら	救貧施設（木賃宿・労働紹介部等）の設置，防貧活動
1897（明治30）	キングスレー館	片山潜	セツルメント運動
1899（明治32）	家庭学校	留岡幸助	感化法公布に先立ち感化教育の先駆けとなった。
1900（明治33）	二葉幼稚園	野口幽香	保育の先駆的事業

　とはいえ，一定の段階を迎えると，国家による事業の統制・整備が行われるようになる。その嚆矢となったのが，内務省主導で行われた1908（明治41）年 9 月から始まる感化救済事業講習会であった。この時に使われた行政用語を採って，これ以降の時期の福祉事業は「**感化救済事業**」と呼ばれる。この講習会は，1908（明治41）年 4 月の感化法改正(2)を受け，「感化事業の充実及び発達を期し，従事者の修養を図るという趣旨」（名和 2007：96）で開催された。救済事業のなかでも当時最も喫緊の社会問題は児童保護問題であり，その際に不良少年等への教育的処遇が政府により求められたための名称であった。とはいえ，この感化救済事業は，児童保護事業だけではなく大正中期までの公私の救済事業の総称である。ちょうど日露戦争終戦（1905〔明治38〕年）後の混乱の時期であり，その混乱を全国の慈善事業団体を内務省が統制することで乗り切ろうとした救済事業形態であった。従来の救済の中心的制度であった恤救規則（後述）に支出されていた金銭を削減し，それをちょうど代替するように，救済事業を行う慈

善団体への奨励助成金が増やされる形式が採られた。⁽³⁾また，同年（1908〔明治41〕年）には，戦後の全国社会福祉協議会に繋がる中央慈善協会が組織され，民間慈善事業を組織する全国組織が立ち上げられている。

1-2 社会事業の成立と戦時厚生事業への転換

こうして国家による福祉事業の統制が強化されたものの，強度に制限主義的な恤救規則を中心とした救民事業ではあまりに政策手段が不足していた。また，都市化と産業化が進むにつれ社会階級が形成されたことで，社会は緊張状態をはらむようになり，その調和が求められるようになった。これは，都市生活は相対的に豊かになるとともに没落者を生みだすという資本主義特有の矛盾が顕著になったということである。とはいえ，大正中期以降ともなると，貧困者（都市下層）であっても家族を形成するようになっており，一般家庭と生活水準の程度の違いの問題と考えられるほどには豊かになっていた。中川清は，こうした時代の変化が内務省の官僚が対応すべき福祉事業を変化させていったとして次のように記している。

> 「一九一〇年代に入ると，都市下層はようやく家族として定着しはじめるが，それは生活構造上の緊張をともなってのみ可能であった。一方，（…略…）都市下層は相対的な下位に位置づけられはじめるものの，なお工場労働者等を含む同形的な緊張が存続し，このことは当時の都市騒擾と無関係ではなかった。このような状況の下で，［貧困者の］認識主体は民間の個人［新聞記者や篤志家］から国家の政策担当者，具体的には内務省の開明官僚に移行していった。一九一一年から一二年にかけて実施された二回の『細民調査』では，『所帯』の概念にもとづいて貧困状態が総合的に把握された。」（中川 2000：236）

さらに，大正デモクラシー期に生まれた人権思想・生存権思想は，人々の要求水準を相対的に高めていたという事情もあった。こうした諸事情のために，内務省の福祉行政も貧困者対策に本格的に取り組むことが要請されるようになるのである。

以上の社会状況を背景に，1918（大正7）年7月の米騒動⁽⁴⁾をきっかけとして，内務省の福祉行政体制も改められるようになる。すなわち，1919（大正8）年に内務省にあった救護課が社会課に改称され，翌年の1920（大正9）年に社会局に

昇格となった。さらに，1922（大正11）年には内務省の外局となって独立性を高め，それまで各省に分かれていた労働行政の事務をも所管することになった。このとき，社会局管掌事務のなかに，法令上初めて社会事業という用語が登場し（高石 2000：4），以後終戦までの時期を表わす福祉事業は「**社会事業**」と呼ばれるようになる（戦時下においては戦時厚生事業と併存）。この社会事業は，1929（昭和4）年の救護法や1936（昭和11）年の方面委員令，1937（昭和12）年の社会事業法などとして具体的施策に実現する。また，先の中央慈善協会も，社会事業の調整や普及のために，1921（大正10）年に社会事業協会へ改称することになった（さらに1924〔大正13〕年の法人化に伴い中央社会事業協会に改称）。

　しかしながら，こうした民主的な社会事業は，1937（昭和12）年の日中戦争開戦とともに「なしくずし的」（吉田 2004：260）にその性格を変えることになる。省庁体制も改められ，内務省の社会局と衛生局を中心として，1938（昭和13）年に厚生省が設置された。こうした制度変革において，それまでの社会事業は縮小され健民局指導課として名残をとどめるだけとなったので，この時代の福祉事業は「**戦時厚生事業**」と呼ばれるようになる。とはいえ，かなり歪んだ形ではあったが，戦後に繋がる各種社会保険制度の整備などは進んだ。1938（昭和13）年に国民健康保険法が制定され，さらに1942（昭和17）年に大改訂されて国民皆保険が目指された。1941（昭和16）年には，従業員10人以上の事業所の男子労働者に適用される労働者年金保険法が制定される。1944（昭和19）年には改定されて厚生年金保険法となり，従業員5人以上の事業所の男女労働者・職員に適用範囲を拡大した。名称も厚生年金保険と改称された。こうした制度は，大改訂を経ながらも戦後の社会保険制度の土台となっていく。

　以上のように紆余曲折を経ながらということではあるが，戦前福祉行政は様々な蓄積を生みだして戦後に引き継がれていく。最終的に強固な国家統制体制が完成することになるが，民主的な運営が目指された時期もあった。こうした経験は戦後の社会福祉行政のなかで活かされたはずである。

2　戦前の社会福祉行政の特徴：貧困対策中心の行政

　次に戦前の福祉行政の中心であった貧困対策行政の展開を見てみよう。感化

救済事業のように児童福祉に関しては独自の展開を見せたものの，戦前における制度は戦後のように個別分野の福祉制度が充実していた訳ではなかった。高齢者や障害者の福祉を担っていたのは，むしろ民間慈善団体であった。あくまで貧困対策（救貧・防貧）が中心であり，その他の福祉はその派生体としての特徴が色濃かったのである。

2-1 戦前の貧困行政の展開

　明治維新後の1874（明治7）年に恤救規則（太政官通達第162号）が制定された。[5] この制度は，わが国初の公的扶助制度であり，それぞれの地域の前月下期の米相場により米代を支給するものであった。しかしながら，対象者を極貧の独身者及び貧窮な児童に限定するなど非常に制限主義的な内容である。あくまで「人民相互の情誼」（＝自助を基本とした地縁・血縁に基づく互恵）による救貧を基礎として，あぶれたものを救済するという慈恵的な制度に過ぎなかった。文面も全文で五条しかなく，あまりにもお粗末なものと言わざるを得ない。とはいえ，資本主義がまだ十分に発展しておらず，日本には地方の農村社会が貧困者を吸収する余力を残していた。そのために，制限の多い制度でも何とか機能することができた。

　後に救護法が制定されるまでのしばらくの間，この恤救規則が基本となり貧困対策行政は運営されていくことになる。とはいえ，この間にもまったく動きがなかったわけではない。例えば，恤救規則を補うものとして，1899（明治32）年には行旅病人及び行旅死亡人取扱法が定められ，路上での行き倒れに対処することになった。当時の東京府などで多かった移住者・出稼ぎ労働者への対処は，こちらの規則を適用することも多かったようである。

　ロシア革命に対抗して1918（大正7）年に行われたシベリア出兵を見越した米の買い占めは，驚異的なインフレを引き起こした。同年8月には富山県で米騒動が発生し，全国に波及することになる。革命のもたらす社会主義的な潮流にも影響され，ここにおいて社会不安は一挙に高まることになった。恤救規則体制下では政府の救貧行政が望めないなかで，社会不安に対応しようと，地方行政が独自の動きを見せることになった。同年には，大阪府で方面委員制度が誕生している。[6] また，前年の1917（大正6）年には，岡山県に済生顧問制度が創設[7]

されていた。どちらの制度も，地域の貧困対策のために援助・協力を行う民間有志による援助ネットワークを築こうとするものである。その後，次第に各地に波汲していき，1936（昭和11）年には方面委員令が出され，全国で導入されることになった。戦後には，民生委員法へと発展する制度である。

　前節にも述べたが，1920年代に第一次世界大戦後の不況は慢性的なものとなり，資本主義の発達に伴って農村を離れた労働者は生活基盤がぜい弱な都市生活を送る者も多くなっていた。従来の恤救規則では十分に対応できない状況となったのである。また，1920（大正9）年の官制改正により，内務省に社会局が設置され，福祉行政も「社会事業」の時代を迎えていた。こうした条件のもと，1929（昭和4）年からの昭和恐慌が引き起こした生活不安をきっかけとして，ついに同年に救護法（昭和4年法律39号）が制定されることになった（実施は1932〔昭和7〕年）[8]。

　この法律は，労働能力のある者，怠惰・素行不良の者は対象外であり，保護請求権は否認する制限扶助主義を相変わらず取るものであったが，法規定の内容整備がかなり進められた。救護機関・救護施設・救護内容の種類が明記され，政府と地方行政の救護義務が定められることになった（公的救護義務主義）。実際に，救済対象となる者は法律実施後に増えていくことになる。『昭和31年版厚生白書』の記述によれば，「恤救規則当時の被恤救人員は，大体平均1万人程度であったと推定されるが，救護法による被救護人員は月平均で約その10倍の10万人程度であったと推定され」る程であった。

　しかしながら，救護法は事実上当時の救貧行政の中心だったわけではない。軍国主義化のなかで，一般救貧対策法である救護法は各種軍事関係法に役割を置き換えられていった。戦争を遂行するには戦地で負傷した傷痍軍人などへの支援策が欠かせなかったからである。1917（大正6）年の軍事救護法制定を皮切りに，1923（大正12）年の恩給法，1931（昭和6）年の入営者職業保障法などといった法整備がなされていった。日中戦争が開戦し戦時色の濃くなった1937年には「戦時厚生事業」の時代となり，救護法が改正されるのと同じ時期に，母子保護法，軍事扶助法が制定され，「銃後の国民生活の安定」が図られることになる。さらに，1941（昭和16）年には医療保護法，1942（昭和17）年には戦時災害保護法が制定されている。

表3-3　公費による保護人員

(単位：千人)

年　度	救護法	軍事扶助法	戦時災害保護法	医療保護法	母子保護法	行旅病人死亡人取扱法	罹災救助基金法	計
1942(昭和17)	108	－	1	450	106	9	360	1,029
1943(昭和18)	128	1,977	2	207	110	2	586	3,013
1944(昭和19)	143	2,480	1,163	217	110	2	820	4,939
1945(昭和20)	93	2,979	5,977	193	85	7	1,060	10,397

(出所)　横山・田多(1991：36)。

　皮肉にも，戦争が救貧行政を大きく前進させたのである。表3-3に示すように，救護法による一般的な貧困対策よりも，軍事関係各法による貧困支援の比重が圧倒的に大きかったことは明らかであろう。もちろん，こうした制度は戦争遂行体制を支えるものであり，社会福祉としての貧困施策の理念に適うものではない。むしろ，戦争は社会福祉の理念を後退させ，敵国に勝つという目的に従属させる歪んだ構造を作り出したと言えるだろう。

2-2　戦前の貧困行政とその他の福祉との関係について

　先に戦前の福祉行政は貧困対策（救貧・防貧）が中心であり，その他の福祉はその派生体としての特徴が強かったと述べた。貧困対策行政の展開については述べてきたが，具体的に貧困対策とその他の福祉の関係性について明らかにするために，もう少し解説を増やしておきたい。

　例えば，一般の障害者に対する特定の法制度は戦前には存在していなかった。実際，対象を障害者に限定した個別法がはじめて制定されたのは，戦後1949（昭和24）年の身体障害者福祉法である。とはいえ，戦前において障害者に対する施策がまったく存在しなかった訳ではない。戦前の施策は，①救護法を始めとした貧困対策制度の範囲内での救済，②傷痍軍人対策を中心とした軍事関係法での救済といった二つが主なものであった。

　1929（昭和4）年制定の救護法第1条では，その対象者が列挙されている。その一つに，「不具廃疾，疾病，傷痍其ノ他精神又ハ身体ノ障碍ニ因リ労務ヲ行フニ故障アル者」という記述がある。このように，対象に障害者が挙げられ，救護の対象とされている。

■救護法（昭和4年法律第39号）
　第1条　左ニ掲グル者貧困ノ為生活スルコト能ハザルトキハ本法ニ依リ之ヲ救護ス
　　一　65歳以上ノ老衰者
　　二　13歳以下ノ幼者
　　三　妊産婦
　　四　<u>不具廃疾，疾病，傷痍其ノ他精神又ハ身体ノ障碍ニ因リ労務ヲ行フニ故障ア
　ル者</u>
　　前項第三号ノ妊産婦ヲ救護スベキ期間並ニ同項第四号ニ掲グル事由ノ範囲及程度
　ハ勅令ヲ以テ之ヲ定ム

　救護法に先行する恤救規則でも廃疾・重病・老衰・疾病のため生業を営み得
ない極貧の独身者及び貧窮な児童という対象規定のなかに障害者を推測させる
者への規定が含まれている。このように，貧困対策法規のなかに障害者対策が
包含されており，支援策も直接的なサービスの支給というよりは金銭的な援助
が中心となっていた。

　もちろん，小澤温が述べるように，当時は現在よりも貧困問題と障害者問題
の結びつきが深かったという事情もある。1931（昭和6）年，33（昭和8）年に行
われた東京大学整形外科学教室が行った調査では，「貧民街では肢体不自由者
の出現率が1,000人中10人であるのに対して一般住宅地区では1.25人」（佐藤・小
澤 2000：70）であった。障害者の受傷原因の一定程度は，貧困がもたらす不衛
生な地域に居住するための感染症によるものであり，障害者への対策は福祉的
対策というよりは生活困窮対策や公衆衛生が第一に求められていた。このよう
に，時代の状況から貧困対策が第一義的であると認識されていた事情がある。

　先にも記したが，次々と軍事関連立法がなされるなかで，貧困対策がなされ
るとともに障害者対策もなされた。帝国主義の時代には富国強兵が叫ばれ，戦
争によって必然的に身体的障害を受傷する傷痍軍人やその遺族が多く生み出さ
れるからである。1906（明治39）年の廃兵院法はすぐに形骸化したと言われてい
るが，下士卒の遺家族への対策まで含めた1917（大正6）年の軍事救護法，1923
（大正12）年の恩給法，1931（昭和6）年の入営者職業保障法，傷痍軍人用の療養
所・職業訓練所・生活施設などを建設した1939（昭和14）年の軍事保護院設置な
どが実施され，充実していった。

軍事関係法は貧困対策の側面もある。一般的な貧困対策制度とこうした制度が併存する状況が，貧困対策中心の福祉行政の特徴をよく表わしているといえるだろう。

3　戦後の社会福祉行政の展開：割当の措置制度から準市場の利用契約制度へ

戦後の福祉行政は社会事業を一歩進めて，権利の承認やサービスの普遍化が加わり**社会福祉事業**と呼ばれるようになる。その展開を追いかけるには，社会福祉行政の展開だけではなく，個別分野の福祉関係立法の展開を理解することが重要である。とはいえ，紙幅の関係上対象を限定し，ここでは行政システムの運営に関する制度形成の展開だけしか扱えない。行政の仕組みを規定する基礎となる制度（共通的基本事項・社会福祉基礎構造）の展開を端的に追いかけることで，理解が明確となる効果も期待されるということがもう一つの理由である。その他の部分は必要最低限だけ触れることにしたい。

3-1　措置制度とは

戦後になって紆余曲折を経ながらも，社会福祉制度は充実していく。生活保護法の制定（1946〔昭和21〕年）と改定（新生活保護法，1950〔昭和25〕年）により生活権の具体化が目指された。また，福祉三法体制，福祉六法体制といったように，社会福祉個別領域に関連する各種立法がなされるにつれて，それぞれの領域に対する制度は充実していった。こうした戦後体制を支えた社会福祉供給体制の特徴が措置制度である。

措置制度とは社会福祉サービスの対象者に対して，「措置」と呼ばれる行政機関の行政行為に基づいてサービスを提供する仕組のことである。すなわち，行政機関の決定に基づいて，ニーズなどの諸事情を考慮したうえで人々に福祉給付やサービスを割り振る仕組みである。入所措置に要する費用を「措置費」といい，民間施設へ委託する場合の措置費を「措置委託費」という。この措置委託費を用いて民間に委託する場合があるとはいえ，費用負担を基本的に国家が担う制度であり，国家責任を明確にするという意味合いがあった。

現在，措置制度という言葉は，旧来の悪しき制度体制や悪弊を指し示す用語

表3-4 終戦直後の社会福祉制度の展開

1946（昭和21）年2月27日	SCAPIN775（社会救済）
1946（昭和21）年9月	旧生活保護法（10月施行）：第90回帝国議会
1947（昭和22）年	児童福祉法
1949（昭和24）年	身体障害者福祉法
1950（昭和25）年	新生活保護法（法律第144号 5月4日公布）
1951（昭和26）年	社会福祉事業法

であるかのように使われることもあるが、制度設立時にはむしろ積極的な意義があった。戦争により焦土とも呼ばれるように荒廃した国土では、戦災者・引揚者などに多くいた生活困窮者の生活保障が課題となっており、まずは最低限の制度を確保するナショナル・ミニマムの実現が必要とされた。こうした目的には、国が数量を確保し、ニーズを抱えた人々に割当てる措置制度が最適だったのである。

当時の人々の生活水準は、着物を一枚一枚質入れすることでしのぐ状況を表現する「タケノコ生活」とでも呼ばれるようなものであった。こうした状況では、措置制度のもと、「救済型福祉制度」を基調とする「福祉三法」（生活保護法、児童福祉法、身体障害者福祉法）が比較的早期に制定された（表3-4）。

3-2 措置制度の成立経緯と特徴

次に措置制度の成立の具体的経緯とその特徴について確認しておきたい。占領下の日本国政府に、GHQ（連合軍最高司令官総司令部）によって戦後福祉改革の基本方針が示された。1946（昭和21）年のSCAPIN775（連合国最高司令官覚書）「社会救済」である。このSCAPIN775には、無差別平等、最低生活保障、公私分離の「三原則」が示されていた。論者によっては、さらに、単一の全国的政府機関による国家責任、救済総額の無制限を定める必要十分原則を加えて五原則とする場合もある。

戦後の社会福祉運営体制はこの三原則（五原則）に従って運営されなければならないため、GHQとの協議の結果生まれたいわゆる6項目提案（1949〔昭和24〕年）を経て、原則を具体化する社会福祉事業法が1951（昭和25）年に制定されることになった。社会福祉事業法は、社会福祉事業の「共通的基本事項を定める」

（社会福祉法 1 条）条文を持ち，戦後救済型福祉の基礎構造を構築した。すなわち，措置制度による福祉供給体制である。

　GHQ と日本国政府の駆け引きは困難を極めた。とりわけ，「公私分離原則」をどのような形のものにするかは，民間事業者を活用することが基本であった戦前の社会事業法の伝統を持つ日本国政府と，民主的改革を目指し福祉的救済の国家責任を明確にしたい GHQ との大きな対立点であった（熊沢 2007：12）。その妥協点を見出し，社会福祉事業の公共性と社会的信用を確保するために，社会福祉法人制度が生まれた。民間事業者が公の支配に属していると規定できる要件を設定し，その要件を満たした法人を社会福祉法人に認可する制度が社会福祉事業法のなかに組み込まれたのである。公の支配に属するとみなされる社会福祉法人へは，公金による補助が可能であると解釈された。第一種社会福祉事業と第二種社会福祉事業を区別し，本来公的機関が担うべき区分である第一種社会福祉事業を社会福祉法人が措置委託費を利用しつつ担うことが可能になったのは，こうした事情による。旧社会福祉事業法第 5 条は，公私分離原則を定めるものであったが，その第 2 項には「社会福祉事業を経営する者に委託することを妨げるものではない」という記述を加え，措置委託制度が生き残った／勝ち取られたのである。

　生活保護法（新法）では，民間の救護施設への配慮規定はあるが，当時の児童福祉法と身体障害者福祉法ではそうした配慮規定はなく民間事業者の活用が進んでいなかった。そのため，施設数が十分ではなく，実施体制の強化が求められていた。社会福祉事業法の制定により民間法人への補助が可能となってからは，児童福祉法と身体障害者福祉法も一部改訂され民間活用の道が開かれた。

　とはいえ，社会福祉事業法体制は措置制度中心の体制であり，国が資金を投じて事業を公的に運営するという仕組みが社会福祉事業の基礎構造であった。社会福祉法人制度も，設置した施設が基準により監督されるだけでなく，設置主体自体にも規制をかけることで監督が二重となり，公の支配が行き渡った制度であった。なお，社会福祉事業法の全体にわたる特徴の解説については第 4 章に譲りたい。

GHQ覚書 (SCAPIN 775)「社会救済」(1946〔昭和21〕年2月27日)

(1) 「救済福祉計画」ニ関スル件1945年12月31日付C・L・O覚書1484ニ関シテハ提出計画案ヲ次ノ条件ニ合スル様変更ノ処置ヲトラバ日本帝国ニ対シ何等異議アルモノニ非ズ

　(イ)　日本帝国政府ハ都道府県並ニ地方政府機関ヲ通ジ差別又ハ優先的ニ取扱ヲスルコトナク平等ニ困窮者ニ対シテ適当ナル食糧，衣料，住宅並ニ医療措置ヲ与エルベキ単一ノ全国的政府機関ヲ設立スベキコト

　(ロ)　日本帝国政府ハ1946年4月30日マデニ本計画ニ対スル財政的ノ援助並ニ実施ノ責任態勢ヲ確立スベキコト　従ッテ私的又ハ準政府機関ニ対シ委譲サレ又ハ委任サルベカラザルコト

　(ハ)　困窮ヲ防止スルニ必要ナル総額ノ範囲内ニオイテ与エラレル救済ノ総額ニ何等ノ制限ヲ設ケザルコト

(2) 日本帝国政府ハ本司令部ニ次ノ報告ヲ提出スベシ

　(イ)　此ノ指令ノ条項ヲ完遂スル為メニ日本帝国政府ニヨッテ発セラレタアラユル法令並ニ通牒ノ写

　(ロ)　1946年3月ノ期間ニ始マリ次ノ月ノ25日マデニ届ケラレタル救助ヲ与エラレタル家族並ニ個人ノ数及ビ都道府県ニヨリ支出サレタル資金ノ額ヲ記載シタル月報

■**措置制度当時の社会福祉事業法**

第5条　国，地方公共団体，社会福祉法人その他社会福祉事業を経営する者は，左の各号に掲げるところに従い，それぞれの責任を明確ならしめなければならない。

　一　国及び地方公共団体は，法律により帰せられたその責任を他の社会福祉事業を経営する者に転嫁し，又はこれらの者の財政的援助を求めないこと。

　二　国及び地方公共団体は，他の社会福祉事業を経営する者に対し，その自主性を重んじ，不当な関与を行わないこと。

　三　社会福祉事業を経営する者は，不当に国及び地方公共団体の財政的，管理的援助を仰がないこと。

2　前項第一号の規定は，国又は地方公共団体が，その経営する社会福祉事業について，要援護者等に関する収容その他の措置を他の社会福祉事業を経営する者に委託することを妨げるものではない。

[3-3] **社会福祉基礎構造改革**

　戦後から1990年代頃までは，措置制度中心の社会福祉行政の実施体制が続いた。とはいえ，次第にこの体制は時代と齟齬をきたすようになる。そこで，こ

表3-5　措置制度のメリット・デメリット

	メリット	デメリット
サービスの選択	行政庁の判断で優先順位に応じたサービス提供ができる。	利用者がサービスを選択できない。
サービスの内容	一定水準以上のサービスを均一に提供できる。	競争原理が働かず，サービス内容が画一的となる。
サービスの供給	行政庁の財政能力に応じた制度の運用が可能。	予算上の制約に左右される。

（出所）　厚生省　社会・援護局企画課（1998：94）。

うした旧来の実施体制の全体の在り方を「社会福祉基礎構造」と定義して，新たな基礎構造に向けてその全体を改革していこうとする議論が盛り上がった。

　当時の厚生省では，措置制度中心の社会福祉基礎構造をリニューアルする検討がはじめられ，措置制度の問題点が様々に指摘され始めた。例えば，当時の援護局が開催した「社会福祉事業等の在り方に関する検討会」の報告書では，措置制度のメリット・デメリットが**表3-5**のようにまとめられている。

　この報告書でも示されるように，措置制度にもメリットがあることは間違いない。とはいえ，社会保障審議会の95年勧告（1995〔平成7〕年　社会保障体制の再構築——安心して暮らせる21世紀の社会をめざして）に典型的であるように，時代状況が変わりそのデメリットが際立ってきたと考えられるようになった。戦後の社会保障体制は貧困の予防と救済が中心であり，一部の人が対象であると認識されてきた。しかしながら，勧告では，こうした段階から，「全国民を対象とする普遍的な制度として広く受け入れられる」制度設計が必要な段階に移ったと宣言される。国民の誰もが生活の一部として社会福祉制度を利用するには，一部費用負担と引き換えにサービスを選択でき，多くの人を相手にする競争的な事業者によりサービスの質が向上し，予算の制約からも免れる潤沢なサービスが必要と考えられたからである。[9] すなわち，表に掲げられた措置制度のデメリットの克服が必要と考えられたのであろう。

　では，新しい仕組みはどのような制度であろうか。それは，「措置から契約へ」というフレーズに代表される利用契約制度であると考えられるようになった。この制度は，サービス利用者が自主的な判断に基づいてサービス内容と供給事業者を自ら選択できるような仕組みを社会福祉サービス供給システムに組

図 3-1 福祉サービスの利用制度化の概念図

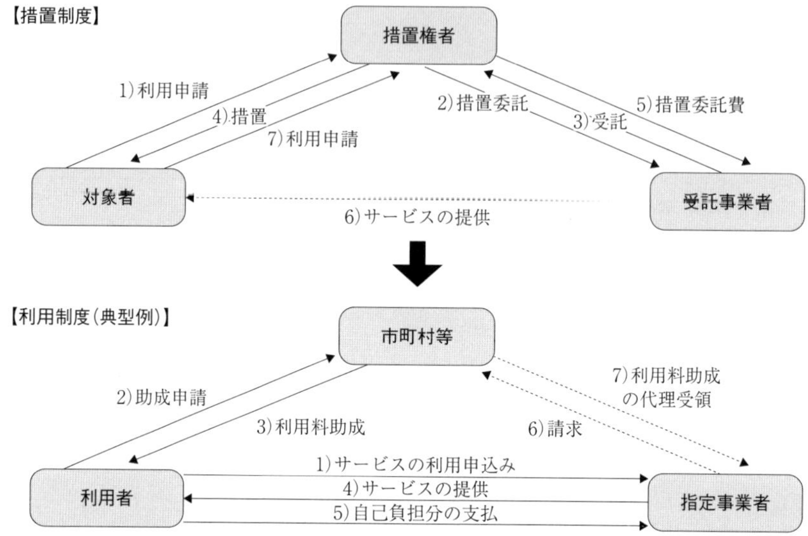

【措置制度】

【利用制度（典型例）】

(出所) 『厚生白書　平成11年版』233頁より。

み込むものである（図3-1）。秋元美世によれば，契約による利用が政策課題として最初にあがったのは，1994（平成6）年の保育問題検討会の報告書からであり（秋元 2007：53），その後，1997（平成9）年6月の児童福祉法改正による保育所の契約方式への移行に繋がっていく（実施は1998〔平成10〕年）。これが最初の措置制度の廃止であった。同じく利用契約制度を採るようになった一連の流れを確認しておきたい。高齢者福祉分野では，1997（平成9）年12月に介護保険法が成立する（2000年実施）。障害者福祉分野では，2003（平成15）年に支援費制度が実施され，その後の2006（平成18）年に成立した障害者自立支援法（現在の障害者総合支援法）に繋がっていくことになる。

　社会福祉関連各法のサービス供給方式の変更に伴い，その共通基盤を定める法律も変更されることになった。これが，社会福祉事業法の名称を改めて成立した2000（平成12）年5月の社会福祉法である（社会福祉の増進のための社会福祉事業法等の一部を改正する等の法律）。措置制度を前提としていた社会福祉事業法に，「第8章　福祉サービスの適切な利用」に関する項目が加えられるなどし

て利用契約制度の基盤となるべく法整備がなされた。この法律については，第4章で改めてその特徴を考えることにする。この社会福祉法制定によって，社会福祉サービスの供給方式の基本は措置制度から利用契約制度へと移行した。以上の一連の改革は社会福祉基礎構造改革と呼ばれている。

　この章では，社会福祉行政について理解を深めるために，行政の運営基盤にあたる制度の歴史を解説した。最新の理念に基づく社会福祉行政の考え方については，現代の制度として順次次章からの記述を参照していただきたい。

(For Study)

1 ）　戦前日本の社会福祉行政は貧困対策中心であると本文で述べたが，他の諸国ではどうだっただろうか。特にイギリスの歴史を学んでわが国の制度展開と比較してみよう。

2 ）　措置制度の利点と欠点について本文で述べたが，利用契約制度の利点と欠点もある。どういったものかを考えてみよう。

3 ）　戦前と戦後の社会福祉行政の違いを，いくつかの特徴を比べて考えてみよう。

注
（ 1 ）　ただし，吉田久一は時代をもう少し細かく分類している。福祉事業の時代的性格を表わす名辞として慈善事業の区分が使われるのは明治中期以降であり，それ以前は宗教の場合「慈善」，儒教の場合「救済」，個人的な場合は「慈恵」といった用語が用いられるとしている（吉田 2004：10）。

（ 2 ）　1900（明治33）年 3 月に感化法は制定された。これは「満 8 歳以上16歳未満の幼少年犯罪者及びその予備軍に対して，行政処分ではなく地方長官の責任において感化教育を内容とする行政処分を施すことが主目的」（名和 2007：96）の法律である。戦後の少年法の考え方に強く影響を及ぼしている。

（ 3 ）　「『恤救規則』による（…略…）国庫支出の救助金は明治41年193,863円，明治42年62,979円，明治43年37,864円と（…略…）減少している。（…略…）［その間に感化救済事業］への奨励助成が行われる。その金額は年々同一ではないが，明治41年度の22,000円，42年度の40,000円となり，44年度には65,722円に達している。（…略…）明治41年地方局長通牒だけを見ると，窮民救助における単なる国費削減あるいは国家関与撤退と表面上は見られるが，国費削減分は広義の感化救済事業に使用されている。したがって，地方団体が実際的な救済事業を担うという方向において展開されたのが感化救済事業であったといえる。」（名和 2007：94）

（ 4 ）　第一次世界大戦後の好景気は都市部への人口移動をもたらし米の生産よりも米の消費を増大させたため，米の値段は上昇を続けていた。その後のシベリア出兵（1918〔大正 7 〕年～1922〔大正11〕年）が騒擾の米騒動を引き起こすことになる。資本主義の発達の一局面としてこうした現象が発生する。それに対応して，国家の社会政策も展開するの

である。

（5） 恤救規則は，親族の扶養が期待できないものに対象が制限され，極貧の労働不能者，70歳以上の老衰者，病人，13歳以下の児童に一定の米代を支給する制限主義的なものであった。

（6） 方面委員制度は，ドイツのエルバーフェルト制度を真似て，大阪府知事林市蔵と社会事業家の小河滋次郎が尽力してできた制度。篤志家からなる委員を小学校通学区域ごとに配置し，要救護者の状況調査や支援方法の検討等を行った。

（7） 済生顧問制度は，岡山県において当時の笠井信一知事によって創設された防貧活動を行う地域篤志家を組織化した制度。

（8） 救護法は，恤救規則を受け継ぎ制定された一般救貧法。老衰者（65歳以上）・幼者（13歳以下）・妊産婦・傷病あるいは身体または精神の障害のある者など就業不可能なものを救済した。世帯を認定基準として，実施機関は市町村とした。救護内容が生活・医療・助産・生業の四つの扶助に分化して恤救規則よりも体系化された。

（9） もちろん，措置制度だからといってこういった要素が必要とされない訳ではない。そういう意味では，措置制度の改善を進めるという方向性を始めから拒否した姿勢であるとの非難は免れない。

参考文献

秋元美世，2007，『福祉政策と権利保障——社会福祉学と法律学との接点』法律文化社

池田敬正，1994，『日本における社会福祉のあゆみ』法律文化社

熊沢由美，2007，「第1章　社会福祉事業法の制定と社会福祉法人制度の創設」『社会福祉法人の在り方研究会報告書』大阪府社会福祉協議会

厚生省　社会・援護局企画課（監修），1998，『社会福祉の基礎構造改革を考える　検討会報告・資料集』中央法規

佐藤久夫・小澤温，2000，『障害者福祉の世界』有斐閣アルマ

高石史人，2000，「『感化救済』から『社会事業』へ——田子一民試論」『筑紫女学園大学紀要』12：1-20

中川清，2000，『日本都市の生活変動』勁草書房

名和月之介，2007，「感化救済事業と仏教——内務省救済行政と仏教との結合様式についての一考察」『四天王寺国際仏教大学紀要』第44号（2007年3月）：89-123

横山和彦・田多英範編著，1991，『日本社会保障の歴史』学文社

吉田久一，2004，『新・日本社会事業の歴史』勁草書房

第4章

社会福祉行政と法制度
——憲法と社会福祉法——

　第4章では，社会福祉行政に関連する法律の考え方について解説する。前半では，社会福祉行政の責任の範囲を規定する基本法である憲法，特に第25条の条文の考え方について考える。後半は，社会福祉行政の各分野の運営方法に共通する基礎構造について規定する社会福祉法の特徴を紹介する。前章（第3章）で紹介した利用契約制度の考え方がこの法律には反映しているので，この点に関しても解説したい。

1　社会権と行政

1-1 権利性の確立

　第3章で社会福祉行政の歴史を振り返って確認したように，議論がありながらも社会福祉事業の担い手の中心は国家を中心とした行政機関であった。もちろん，従来から民間事業者や団体も重要な福祉の担い手であり，社会福祉協議会はその組織化を行う団体として長い歴史を持つ。とはいえ，国家が社会福祉の担い手として中心的な存在であると書いたことには意味がある。人々の権利を確保することにおいて，国家は特別の位置づけを持つからである。

　これまでの歴史を参照すると，社会福祉に対する権利は，次第に人々の生活保障が充実する方向で確立していくと考えられることが多い。例えば，最も抽象的には次のような考え方である。「社会福祉の権利を見ると（…略…）歴史的には恩恵（privilege）から，法的権利（right）へそして人権（basic human right）の時代へと発展」（井上 1997：229）していくとするものである。恩恵（慈恵）とは，福祉給付や保護は行われるが，その実施は給付主体である国家の裁量ないし恣意に委ねられている状態である。申請者には不服申立てなどの手段が保障されていない。法的権利とは，法律上の要件を満たせば，いかなる申請者にも基本

的に裁量の余地なく給付・保護が行われる状態である。給付・保護が拒否された場合には不服申立てなどの救済手段が制度的に保障されている。このときに，福祉が権利となったと考えられる。給付主体の恣意が排除されて給付・保護が行われるように法的整備が行われた状態を権利が確立された状態であるという。さらに，人権とは，諸権利のうちでも人間存在の基本的権利として承認されたものであり，国家の主権を超えて保障される場合すらある[1]。近年では，この人権に近い概念として「人間の安全保障」(Sen 2002＝2006：23-24)が使われることも多い[2]。

　人権の保障は社会福祉行政論と題する本書の範囲を超えるのでここでは取り扱えない。ひとまずは法的権利の保障について限定したいと思う。法的権利の保障の主体として第一義的な位置を占めるのは国家であると考えてよいだろう。マイケル・イグナティエフが唱えるように(Ignatieff 2000＝2008)，近年は，法的権利の保障にかかわる主体としてNGO(非政府組織)などによるライツ・トークなども注目されている。これは，常に権利をテーマとした主張を社会に訴え続けることで，法や政治的慣習によって固定化したシステムに揺さぶりをかけ，従来認められてこなかったニードにも法的権利性を認めさせる行為のことである。とはいえ，資源配分を直接的に行い，具体的な救済策を行う機関としては国家の役割が第一義的であるのが現状であろう。ライツ・トークは，むしろ人権の擁護に向いているのではなかろうか。

1-2 福祉国家による権利保障の必要性

　国家が保障主体として中心となるのに必然性があるのは，少なくとも次の二つの理由がある。①歴史の展開のなかで権利保障の主体となってきた，②国家を経由することで保障の匿名性が確保される，ことである。

　まずは，①である。有名な，T. H. マーシャルのシチズンシップ論を見てみたい。社会福祉の権利保障を推進する拠り所として，マーシャルの『シチズンシップと社会的階級』で展開された「社会権」の思想が取り上げられることは多い(Jones & Wallace 1992＝1996，富永 2001 など)。この思想は，歴史的な発展の結果，現代では所与の社会での標準的な生活水準を分かち合う社会福祉的権利が，シチズンシップとしてその社会の所属メンバーの間には普遍的に確立

しているとするものである。

　マーシャルによると，シチズンシップは次の三つの要素が次々と継起してい
く形で発生した。まずは，1）市民的要素，すなわち「人身の自由，言論・思
想・信条の自由，財産を所有し正当な契約を結ぶ権利，裁判に訴える権利」
（Marshall 1950 = 1995：15）といった司法によって擁護される権利（18世紀に形成）
である。次が，2）政治的要素，すなわち選挙などを通じて政治権力の行使に
参加する権利といった議会によって擁護される権利（19世紀に形成）である。最
後の段階が，3）社会的要素，すなわち教育システムと社会的サービスによっ
て擁護される権利（20世紀に形成）である。マーシャルの説明では，これは「経
済的福祉と安全の最小限を請求する権利に始まって，社会的財産を完全に分か
ち合う権利や，社会の標準的な水準に照らして文明市民としての生活を送る権
利に至るまでの，広範囲の諸権利」（Marshall 1950 = 1995：16）とされる。以上の
三つの権利が歴史の展開のなかで確立していくと，彼独自のイギリス史の考察
のなかで確認されたのであった。

　最後の社会的要素，すなわち一般には社会権と呼ばれるものを拠り所とし
て，社会福祉への請求権は根拠を与えられることも多かった。この社会権は，
資本主義の生みだす階級対立を緩和しようと，福祉国家がシチズンシップを確
立する歴史の中で形成された。よって，福祉国家が社会福祉の権利保障の主体
となるのは歴史的蓄積から考えて最も妥当であろう。

　次に②である。前出のイグナティエフによれば，福祉国家の利点とはその匿
名性にある。

　　「福祉国家は，（…略…）資力のある者（＝納税者）とそれを必要としている者（＝
　　福祉給付受給者）とをお互いに見知らぬ他人のままにさせておく。（…略…）わたし
　　の住まいの戸口の年金生活者たちが息子や娘たちの気まぐれな慈悲心か，あるいは
　　慈善団体の不確実な施ししか頼りにできなかった時代に戻りたがっているかといえ
　　ば，わたしには疑わしく思われる。官僚機構を通じての見知らぬ他人たちの間での
　　所得移転は，贈与関係に随伴する隷属から各人を解放してきたのだ。」（Ignatieff
　　1984 = 1999：27-28）

　このように，生活の保障が直接対面的な関係によって行われるのではなく，
間に国家が媒介することによって，受給の権利が明確となる利点がある。よっ

て，権利保障は国家が担わなければならないという必然性が生まれるのである。⁽³⁾もちろん，イグナティエフの意図はここでとどまるものではない。福祉国家の作り出す匿名性は，人々に連帯の感覚を失わせ他者への愛情や想像力を減退させる。こうした独特の負の帰結を補う新たなニーズを求める政治運動の必要も主張していかなければならないとは確認しておきたい（Ignatieff 1984＝1999：26, 220-225）。

2　憲法による生存権保障

2-1　25条（生存権）とその解釈

　それでは，国家によって担われる社会福祉の権利保障（社会権）は，具体的にどのような法規のもとに行われるのであろうか。さらには，どのような行政処置によって行われるのであろうか。その最も根源的な形態として，憲法による保障について取り上げたい。特に社会福祉行政と関連が深いとされる憲法の条文は25条（生存権）であるが，14条1項（平等権）や89条（公の財産の支出又は利用の制限）等も関連が深い条文である。ここでは25条について特に取り上げ，その他の条文については後の章で，それぞれの項目に関係する範囲で検討したい。

■憲　法
　　第25条　すべて国民は，健康で文化的な最低限度の生活を営む権利を有する。
　　2　国は，すべての生活部面について，社会福祉，社会保障及び公衆衛生の向上及び増進に努めなければならない。

　この憲法25条は最低限の生活水準を国家が保障することを定め，そのための社会保障体制の構築を義務づけている。これを生存権保障と呼んでいる。生存権は，1919年のドイツ・ワイマール共和国憲法151条1項に世界で初めて明確に規定され，その後世界中で福祉国家の理念を支えてきた。

　そのため，この条文を根拠として，生活困窮に陥った人々が国にその保障を請求して訴訟が開始されることがある。その際に，「最低限度の生活」の権利とはどのような意味合いで判決が下されるべきであるのか，様々な学説が生まれている。

　西村健一郎によれば，その代表的なものは次の三つである（西村 2003：35-
37）。

　まずは，**プログラム規定説**である。この説では，25条の規定は，国民の生存
権の充実に資すべき国の政治的・道義的義務を課しただけであり，国民に裁判
上の救済を与えうる具体的請求権を定めたものではないとされる。憲法に25条
の規定があるとはいえ，現在その実質的前提は欠けており，予算の裏づけもな
ければ，憲法自体にその具体的実現方法が規定されている訳でもない。すなわ
ち，この説に従えば，憲法25条とは，国の努力目標を定めただけであり，それ
以上のものではないと考えられることになる。また，この説では，生存権に関
連する具体的権利は，憲法の他に社会保障法・社会福祉関係法を制定すること
により初めて創設されることになる。しかし，その法律の制定すら憲法は国に
義務づけていないとする説である。

　次は，**抽象的権利説**である。これは25条とそれを具体化する社会保障法・社
会福祉関係法を一体的なものと捉える考え方である。25条の規定だけでは抽象
的すぎるから，関連立法により具体的請求権や手続などが定められるという立
場に立つ。社会福祉関連では，生活保護法がその代表であろう。

　抽象的権利説と次の具体的権利説は，憲法25条はその規定に基づいて具体的
な措置を講ずるよう請求できる権利，すなわち法的権利性を認めているという
見解である。プログラム規定説では，憲法25条の規定にもかかわらず，国には
生存権を保障する具体的措置を講ずる義務すらない。しかし，ここで取り上げ
る説では，国には具体的措置を講ずることが義務づけられていると考えられる
ことになる。このうち，抽象的権利説では，憲法自体を根拠として訴えを起こ
す権利までは認めていない（憲法は裁判規範性を有していない）。よって，具体的
な訴訟を起こすには，まずは憲法25条を具体化するために社会保障法・社会福
祉関係法が立法されている必要がある。その後，立法された法律を根拠とした
訴訟とならなければならないのである。

■生活保護法

　第1条　この法律は，日本国憲法第25条に規定する理念に基き，国が生活に困窮す
　るすべての国民に対し，その困窮の程度に応じ，必要な保護を行い，その最低限度

の生活を保障するとともに，その自立を助長することを目的とする。

　なお，すぐ後で扱う朝日訴訟判決に関しては，プログラム規定説に立つという見解とこの抽象的権利説に立つという見解がある。

　最後は，**具体的権利説**である。これは，25条が「権利を有する」という記述になっている以上は，この25条の条文から具体的に生存権が保障されたと解釈するものである。国が25条を具体化する立法行為を怠る場合には，不作為の違法確認訴訟が行えると考える。また，この説では，憲法自体を根拠として訴えを起こす権利まで認めている（憲法は裁判規範性を有している）。ただし，この具体的権利説を採ったとしても，三権分立の体制を採る現行憲法の体制下では，裁判所が直接立法行為を強制することはできないので，立法を促す程度の効果しか持てないのが現実的なところであろう。

　現在の判例は，プログラム規定説か抽象的権利説を採っている（掘 1997：138，西村 2003：36，宇山 2006：37 など）。よって，憲法に規定があるからといって，それを具体的な根拠として，何か具体的な措置を求める請求ができる訳ではない。社会権確立の歴史を見ると，現代は権利としての社会福祉請求権が確立しているかの印象を受けるが，現実の法理においてはそうそう甘くはないようである。

2-2 朝日訴訟

　次に，この生存権を争った訴訟の具体例として有名な「朝日訴訟」について考えてみたい。生活保護法に基づく医療扶助及び生活扶助を受けていた朝日茂氏は，実兄からの仕送りを受けられることになったことに伴い生活保護費の一部が支給停止される決定を下された。この決定の取り消しを求めて出訴した裁判である。形式的には居住地の福祉事務所長の保護変更決定処分を不服申立て対象としているが，実質的には生活保護基準そのものが低すぎるとの申立てとなっていた。仕送りがあったとして，それで保護費が削られるほどの受給額ではないと彼は判断したからである。

　1960（昭和35）年に地裁判決が出る（東京地判昭35年10月19日行集11巻10号2921頁）。このときは，生活保護法は憲法25条を現実化し具体化したものなのでか

かる請求権が賦与されているという判決が出た。すなわち，原告（朝日氏）の勝訴であり，「健康で文化的な最低限度の生活」は憲法から法的に確定できるとしたものだった。

　ところが，被告（国）は上告し，こちらの判決では被告勝訴となってしまう。ちなみに，朝日氏はこの上告中に無念にも死亡する。こちらでは，憲法25条１項は具体的権利規定ではなく，生活保護基準の設定は厚生大臣の裁量事項であるから，保護の一部停止は適法であると判断された。ここまでならプログラム規定説の立場である。とはいえ，判決では後段に，「現実の生活条件を無視して著しく低い基準を設定する等憲法および生活保護法の趣旨・目的に反し」た国の裁量権濫用がある場合は司法審査の対象として裁かれ得るとの見解も示されている。抽象的権利としてではあるが憲法が裁判規範となり得る道も残された。すなわち，抽象的権利説の立場である。

　朝日訴訟では原告側は敗訴してしまった。いくら憲法に生存権が謳われても，それをもとに権利を主張できないのなら絵に描いた餅ではなかろうか。とはいえ，裁判には負けたが，次の記述を見ると法廷闘争もまったくの無意味であるということにはならない。

> 「『第一審の勝利の判決は，予想外の反響を呼んだ。これまでどちらかというと控え目にしかとりあげなかったマス・コミも，第一審の判決が出ると，ほとんどの新聞が現行の生活保護基準は憲法25条を無視したものであることや，生活保護行政の矛盾などをとりあげて，政府の怠慢を批判する積極的な論調を掲載した。（…略…）
> 　このようなマス・コミをふくむ大きな反響が，保護行政に直接大きくひびいてくることは，1961年（昭和36年）度国家予算が，数字をもって示した。
> 　判決の影響の直接的なものは，保護基準の引き上げであった。
> 　生活保護基準は，朝日訴訟が始まるまで４年にわたって引き上げが中止され，一般勤労世帯に対する被保護世帯の生計費の比率も低下をつづけていたが，判決の翌年，1961年度予算では，保護基準は18パーセントという，かつてないほどの大幅な比率で引き上げられ，日用品費はさらにそれを上回って，705円から1315円へと47パーセントの上昇率で増額された。[5]』」（副田 1995：147-148）

　地裁（第一審）判決が出された際に世論は好意的に受け止め，それが行政判断に影響して生活保護基準が引き上げられるきっかけとなった。もちろん，副田によれば，朝日訴訟地裁判決のみが1961（昭和36）年度の生活保護基準大幅引き

上げの理由というなら，それはあたらない。そう考えるのは白昼夢であるとすら述べている（副田 1995：149）。しかし，朝日訴訟の判決が一定のインパクトをもたらしたのは確かであろう。

　訴訟による権利の主張とは，裁判での勝敗だけを求めるものではない。世論や行政府・立法府へ影響を及ぼしたり，運動を展開したりするなかで議論が洗練されることなど副次的な効果は無視できないだろう。

3　社会福祉法

　憲法25条の理念を直接的に具体化する社会福祉関係各法の共通基盤（基礎構造）について定め，行政運営の方法を規定する法規が社会福祉法である。前章で，2000（平成12）年5月に，社会福祉事業法が改称される形で社会福祉法が成立した経緯ついては解説した。この節では，その各条文の特徴について確認することにしたい。ただし，法律中の「第3章　福祉に関する事務所（福祉事務所）」，「第4章　社会福祉主事」及び「第6章　社会福祉法人」に関しては，本書のなかにそれぞれ独立した章を設けているので，説明はそちらに譲ることにしたい。

3-1　社会福祉法の特徴①：第一種社会福祉事業と第二種社会福祉事業の区分

　社会福祉法は，いわゆる社会福祉事業について規定する条文を持つが，社会福祉事業自体に対する法的定義は示されていない。その代わりに，どのような事業が社会福祉事業に属するかについてリストが掲げられ，このリストに挙げられたもの以外は社会福祉事業ではないと示す方式が採られている（2条）。こうした事業の定義方式を「限定列挙方式」もしくは「制限列挙方式」と呼んでいる。

　社会福祉法に掲げられたリストは，第一種社会福祉事業（2条2項）と第二種社会福祉事業（2条3項）に分類されていることが特徴である（**表4-1**）。定義はないものの，それぞれの社会福祉事業に関して，列挙されている事業の性質や法第7章（60条から74条まで）に経営にまつわる様々な事項が取り決められているので，これらの条文を見ればおおよそどのようなものを指すかが推測でき

表 4 - 1　社会福祉事業の分類

第一種社会福祉事業

①生活保護法に規定する救護施設，更生施設，生計困難者を無料または低額な料金で入所させて生活の扶助を行う施設，生計困難者に対して助葬を行う事業，②児童福祉法に規定する乳児院，母子生活支援施設，児童養護施設，障害児入所施設，児童心理治療施設，児童自立支援施設，③老人福祉法に規定する養護老人ホーム，特別養護老人ホーム，軽費老人ホーム，④障害者総合支援法に規定する障害者支援施設，⑤削除，⑥売春防止法に規定する婦人保護施設，⑦授産施設，生計困難者に無利子または低利で資金を融通する事業，（その他）共同募金を行う事業

第二種社会福祉事業

①生計困難者に対して日常生活必需品・金銭を与える事業，生計困難者生活相談事業，①－2 生活困窮者自立支援法に規定する認定生活困窮者就労訓練事業，②児童福祉法に規定する障害児通所支援事業，障害児相談支援事業，児童自立生活援助事業，放課後児童健全育成事業，子育て短期支援事業，乳児家庭全戸訪問事業，養育支援訪問事業，地域子育て支援拠点事業，一時預かり事業，小規模住居型児童養育事業，小規模保育事業，病児保育事業，子育て援助活動支援事業，児童福祉法に規定する助産施設，保育所，児童厚生施設，児童家庭支援センター，児童福祉増進相談事業（利用者支援事業など），②－2 就学前の子どもに関する教育，保育等の総合的な提供の推進に関する法律に規定する幼保連携型認定こども園，②－3 養子縁組あっせん事業，③母子及び父子並びに寡婦福祉法に規定する母子家庭日常生活支援事業，父子家庭日常生活支援事業，寡婦日常生活支援事業，母子及び父子並びに寡婦福祉法に規定する母子，父子福祉施設，④老人福祉法に規定する老人居宅介護等事業，老人デイサービス事業，老人短期入所事業，小規模多機能型居宅介護事業，認知症対応型老人共同生活援助事業，複合型サービス福祉事業，老人福祉法に規定する老人デイサービスセンター（日帰り介護施設），老人短期入所施設，老人福祉センター，老人介護支援センター，④－2 障害者総合支援法に規定する障害福祉サービス事業，一般相談支援事業，特定相談支援事業，移動支援事業，地域活動支援センター，福祉ホーム，⑤身体障害者福祉法に規定する身体障害者生活訓練等事業，手話通訳事業又は介助犬訓練事業若しくは聴導犬訓練事業，身体障害者福祉法に規定する身体障害者福祉センター，補装具製作施設，盲導犬訓練施設，視聴覚障害者情報提供施設，身体障害者更生相談事業，⑥知的障害者更生相談事業，⑦削除，⑧生計困難者に無料または低額な料金で簡易住宅を貸し付け，または宿泊所等を利用させる事業，⑨生計困難者に無料または低額な料金で診療を行う事業，⑩生計困難者に無料または低額な費用で介護老人保健施設，介護医療院を利用させる事業，⑪隣保事業，⑫福祉サービス利用援助事業，⑬各社会福祉事業に関する連絡，各社会福祉事業に関する助成

る。

　第一種社会福祉事業とは，社会福祉事業のうち特に公的責任が重視されるために強い公的規制が必要な事業である。すなわち，利用者への影響が大きいため，経営安定を通じた利用者の保護の必要性が高い事業，主として入所施設サービスである。そのため，原則として，国，地方公共団体（地方自治体），社会福祉法人に限り事業経営が認められる。その他の者が経営するときには都道

表4-2　社会福祉事業の各種届出

第一種社会福祉事業の開始等　→都道府県知事に届出		
施　設	開始（62条）　→事業の開始前に 変更（63条）　→変更の日から1月 　　　　　　　　以内に 廃止（64条）　→廃止の1月前までに	許可制・認可制ではないが，個別法に従った設置運営基準を満たす必要がある場合が多い。また，施設の建設には補助金が必要なため実際上は認可制（国・都道府県・市町村・社会福祉法人以外のものが第一種社会福祉事業を例外的に行う場合は許可制）。
施設を必要としない事業	開始・変更・廃止から1月以内に届出 （67条，68条）	
第二種社会福祉事業の開始等　→都道府県知事に届出		
※事業開始・変更・廃止の日から1月以内に（69条，69条2項）。 ※社会福祉居住施設についても同じ（68条の2，3，4）。		

(注)　寄付金に関する規定は平成24年7月に削除された。

府県知事の許可が必要となる。

　第二種社会福祉事業とは，比較的利用者への影響が小さいため，公的規制の必要性が低いとされる事業である。主として在宅サービスなどの事業が多い。こうした事業は事業主体の制限は特になく，届出をすることにより事業経営が可能となる。これは，自主性と創意工夫とを助長することが必要だからである。もちろん，第二種社会福祉事業とはいえ，経営主体への制限はなくとも，事業の経営には，老人福祉法，各障害者福祉法，児童福祉法などの各領域の個別法により規定された認可が必要であるため，公的な規制から免れる訳ではない。二つの事業の各種届け出については，**表4-2**にまとめた。

　社会福祉事業が2種類に分かれているのは，本書第3章で確認した措置制度形成時における経緯も関係している。社会福祉事業はその公共性を明確にし，公的責任を確立したいという趣旨から，旧社会福祉事業法5条には事業経営の準則として公私分離原則が掲げられた。それはそのまま，社会福祉法においても61条に引き継がれている。原則的には公共性の高い社会福祉事業は国が責任を持って運営するが，それでは従来の社会事業の伝統である民間事業者を活用できない。そこで，特に公共性の高い事業を第一種として分離し，さらに社会福祉法人制度を作って公共性を担保したうえでこの第一種事業を担わせたのである。

　こうした経緯を考えれば，第一種と第二種の区別は相対的なものであるという考えにも妥当性があるだろう。介護保険制度も始まり，事業への民間活力導

入が叫ばれている時代には，特別養護老人ホーム事業 (現在第一種) を始めとして，両事業の線引きを見直そうという論調が生まれても妥当であるのかもしれない。とはいえ，公的責任原則自体はいつの時代にも貫かれねばならないということは確認する必要がある。このあたりのバランスについてはこれからの検討を待たねばならないだろう。

3-2　社会福祉法の特徴②：新しい条項1

社会福祉法は社会福祉基礎構造を規定する法律であるから，社会福祉の在り方が時代ごとに変化するのにあわせて絶えず改正されている。ここからの二つの節では，社会福祉法改正において新しく付け加わったり，改正されたりした各条項について説明していきたい。

ここで取り上げている社会福祉法は，2000 (平成12) 年5月にそれまでの社会福祉事業法を改称して生まれた (経緯については第3章を参照のこと)。社会福祉事業法と比較しての特徴は次の二つである。すなわち，1) 社会福祉制度に利用契約制度が取り入れられている傾向に対応したこと，2) 地域福祉の推進が重視されたこと，である。

まずは1) であるが，2000 (平成12) 年の改正に際して新たに加えられた同法の章に「第8章　福祉サービスの適切な利用」(75条から88条まで) がある。この章の各条文は，社会福祉サービスの供給体制が，措置制度を中心としたものから利用契約制度を中心としたものに移り変わったことに対応している。利用契約制度では，社会福祉サービスを利用する場合，利用者が多様な事業主体 (営利企業を含む) と対等な関係で利用契約を結ぶことになる。よって，行政が主体となってサービスを割り当てていた措置制度とは異なって，利用者保護の体制整備が必要になったのである。そのため，「情報の提供等」(75条から79条)，「福祉サービスの利用の援助等」(80条から87条)，「社会福祉を目的とする事業を経営する者への支援」(88条) などが規定されている。特に重要な条文は表4-3にまとめている。

社会福祉行政の運営を確認するにおいて特に注目しておきたいのは，83条に規定される「運営適正化委員会」であろう。これは，都道府県社会福祉協議会に設置される。福祉サービスの利用者が，そのサービス提供に対して苦情があ

表4-3　社会福祉法第8章の重要条文

◇情報提供・苦情処理制度

（利用契約の成立時の書面の交付）

第77条　社会福祉事業の経営者は，福祉サービスを利用するための契約（厚生労働省令で定めるものを除く。）が成立したときは，その利用者に対し，遅滞なく，次に掲げる事項を記載した書面を交付しなければならない。

　　一　当該社会福祉事業の経営者の名称及び主たる事務所の所在地

　　二　当該社会福祉事業の経営者が提供する福祉サービスの内容

　　三　当該福祉サービスの提供につき利用者が支払うべき額に関する事項

　　四　その他厚生労働省令で定める事項

　　＊筆者注：情報通信の技術を利用するものであってもよい

（運営適正化委員会）

第83条　都道府県の区域内において，福祉サービス利用援助事業の適正な運営を確保するとともに，福祉サービスに関する利用者等からの苦情を適切に解決するため，都道府県社会福祉協議会に，人格が高潔であって，社会福祉に関する識見を有し，かつ，社会福祉，法律又は医療に関し学識経験を有する者で構成される運営適正化委員会を置くものとする。

◇日常生活自立支援事業（地域福祉権利擁護事業）

（都道府県社会福祉協議会の行う福祉サービス利用援助事業等）

第81条　都道府県社会福祉協議会は，第110条第1項各号に掲げる事業を行うほか，福祉サービス利用援助事業を行う市町村社会福祉協議会その他の者と協力して都道府県の区域内においてあまねく福祉サービス利用援助事業が実施されるために必要な事業を行うとともに，これと併せて，当該事業に従事する者の資質の向上のための事業並びに福祉サービス利用援助事業に関する普及及び啓発を行うものとする。

る場合にはその申立てを行う機関である。根拠法がここで扱う社会福祉法なので，行政機関による「措置」行為に対して苦情がある場合にも，その窓口となる。他に苦情を受け付ける第三者機関として，国民健康保険団体連合会がある。介護サービス苦情処理委員会などの名称で，介護保険サービス利用に際する苦情申立てを受け付けている（介護保険法176条1項第三号）。介護サービスの利用者等からの相談に応じ，その苦情申立てに基づいて介護保険事業指定事業者等に対し，介護サービス等の質の向上を目的とする指導や助言を行う。

　2）は，第4条に「地域福祉の推進」と銘打ち，社会福祉法を支える理念の柱の一つとして明確に位置づけられた新たな仕組みである。「第10章　地域福祉の推進」（107条から124条まで）として新たな章が設けられた。高齢化が進み地域に高齢者が多く生活するとなれば，できる限り在宅で生活を行えるよう地域

表4-4　社会福祉事業法・社会福祉法の変遷

福祉八法改正前 （昭和26～平成2）	福祉八法改正による改正後 （平成2～12年）	平成12年改正による改正後
（社会福祉事業の趣旨） **第3条**　社会福祉事業は，援護，育成又は更生の措置を要する者に対し，その独立心をそこなうことなく，正常な社会人として生活することができるように援助することを趣旨として経営されなければならない。	（基本理念） **第3条**　国，地方公共団体，社会福祉法人その他社会福祉事業を経営する者は，福祉サービスを必要とする者が，心身ともに健やかに育成され，又は社会，経済，文化その他あらゆる分野の活動に参加する機会を与えられるとともに，その環境，年齢及び心身の状況に応じ，地域において必要な福祉サービスを総合的に提供されるように，社会福祉事業その他の社会福祉を目的とする事業の広範かつ計画的な実施に努めなければならない。 （地域等への配慮） **第3条の2**　国，地方公共団体，社会福祉法人その他社会福祉事業を経営する者は，社会福祉事業その他の社会福祉を目的とする事業を実施するに当たつては，医療，保健その他関連施策との有機的な連携を図り，地域に即した創意と工夫を行い，及び地域住民等の理解と協力を得るよう努めなければならない。	（福祉サービスの基本的理念） **第3条**　福祉サービスは，個人の尊厳の保持を旨とし，その内容は，福祉サービスの利用者が心身ともに健やかに育成され，又はその有する能力に応じ自立した日常生活を営むことができるように支援するものとして，良質かつ適切なものでなければならない。 （地域福祉の推進） **第4条**　地域住民，社会福祉を目的とする事業を経営する者及び社会福祉に関する活動を行う者は，相互に協力し，福祉サービスを必要とする地域住民が地域社会を構成する一員として日常生活を営み，社会，経済，文化その他あらゆる分野の活動に参加する機会が与えられるように，地域福祉の推進に努めなければならない。 （福祉サービスの提供の原則） **第5条**　社会福祉を目的とする事業を経営する者は，その提供する多様な福祉サービスについて，利用者の意向を十分に尊重し，かつ，保健医療サービスその他の関連するサービスとの有機的な連携を図るよう創意工夫を行いつつ，これを総合的に提供することができるようにその事業の実施に努めなければならない。 （福祉サービスの提供体制の確保等に関する国及び地方公共団体の責務） **第6条**　国及び地方公共団体は，社会福祉を目的とする事業を経営する者と協力して，社会福祉を目的とする事業の広範かつ計画的な実施が図られるよう，福祉サービスを提供する体制の確保に関する施策，福祉サービスの適切な利用の推進に関する施策その他の必要な各般の措置を講じなければならない。

（出所）社会福祉法令研究会編（2001：107）。

全体で取り組む必要がある。そのために，1990（平成２）年の老人福祉法を始め
とした社会福祉関連８法改正では，地域での福祉の中核となる「在宅福祉」を
推進するための各種条文が盛り込まれた。また，在宅サービス提供システムを
整備した介護保険法が1997（平成９）年に制定された。その延長で，地域におい
て決して特殊な存在ではなくなった社会福祉ニーズを抱えた人々への社会福祉
サービスを充実させるために，2000（平成12）年の社会福祉法制定においても地
域福祉に重点を置く条文が多く盛り込まれることになったのである。ちなみ
に，この社会福祉法制定において，「地域福祉」という言葉がはじめて社会福
祉関係法の中に登場することになった（**表４-４**）。とはいえ，この章の社会福
祉協議会や共同募金に関する規定は社会福祉事業法の時代から存在したもので
ある。新しいのは，地域福祉計画の策定に関する条文（107条と108条）であるが，
これは本書第12章に取り上げる福祉計画のなかで改めて取り上げるのでそちら
を参照していただきたい。

3-3 社会福祉法の特徴③：新しい条項２

2016（平成28）年の社会福祉法改正では，主に社会福祉法人の内部管理体制（ガ
バナンス）や財務にまつわる規制改革がなされた。経営監視のために評議委員
会が必置の議決機関とされ，会計監査人による監査の義務づけがなされた。

事業運営の透明性を向上させるため，計算書類等（貸借対照表，収支計算書，
事業報告書，附属明細書，監査報告書，会計監査報告書）や財産目録等（財産目録，役
員等名簿，役員等の報酬の基準記載書類，現況報告書）を作成し，毎会計年度終了後
３か月以内に所轄庁に届出ることになった（59条）。また，財務規律を強化する
ためには，「社会福祉法人会計基準」が省令として規定され，会計基準が統一
された。

とはいえ，地域の社会福祉行政との関係を考えると「社会福祉充実計画」に
ついて特に確認しておく必要があるだろう。財務規律強化の結果，法人の保有
することになった資産から，事業継続に必要な財産（控除対象財産）を控除して
もなお一定の財産が生じた場合の利用方法が明示されることになった。こうし
た財産が生じた場合，社会福祉事業や公益事業（第11章を参照のこと）に計画的
に再投資するとともに，新たな社会福祉事業・公益事業や「地域公益事業」を

実施するために利用する計画を作成することになった。これを社会福祉充実計画と呼んでいる（55条の2）。ちなみに，地域公益事業とは，「日常生活又は社会生活上の支援を必要とする事業区域の住民に対し，無料又は低額な料金で，その需要に応じた福祉サービスを提供するもの」（55条の2第4項第二号）である[7]。

> ※　例えば，介護保険制度外の生活支援サービス・在宅支援事業（通院支援，外出支援，見守り支援，買い物支援，家事支援等）や，低所得世帯等に対する生活支援（相談支援，生活資金の助成，住居の提供，就労支援，子どもに対する学習支援・奨学金の助成），施設退所者・退所児童に対する継続的な支援（学習支援以外は低所得者等への支援と同じ）等があげられている。

　このように余剰財産を活用することが求められるようになった背景には，社会福祉法人が過剰な内部留保を蓄えていたり，一部の法人が不祥事を起こしたことがあると言われている。理由は何にせよ，社会福祉法人は，自らの直接の利用者へのサービスの提供だけではなく，それ以外の地域住民ための公益にも資する活動が求められるようになったのは時代の要請であると言えよう。企業に類する事業体というよりも，より公共的な団体としての存在が強調されるようになってきたのである。すなわち，行政機関との役割の類似性を増加させ，後に説明するガバナンスの時代に親和的な団体になったと言えるだろう。

(For Study)

1）　生存権の意味とそれを取り巻く状況について，社会権，憲法25条，朝日訴訟といったキーワードを利用しつつまとめてみよう。
2）　社会福祉事業法と社会福祉法の共通点と相違点についてまとめてみよう。
3）　福祉サービスの利用契約において利用者を守る仕組みにどのようなものがあるかまとめてみよう。

注
（1）　ここで引用した井上英夫は，人権は人間の基本権として憲法で承認されたものとしているが，国家の主権をも超える権利と考えた場合にはこの立場では妥当しない。本書ではイグナティエフの立場である権利（人権）は憲法に先立って存在しているとする立場に立つことにする（Ignatieff 2000＝2008：43）。
（2）　この概念は，国内にとどまらず国境を越えて，全般的な自由の拡大よりも，人間の生

活の基本的部分が「不利益を被るリスク」に焦点を絞って考えていこうとする概念である（Sen 2002 ＝ 2006：23-24）。
（3）　こうしたイグナティエフの見解を福祉国家が要請される規範理論として参照する論考が近年増えてきた。例えば，（大川 1999），（齋藤 2000）など。
（4）　一応，憲法25条の解釈をめぐる基準となる判例は，1948（昭和23）年の「食糧管理法違反事件」と言われており，ここでは明確にプログラム規定説が採られている。
（5）　ただし，ここでの引用は副田が（朝日訴訟運動史編纂委員会 1971：233-236）より引用したものの再引用である。
（6）　用語の意味合いは本書第3章を参照。
（7）　社会福祉法24条2項に「地域公益取組」（社会福祉事業及び公益事業のうち日常生活又は社会生活上の支援を必要とする者に対して，無料又は低額な料金で，福祉サービスを積極的に提供するよう努めるもの）の規定も追加された。これは地域公益事業とそれに類するが事業性のない取組までを含めたより包括的な概念である。

参考文献

朝日訴訟運動史編纂委員会，1971，『朝日訴訟運動史』草土文化

井上英夫，1997，「貧困・不平等と権利保障──『豊かな社会』と平等の復権」『貧困・不平等と社会福祉《これからの社会福祉2》』有斐閣：223-244

宇山勝儀，2006，『新しい社会福祉の方と行政　第4版』光生館

大川正彦，1999，『思考のフロンティア　正義』岩波書店

齋藤純一，2000，『思考のフロンティア　公共性』岩波書店

社会福祉法令研究会編，2001，『社会福祉法の解説』中央法規出版

副田義也，1995，『生活保護制度の社会史』東京大学出版会

富永健一，2001，『社会変動の中の福祉国家──家族の失敗と国家の新しい機能』中公新書

西村健一郎，2003，『社会保障法』有斐閣

堀勝洋，1997，『現代社会保障・社会福祉の基本問題──21世紀へのパラダイム転換』ミネルヴァ書房

Ignatieff, M., 1984, *The Needs of Strangers*, Chatto & Windus ＝ 添谷育志・金田耕一訳，1999，『ニーズ・オブ・ストレンジャーズ』風行社

───, 2000, *The Rights Revolution*, Anansi ＝ 金田耕一訳，2008，『ライツ・レヴォリューション』風行社

Jones, G. & C. Wallace, 1992, *Youth, Family and Citizenship*, Open University Press ＝ 宮本みち子監訳／徳本登訳，1996，『若者はなぜ大人になれないのか──家族・国家・シチズンシップ』新評社

Marshall, T.H., 1950, *Citizenship and Social Class*, Cambridge Univ. Press ＝ 岩崎信彦・中村健吾訳，1995，『シチズンシップと社会的階級──近現代を総括するマニフェスト』法律文化社

Sen, A., 2002, "Basic Education and Human Security" a background paper for the workshop on "Basic Education and Human Security", jointly organized by Commision on Human Security et.al, in Kolkata, January 2-4 ＝東郷えりか訳，2006，『人間の安全保障』集英社

第5章

社会福祉財政

第5章では，社会福祉財政の問題を扱う。政策が規定されたとして，それだけでは行政各機関は活動をすることができない。政策は規定されたが，財源が整わないという状況は多く，社会福祉行政の大きな課題となっている。この章では，こうした問題を考えるため，社会福祉行政が運営される現場である地方行政における財政の仕組みについて解説した後，社会福祉財政の動向を確認したい。

1　地方財政の仕組み①：歳入

1-1　地方の財源と財政再配分制度

わが国は，地方自治体の方が国よりも事務（地方自治体等の公共団体では仕事のことを事務という）は多いのに，財源は国に過度に集まっているといういびつな構造となっている。仕事の分量を表わす指標として国家公務員と地方公務員の数の違いがあるだろう。2017（平成29）年度の国家公務員数は27万9,463人（任期付研究員及び任期付職員を含む）であるのに対し（「総務省統計局日本統計年鑑」），地方公務員数は274万2,596人（都道府県，市区町村，一部事業組合などを含む。「平成29年地方公共団体定員管理調査」）と，約10倍の職員がいる。

その割には財源を持つのは圧倒的に国であり，一度国に集めた資金を地方自治体に配分し直すという構造になっている。こうした仕組みは財政調整制度と呼ばれている。まずは，歳入に目を向けてみよう。2018（平成30）年度において，国税と地方税を合わせた租税として徴収された額は104兆9,755億円であった。このうち，国税は64兆2,241億円であり，租税総額の61.2％を占めていた。一方，地方税は40兆7,514億円であり，租税総額の38.8％を占めていた。つまり，国税と地方税の割合は6：4ほどである。

図5-1　地方財政歳入決算額の構成比

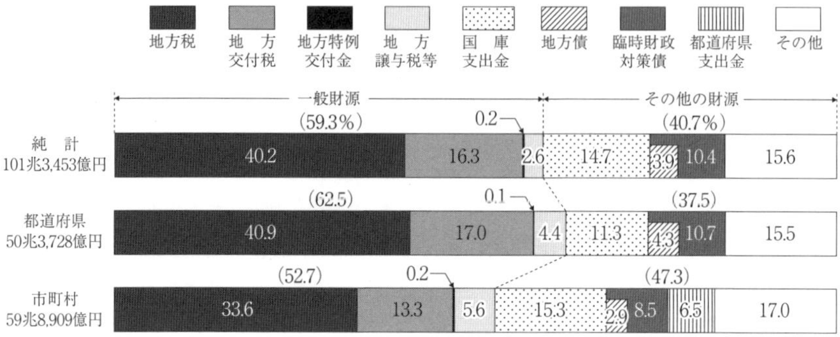

（注）　国庫支出金には，交通安全対策特別交付金及び国有提供施設等所在市町村助成交付金を含む。
（出所）　『令和2年版　地方財政白書』より。平成30年度決算。

　現在では，地方自治体が独自に徴収している地方税などの自主財源は全体の4割ほどを占めるが，かつては地方の歳入総額の3割あまりに過ぎなかった。つまり，3割しか自立していないので，この状態を揶揄して「3割自治」と呼んでいた。

　次に歳出に目を向けてみよう。現在の地方の歳入の財源構成は次のような構成となっている。すなわち，地方税（40.2％），地方譲与税等（2.6％），地方交付税（16.3％＋a），国庫支出金（14.7％），地方債収入（10.4％），その他（15.6％）である（平成30年度決算『令和2年版　地方財政白書』より）[1]。これらの歳入は，その性質上通常は「一般財源」と「特定財源」に分けられる。地方自治体の判断で自由に使えるのが一般財源であり，国（市町村なら国と都道府県）などに使途が決められているのが特定財源である。以下には，それぞれの財源についてより詳細に見ていきたい（図5-1）。

[1-2]　一般財源

　先のリストのうち，一般財源は地方税（及び地方譲与税等）と地方交付税等である。

　地方税は，地方自治体が独自に徴収するもので，その財源の中心的役割を果たすものである。『令和2年版　地方財政白書』の数値を参考にして自治体種

別ごとにその内容について確認したい。

　道府県税（都道府県の地方税の決算額から東京都が徴収した市町村税相当額を除いた額）は，約18兆3,280億円である（平成30年度決算以下同じ）。内訳は，都道府県民税（31.1％），事業税（24.3％），地方消費税（26.3％），自動車税（8.5％）などとなっている。道府県税は，この4税で全体の約90.2％を占めている。

　市町村税は，約22兆4,235億円である。内訳は，市町村民税（47.0％），固定資産税（40.5％），都市計画税（5.8％），市町村たばこ税（3.8％）などとなっている。市町村税は，この4税で全体の97.1％を占めている。

　以上は地方税法に定められた法定税であり，課税に際しては同法で標準税率が定められている。ただし，税率は地方自治体の条例によって自主的に決定される性質のものなので（地方税法3条），必要がある場合にその税率を変えて定めることができる（多くの場合は超過税率）。2009（平成21）年に名古屋市長が市民税の減税を公約して当選したが，期待された効果が達成できたかどうかは別として，これは法律に違反する訳ではなかった。また，地方税は原則的に上記の税から構成されるが，地方自治体は独自の普通税及び目的税（使途を限定して課税する税）を法定外税として課することも認められている。[(2)]

　地方交付税は，地方税収入の不均衡を調整するために交付されるものである。地域間格差を縮小し，どの地域でも最低限の行政サービス水準を確保するために国税を再配分する税制度である。地方が自主的に集めたものではないが，地方自治体が独自の判断で使えるものなので，一般財源とされている。

　この税には地方交付税法に財源が明示されており，所得税・法人税のそれぞれの収入見込額の33.1％，酒税の収入見込額の50％，消費税の収入見込額の19.5％，および地方法人税の全額（2014〔平成26〕年に新たに創設）の国税5税が充てられる（地方交付税法第6条）。[(3)] また，通常の財政不均衡解消の役割を果たす「普通交付税」と災害などによる突発的な財政需要に対応する「特別交付税」があり，それぞれ全体の94％と6％が充てられる（地方交付税法6条の2）。

　地方交付税は，地方自治体の財源不足を解消するために交付するものだから，富裕な地方自治体には交付されないことになっている。しかし，現在不交付団体であるのは，2019（令和元）年度は都道府県では東京都だけであり（2008〔平成20〕年度までは愛知県もそうであった），市町村では2018（平成30）年度よりも

8団体増加して85団体となっている（とはいえ，2009〔平成21〕年度は151団体だった[4]）。つまり，ほとんどの地方自治体が交付団体であり，地方にとってかけがえのない財源となっている。

普通交付税の金額は，規模ごとに計算される標準的な地方自治体が必要とすると考えられる金額（基準財政需要額）から，標準的とされる収入（基準財政収入額）を差し引いた金額である。つまり，交付額は，国が委託したり，法律で義務づけられたりする事務を行う量に応じて積算されて決められる。しかし，交付された交付税を何に使うかは，地方自治体の裁量である。よって，基準財政需要額の算定基準となっている事務であっても，必ずしも交付税をそのまま使ってその事務を行う必要はない（小坂 2007：51-52）。例えば，生活保護の給付事務も交付税の算定基準であるが，これを安く済ませればその地方自治体にそれだけ資金が残ることになるので，市の福祉事務所で支給が及び腰になり漏給問題が起きやすくなるといった構造に繋がっているとも言われる。

1-3 特定財源

次は特定財源である。国が使途を定めて国税から交付するのが，**国庫支出金**である。国から都道府県・市区町村に対して支給される。同じく，都道府県から市区町村に対して支給される「都道府県支出金」もある。これらにはいくつかの種類がある（表5-1）。

このうち特に国庫補助金は，全国に均等に配分されるのではなく，何らかの政策を実行するために国の定めた方針に従って地域ごとにめりはりをつけて配分されるものであり，この財源の配分には地域ごとの多寡が発生してしまう。また，国の地方統制の手段として利用されてきたきらいもあるため，一時期は陳情合戦や官官接待といった政治・行政腐敗がはびこる温床ともなった。霞が関に国庫補助金を中心とした国庫支出金の配分を増加させるように陳情するための事務所を構える地方自治体も多かった。さらに，中央官庁の縦割り行政を温存することにもつながったとされる。しかし，近年は大きく削減されており，次第にこうした問題も見られなくなっている。

上記の財源では十分に地方の事務の出費を賄えないようになった場合，借金が行われることになる。国の借金は国債を発行して市場などから資金を調達す

表5-1 国庫支出金の種類

	内　容	事　例
国庫負担金	自治体の事務ではあるが，全国で行われる必要があるために，国が経費の一部を負担するもの。	一般行政費国庫負担金（義務教育職員給与費国庫負担金など），生活保護費国庫負担金，建設事業費国庫負担金（公共事業費国庫負担金），災害復旧費等国庫負担金など
国庫委託金	本来国が行うべき事務を地方自治体が代行する場合の費用を支出するもの。国が全額負担する。	国会議員選挙，国勢調査，パスポート発行など
国庫補助金	必要に応じて国が任意に支出する資金。自治体に特定の施策を促すための「奨励的補助金」と自治体の財政的負担を軽減するための「財政援助的補助金」に分かれる。	信号の設置，農地整備，IT関連の情報化支援，市町村合併促進など

ることになるが，地方自治体ではそれは**地方債**となる。交付税は，財源とされている5税の増減によって金額が変動するため，地方の需要どおりに金額が増加される訳ではない。また，補助金も国庫がひっ迫している現在では削減傾向である。今後は，地方債を大量発行して不足額を補わざるをえなくなる状況も予想される。

　地方債は，かつては国や都道府県による許可制であった。現在は，2006（平成18）年度より地方自治体の自主性をより高めるために国または都道府県との事前協議制となっている。⁽⁵⁾この協議において総務大臣などが同意した地方債については返済に係る金銭（元利償還金）が地方交付税によって措置される。⁽⁶⁾地方債は地方自治体の発行する債券だからその地方自治体の借金のように思われるかもしれない。しかし，借金の返済は国（もしくは都道府県）が行うのである。⁽⁷⁾そのため，使途が事前に協議され特定される。よって，地方債は特定財源に分類される。

1-4 福祉行政と国庫負担金・国庫補助金

　社会福祉行政では，ここで説明した国庫負担や国庫補助という特定財源についての話題をよく見かける。何らかの事業を地方自治体に対して義務づける場合には，財源の裏づけが必要である。事業の実施が義務づけられることの多い

社会福祉行政においては，財源となる国庫負担金の支出が，該当する社会福祉関連法において規定されていることが多い。任意事業とする場合には，地方自治体の独自の意思決定を支援するという意図により国が任意に支出する国庫補助金の支出が規定されていることが多い。

　例えば，生活保護法において，以下のように定めている。75条１項で定めるのは，いわゆる保護費等の国庫負担についてである。それぞれの費用の４分の３を国が「負担しなければならない」と規定されている。国庫負担金についての規定は通常このような書き方がなされる。

　一方，同条２項は，保護施設設備費についての規定である。条文に記載されている74条１項をたどると，「都道府県は，（…略…）保護施設の修理，改造，拡張又は整備に要する費用の４分の３以内を補助することができる」と規定されている。文末の「できる」との表現は，いわゆる「できる」規定と言われているものであり，任意事業を指す。こうした事業には，「補助することができる」の表現のごとく，国庫補助が適用されることが多い。[8]

■生活保護法

（国の負担及補助）

第75条　国は，政令で定めるところにより，次に掲げる費用を負担しなければならない。

　　一　市町村及び都道府県が支弁した保護費，保護施設事務費及び委託事務費の４分の３

　　二　市町村及び都道府県が支弁した就労自立給付金費及び進学準備給付金費の４分の３

　　三　市町村が支弁した被保護者就労支援事業に係る費用のうち，当該市町村における人口，被保護者の数その他の事情を勘案して政令で定めるところにより算定した額の４分の３

　　四　都道府県が支弁した被保護者就労支援事業に係る費用のうち，当該都道府県の設置する福祉事務所の所管区域内の町村における人口，被保護者の数その他の事情を勘案して政令で定めるところにより算定した額の４分の３

　　２　国は，政令の定めるところにより，都道府県が第74条第１項の規定により保護施設の設置者に対して補助した金額の３分の２以内を補助することができる。

以下のリスト（表5-2）は，社会福祉関係各法に規定される国庫負担金と国

表 5-2　社会福祉関連各法における国庫負担と国庫補助の記載

生活保護法	国庫負担金	75条1項一号	保護費（施設事務費，委託事務費を含む）	4分の3
		75条1項二号	就労自立給付金費及び進学準備給付金費	4分の3
		75条1項三号	被保護者就労支援事業に係る費用（市町村）	政令で定めるところにより算定した額の4分の3
		75条1項四号	被保護者就労支援事業に係る費用（都道府県）	政令で定めるところにより算定した額の4分の3
	国庫補助金	75条2項	保護施設設備費	3分の2以内
生活困窮者自立支援法	国庫負担金	15条1項一号	生活困窮者自立相談支援事業費（市等）	政令で定めるところにより算定した額の4分の3
		15条1項二号	生活困窮者住居確保給付金費（市等）	政令で定めるところにより算定した額の4分の3
		15条1項三号	生活困窮者自立相談支援事業費（都道府県）	政令で定めるところにより算定した額の4分の3
		15条1項四号	生活困窮者住居確保給付金費（都道府県）	政令で定めるところにより算定した額の4分の3
	国庫補助金	15条2項一号	生活困窮者就労準備支援事業費 生活困窮者一時生活支援事業費	政令で定めるところにより算定した額の3分の2以内
		15条2項二号	生活困窮者家計改善支援事業 生活困窮者である子どもに対し学習の援助を行う事業の費用，その他の生活困窮者の自立の促進を図るために必要な事業の費用	政令で定めるところにより算定した額の2分の1以内

老人福祉法	国庫補助金	26条1項	居宅における介護等の措置費（市町村）	2分の1以内
介護保険法	国庫負担金	121条1項一号	介護給付費・予防給付費　以下のものを除く	100分の20
		121条1項二号	介護保険施設及び特定施設入居者生活介護に係る介護給付費・介護予防特定施設入居者生活介護に係る予防給付費	100分の15
		他に調整交付金などあり		

子ども・子育て支援法	国庫負担金	68条1項	私立の特定教育・保育施設に係る施設型給付費等	負担対象額から拠出金充当額を控除した額の2分の1
		68条2項	特定子ども・子育て支援施設等（認定こども園，幼稚園及び特別支援学校を除く。）に係る施設等利用費の支給に要する費用	政令で定めるところにより算定した額の2分の1
児童福祉法	国庫負担金	53条	結核にかかつている児童の療養の給付等，小児慢性特定疾病医療費の支給，小児慢性特定疾病児童等自立支援事業，都道府県の設置する助産施設又は母子生活支援施設において市町村が行う助産の実施又は母子保護の実施に要する費用，都道府県が行う助産の実施又は母子保護の実施に要する費用，障害児入所給付費等，一時保護に要する費用，他（都道府県） 障害児通所給付費，特例障害児通所給付費若しくは高額障害児通所給付費又は肢体不自由児通所医療費の支給に要する費用 障害児通所支援若しくは障害福祉サービスの措置委託費市町村が行う助産の実施又は母子保護の実施に要する費用 保育所若しくは幼保連携型認定こども園等への入所の措置委託費 障害児相談支援給付費又は特例障害児相談支援給付費の支給に要する費用（市町村）	2分の1
	国庫補助金	56条の2	都道府県が障害児入所施設又は児童発達支援センターについて補助した金額	3分の2以内

身体障害者福祉法	国庫負担金	37条の2第一号	身体障害者社会参加支援施設及び養成施設の設置及び運営費	10分の5
		37条の2第二号	措置費	10分の5
知的障害者福祉法	国庫負担金	26条	措置費	10分の5
精神保健福祉法	国庫負担金	30条2項	措置入院費（都道府県）	4分の3
	国庫補助金	7条	精神保健福祉保健センター	設置経費の2分の1 運営経費の3分の1
		19条の10第1項・第2項	公立・私立精神病院等の設置・運営費	2分の1以内
障害者総合支援法	国庫負担金	95条1項一号	障害福祉サービス費等（市町村）	100分の50
		95条1項二号	自立支援医療費，療養介護医療費，基準該当療養介護医療費，補装具費（市町村）	100分の50
		95条1項三号	自立支援医療費（都道府県）	100分の50
	国庫補助金	95条2項一号	支給決定・地域相談支援給付決定に係る事務の処理に要する費用（市町村）	100分の50以内
		95条2項二号	地域生活支援事業に要する費用（市町村・都道府県）	100分の50以内

庫補助金の主なものである。こうしたリストを眺めるだけでも社会福祉行政の現状を理解する一助となるだろう。

　例えば，老人福祉法において，国庫補助金としては居宅における介護等の措置費に関するものだけが規定されている。それでは，対象者に入居してもらう老人福祉施設への措置費には国の支援はないということであろうか。これは，国庫補助の対象という特定財源から，交付税に付け替えることで一般財源化されることで，一応同じ財源が確保されて市町村に財政移転されることになったため，表面的には補助対象ではないように見えるようになったのである。つまり，居宅介護への措置費は国庫補助対象として残っているが，施設への措置費はいわゆる「交付税措置」へと移ったということである。(9)

　このリストに掲げられた以外にも，その他の行政事務に対する補助が可能となる規定が記載された条文が設けられていることが多い（「規定するもののほか，一部を補助することができる」などの表現で）。煩雑となるので，これらの条文はリストから省いてある。

2　地方財政の仕組み②：歳出

2-1　会計の種類

　前節では，地方自治体のお金の入りについて扱ったので，次は出についてである。地方自治体の歳入・歳出は，「一般会計」と「特別会計」に分類される。一般会計とは，地方税や地方交付税，国庫支出金などを財源とするものである。特別会計とは，何らかのサービスの提供と引き換えに収納した社会保険料や料金などを主な財源としているため，明朗な会計処理のために事務ごとに別建てで経理されるものである。地方行政において社会福祉に関係の強い特別会計では，次のものがそれぞれの個別法において設置が義務づけられている。すなわち，国民健康保険事業特別会計（国民健康保険法10条），介護保険事業特別会計（介護保険法3条2項），後期高齢者医療事業特別会計（高齢者の医療の確保に関する法律49条。ただし，広域連合及び市町村の特別会計）などである。

　ただし，特別会計の中にも一般行政活動に関係するものと企業活動に関係するものがあり，自治体ごとにその区分けは様々である。これでは自治体間の比較が難しくなるので，統計上の処理のために「普通会計」という概念が用いられることがある。これは，特別会計を，一般行政部門と水道，交通，病院等の企業活動部門に分け，一般会計に前者を足し合わせたものを「普通会計」，後者を「地方公営事業会計」として区分し直したものである。統計的な比較のためには，こちらの概念を用いることが多いので，以下の各費目の比較においては「一般会計」ではなく「普通会計」での金額や割合について述べる。

2-2　社会福祉行政と民生費

　地方自治体普通会計歳出の2018（平成30）年度純計決算額は98兆206億円で，費目中最も多くの割合を占めるのは，民生費の26.2％である。以下，教育費17.2％，公債費12.6％，土木費12.1％，総務費9.5％といった順で続いていく。このうち，社会福祉の費用が賄われる費目は主に「民生費」である。もともと，地方財政において最大の割合を占めていた費目は教育費であったが，2007（平成19）年度に民生費が逆転してから順位が入れ替わっている（表5-3）。

表5-3　目的別歳出決算額の構成比の推移

(単位：%)

区　分	決算額構成比							
	2003	2004	2005	2006	2007	2008	2009	2010
議会費	0.6	0.6	0.5	0.5	0.5	0.5	0.4	0.4
総務費	9.8	9.8	9.6	9.7	10.0	9.9	11.2	10.6
民生費	15.7	16.6	17.3	18.2	19.0	19.9	20.6	22.5
衛生費	6.4	6.3	6.3	6.2	6.1	6.0	6.2	6.1
労働費	0.4	0.4	0.3	0.3	0.3	0.7	1.0	0.9
農林水産業費	5.1	4.7	4.4	4.2	3.9	3.7	3.7	3.4
商工費	5.2	5.4	5.1	5.3	5.6	5.9	6.8	6.8
土木費	17.8	16.7	15.9	15.5	15.0	14.4	13.8	12.6
消防費	2.0	2.0	2.0	2.0	2.0	2.0	1.9	1.9
警察費	3.6	3.7	3.7	3.8	3.8	3.7	3.4	3.4
教育費	18.6	18.5	18.3	18.5	18.4	18.0	17.1	17.4
その他	14.8	15.3	16.6	15.8	15.4	15.3	13.9	14.0
歳出合計	100.0	100.0	100.0	100.0	100.0	100.0	100.0	100.0

区　分	決算額構成比							
	2011	2012	2013	2014	2015	2016	2017	2018
議会費	0.5	0.5	0.4	0.4	0.5	0.4	0.4	0.4
総務費	9.6	10.3	10.3	10.0	9.8	9.1	9.3	9.5
民生費	23.9	24.0	24.1	24.8	25.7	26.8	26.5	26.2
衛生費	7.0	6.2	6.1	6.2	6.4	6.4	6.4	6.4
労働費	1.0	0.8	0.6	0.4	0.4	0.3	0.3	0.3
農林水産業費	3.3	3.3	3.6	3.4	3.3	3.2	3.4	3.3
商工費	6.8	6.4	6.1	5.6	5.6	5.3	5.0	4.9
土木費	11.6	11.7	12.4	12.2	11.9	12.2	12.2	12.1
消防費	1.9	2.0	2.0	2.2	2.1	2.0	2.0	2.0
警察費	3.3	3.3	3.2	3.2	3.3	3.3	3.3	3.4
教育費	16.7	16.7	16.5	16.9	17.1	17.1	17.2	17.2
その他	14.4	14.8	14.7	14.7	13.9	13.9	14.0	14.3
歳出合計	100.0	100.0	100.0	100.0	100.0	100.0	100.0	100.0

（出所）　『地方財政白書』平成23年版，28年版，令和2年版より著者作成。

　明治時代や昭和時代の自治体の大合併は，それぞれ小学校や中学校を建設するための財政規模を確保することが最大のきっかけであったと言われている（西尾 2007：17）。地方自治体にとっては，いわば教育の時代だったのだろう。しかしながら，教育費を追い抜き社会福祉の費用である民生費が地方自治体にとっての最大経費となった。高齢化社会や生活の不安定化を受けて，社会福祉行政が地方行政において最大の課題となっていることが予算面からも裏づけられる。財政の面でも，地方自治体にとって福祉の時代が訪れていると言えるだ

表 5 - 4　民生費の目的別内訳

(単位：百万円・%)

区　分	2018 (平成30) 年度					
	都道府県		市町村		純計額	
社会福祉費	2,392,049	30.7	5,267,997	25.0	6,572,578	25.6
老人福祉費	3,227,410	41.4	3,826,190	18.2	6,227,499	24.3
児童福祉費	1,756,244	22.5	8,146,742	38.7	8,729,556	34.0
生活保護費	241,917	3.1	3,742,833	17.8	3,947,049	15.4
災害救助費	175,041	2.2	91,876	0.4	189,266	0.7
合　計	7,792,663	100.0	21,075,638	100.0	25,665,947	100.0

(出所)　『令和2年版　地方財政白書』より。

ろう。

　ちなみに，団体種類別に見ると都道府県では教育費が一番多い20.4%であり，市町村では民生費の36.3%である。

　次に，民生費の内訳を見ていく。2018 (平成30) 年度決算における都道府県の最大の費目は「**老人福祉費**」である (**表5-4**)。特別養護老人ホームなどの高齢者福祉施設の運営費である。高齢化が進むのに2000 (平成12) 年にその構成比が下がっているのは，介護保険が開始した際に介護保険特別会計が設置され，その分の費用は特別会計繰出金 (都道府県・市町村負担金) 以外は別会計となったためである (戸谷 2010：37) (**表5-5**)。

　市町村で最大の費目は「**児童福祉費**」である。児童手当の支給，保育所や児童養護施設といった児童福祉関連施設の運営費である。

　1970 (昭和45) 年には都道府県・市町村合計の民生費で39.4%を占めていた「**生活保護費**」は，次第に割合を低下させていく。とはいえ，平成不況を反映して生活困窮者が増えた社会情勢からか，1995 (平成7) 年の14.1%から2000 (平成12) 年には16.1%，2005 (平成17) 年には18.0%と割合をわずかに増加させた。その後は景気の回復もあってか，わずかにその比率を低下させている。

　「**社会福祉費**」は，1990 (平成2) 年以来全体の25%前後の割合を保ち続けている費目である。他の費目に分類されない諸費目が含まれる。そのなかでも注目すべきは市町村で運営する国民健康保険特別会計への繰出金 (都道府県・市町村負担金) である。高齢者や非正規労働者などが集中する国民健康保険は大きな費用のかかる制度であり，この負担金が社会福祉費の割合を一定規模にしている。

表5-5　民生費の目的別歳出の推移（都道府県と市町村の合計）

（単位：億円・％）

	1970 （昭和45）	1975 （昭和50）	1980 （昭和55）	1985 （昭和60）	1990 （平成2）	1995 （平成7）	2000 （平成12）
社会福祉費	1,529 (20.2)	5,494 (19.4)	10,036 (20.0)	13,697 (21.9)	21,722 (26.4)	31,497 (26.3)	36,415 (27.2)
老人福祉費	605 (8.0)	5,313 (18.7)	10,958 (21.8)	12,927 (20.7)	20,473 (24.9)	34,389 (28.8)	35,403 (26.4)
児童福祉費	2,444 (32.2)	9,981 (35.2)	16,524 (32.9)	19,339 (30.9)	25,135 (30.5)	32,739 (27.3)	40,299 (30.1)
生活保護費	2,987 (39.4)	7,500 (35.2)	12,709 (25.3)	16,505 (26.4)	14,844 (18.0)	16,937 (14.1)	21,548 (16.1)
災害救助費	22 (0.3)	68 (0.2)	57 (0.1)	55 (0.1)	106 (0.1)	4,136 (3.5)	256 (0.2)
合　計	7,587	28,357	50,284	62,523	82,281	119,799	133,920

	2005 （平成17）	2010 （平成22）	2012 （平成24）	2015 （平成27）	2016 （平成28）	2017 （平成29）	2018 （平成30）
社会福祉費	41,928 (26.7)	50,637 (23.8)	55,673 (24.0)	65,916 (26.1)	71,536 (27.2)	68,863 (25.6)	65,726 (26.6)
老人福祉費	39,560 (25.2)	54,823 (25.7)	57,252 (24.7)	61,393 (24.3)	62,193 (23.6)	62,814 (24.2)	62,275 (24.3)
児童福祉費	46,964 (29.9)	71,388 (33.5)	72,536 (31.3)	78,850 (31.2)	81,526 (31.0)	85,233 (32.8)	87,296 (34.0)
生活保護費	28,264 (18.0)	35,967 (16.9)	39,051 (16.9)	40,283 (16.0)	39,939 (15.2)	39,935 (15.4)	39,470 (15.4)
災害救助費	211 (0.1)	348 (0.2)	7,011 (3.0)	6,106 (2.4)	8,214 (3.1)	2,990 (1.2)	1,893 (0.7)
合　計	156,927	213,163	231,523	252,548	263,408	259,834	256,659

（出所）『平成11年版　厚生白書』及び各年版『地方財政白書』より著者作成。

3　国庫のなかでの福祉財政の動向

3-1　社会保障関係費の全体的動向

　これまでは地方財政の枠組みを説明し，その範囲で社会福祉財政の動向を確認した。この節ではより大きな視点で財政の動向をとらえ，その運営方法の仕組みについてより深く理解することにしたい。

　第1章で社会福祉は社会保障の一分野であると説明した。社会福祉財政の動

向を理解するために，まずはこの上位分野である社会保障関係費の状況を確認したい。2020（令和2）年度予算（当初予算）では，社会保障関係費は約35.9兆円であり歳出全体の34.9％を占め，国の歳出内訳のなかで最大の経費である。これは，いわゆる国の借金の返済に充てる国債費約23.4兆円（22.7％）よりも多い。

「一般会計歳出」全体から国債費や地方公税交付金などの国の事情にかかわらず支出される「義務的経費」を差し引いたものを，特に区別して「一般歳出」という。これは，国の政策を実行するために実質的に利用できる予算であるので「政策経費」とも呼ばれる。この一般歳出のなかでは，社会保障関係費は56.5％と過半数を占めており，第2位の公共事業関係費10.8％（6.9兆円）を圧倒的に引き離している。

このように社会保障関係費はすでに歳出内訳のなかでもかなり多くの部分を占めており，世界でも租税負担率が低いとされているわが国では，これ以上の伸びを期待するのはなかなか難しい状況である。2020（令和2）年に入ってからの新型コロナウィルスの流行に伴って補正予算が組まれ，一時的に財政規律は緩んでいるが，その反動により今後財政引き締め路線へと向かうことも懸念される。

3-2 社会福祉費と生活保護費の国の歳出中での調整とその破たん

坂田周一によれば，社会福祉制度の運営において財政には，「①必要な資金を提供して制度運営を円滑ならしめる支援機能と，②利用できる資金の限界を明示して制度運営をコントロールする統制機能」（坂田 2002：154）という二つの観点が考えられるという。社会福祉の理念を実現するためには第一義的には①の支援機能が期待されるが，現実的なところ，「福祉サービスはお金がなければやれない」（坂田 2007：174）。しかも，国の歳出は社会保障や社会福祉だけに支出されるものではないから，財政は予算の配分を調整しつつ，とある場面においてはサービス抑制的な機能を発揮せざるを得なくなる。ところが，国の人口構造（高齢化等）や経済構造（産業化の成熟等）等が大幅に変更した場合は，予算配分の暫定的な目先の調整だけでは全体の統制は難しくなり，適切な制度の改革を行って財施構造の大幅な変更を行うことが必要となる。

戦後福祉国家が成熟するなかで財政支出は増大し，租税負担率が低い日本で

表5-6　一般会計歳出および構成要素の変化倍率（当初予算の10年間比較）

期　　間	一般会計歳出	地方交付税交付金	国債費	一般歳出（基礎的財政収支対象経費）
1969/60	4.3	4.7	10.2	4.1
1979/70	4.9	3.2	14	4.9
1989/80	1.4	2	2.2	1.1
1999/90	1.2	0.9	1.4	1.3
2009/00	0.99	1.11	0.92	1.07
※2015/06	1.21	1.07	1.25	1.2
※2018/09	1.1	0.94	1.15	1.09

（注）　基礎的財政収支対象経費＝一般会計歳出－（国債費＋決算補てん繰戻し）
（出所）　坂田（2002：159）より引用。2009/00年度以降は『財政金融統計月報 予算』（財務省）等により著者作成。

は十分な歳入を賄えない状況となっている。**表5-6**は，年代ごとにそれぞれ
の費目の各10年間の期末の金額を期首の金額で割ったものである。1960年代，
70年代まではどの費目も順調に伸び続けた。政策経費である一般歳出も10年ご
とに4倍以上膨らみ続け，物価上昇の影響を除いても社会福祉制度を次第に充
実させていくのに十分な財源を確保できていたことが分かる。しかしながら，
1980年代に入るとどの費目もほぼ伸びがなくなる。1前後でどの数値も前後し
ているということは，毎年の国債発行額も限界点であるし，一般歳出も全体額
は増えないのだから費目間の配分を調整することで限度額以内に抑えなければ
ならない構造になっている。その後も引き続き2010年度に至るまでこうした傾
向は続いているから，今後も大きな変化は難しいのではなかろうか。
　このように財政が停滞する状況では，歳出の費目間で調整することでやりく
りがなされてきた。社会福祉行政に特に関連の高い費目でもこうした傾向は見
られる。例えば，社会保障関連費のなかで高齢化社会が進むと増加する社会福
祉費を賄う方策として，生活保護費を締め付けることで何とかしのいできた状
況が伺える。**表5-7**は，社会保障関係費に占める生活保護費及び社会福祉費
の構成比を百分率で示したものである。これを見ると，社会福祉費の増加とと
もに生活保護費が減額されていることが明らかなように思われる。財政におい
ては，全体の予算が増えない状況では，増えざるを得ない特定カテゴリーの費
用を賄うために，他のカテゴリーが犠牲になる構造だったのである（坂田
2002：175）。

表 5 - 7　社会保障関係費に占める生活保護費及び社会福祉費内訳の構成比

（単位：％）

年　度	生活保護費	社会福祉費	老人医療費	老人保護費	児童福祉費	身体障害者保護費	社会福祉諸費	その他
1975	13.6	15.7	3.6	2.1	6.9	0.4	0.2	2.5
1980	11.6	16.7	3.5	2.3	5.9	0.5	0.3	4.2
1985	11.3	20.9	7.9	2.4	5.1	0.5	0.4	4.7
1990	9.5	20.7	10.1	2	3.8	0.5	0.7	3.7
1995	7.6	24.9	12.4	2.6	4.2	0.6	1.5	3.7
1999	7.2	28.5	14.3	3.3	4.6	0.6	2.4	3.4

（出所）　坂田（2002：175）。

表 5 - 8　生活保護費及び社会福祉費内訳（当初予算）及び予算総額に占める構成比

	1999（平成11）年度 予算額（構成比）	2000（平成12） 予算額（構成比）	2001（平成13） 予算額（構成比）	2007（平成19） 予算額（構成比）	2008（平成20） 予算額（構成比）
総　額	81,860,122(100.0)	89,770,227(100.0)	86,352,554(100.0)	83,804,191(100.0)	88,911,213(100.0)
社会保障関係費	21,296,730(23.9)	19,793,429(22.0)	21,007,150(24.3)	22,423,218(26.8)	23,908,537(26.9)
生活保護費	1,397,044(1.6)	1,483,656(1.7)	1,581,977(1.8)	1,982,011(2.4)	2,047,261(2.3)
社会福祉費	5,945,918(6.7)	4,142,975(4.6)	1,927,904(2.2)	1,706,412(2.0)	2,133,081(2.4)

	2010（平成22） 予算額（構成比）	2014（平成26） 予算額（構成比）	2015（平成27） 予算額（構成比）	2016（平成28） 予算額（構成比）	2017（平成29） 予算額（構成比）
総　額	96,728,393(100.0)	99,000,338(100.0)	99,663,275(100.0)	100,222,015(100.0)	99,109,488(100.0)
社会保障関係費	29,286,211(30.3)	31,233,558(31.5)	32,755,614(32.9)	33,179,214(33.1)	33,088,958(33.4)
生活保護費	2,459,871(2.5)	2,859,705(2.9)	2,875,099(2.9)	2,879,551(2.9)	2,884,451(2.9)
社会福祉費	2,173,352(2.2)	2,651,151(2.7)	3,673,424(3.7)	3,564,453(3.6)	3,356,926(3.4)

	2018（平成30） 予算額（構成比）
総　額	101,358,061(100.0)
社会保障関係費	33,604,405(33.2)
生活保護費	2,852,288(2.8)
社会福祉費	2,641,627(2.6)

（出所）　『財政金融統計月報』（財務省）より著者作成。

　とはいえ，この構造は維持できなくなる。坂田の表が作成された1999（平成11）年までは生活保護費は抑制されてきたのであるが，2000（平成12）年以降は大幅に増加していく。**表 5 - 8** にその状況を示しておいた。平成不況と高齢化の進展で生活基盤のぜい弱化が極まり，低所得者対策の抑制も限界に至ったのであろう。

　一方で，高齢化は高齢者福祉の需要を押し上げ続けるから社会福祉費を抑制することもできない。費目間での調整が不可能となると，制度改正が必要となる。2000（平成12）年には介護保険制度が始まり，それまで社会福祉費で賄われ

てきた高齢者福祉の費用（老人福祉費）の一部は，2000（平成12）年には社会保険費のなかの介護保険助成費等へ，2001（平成13）年には老人医療・介護保険給付諸費や介護保険推進費に付け替えられる。表5-8でも，2000（平成12）年から2001（平成13）年では，社会福祉費が大幅に減少しているように見えるが，これは費用を付け替えたためにすぎない。付け替えによって，社会福祉費自体は表面的に抑えることができたようだが，こうした調整は一時をしのぐものに過ぎない。超高齢社会に対応する目的で，2008（平成20）年から後期高齢者医療制度が始まり，国が租税からその費用の一部を賄うために社会福祉費には後期高齢者医療給付費等負担金などの新たな費目が設定され，その分の予算が増額されることになる。

　2015（平成27）年には，保育対策費や2014（平成26）年4月の消費税増税の際に低所得の方への影響緩和のために現金を給付した臨時福祉給付金等給付事業助成費等が社会福祉費に計上されたために，社会福祉費の金額が大幅に増えている。もちろん，それに伴って生活保護費が減額されることはもはやない。

　制度改正に伴う各費目の金額割合の大幅な変動は，社会福祉に関する費用に関しては2000年代になるまでは見られないことであった。しかし，2000年代からは，矢継ぎ早に社会保障関係の制度改正が進み，増加する費用は制度を新たに創設することで費用を獲得して対応するという方向へと大きく舵を切ったと言えるだろう。それまでの財政構造とあまりに対照的な状況を考えると，2000年代は社会福祉の大制度改革の時代であったと特徴づけることができる。もはや，小手先の費用の調整で少子高齢化時代は乗り切ることはできない。今後は増税まで含めたさらなる大きな制度改革が必要となるのではなかろうか。

3-3 財政の動向の地方への影響

　以上は，社会福祉行政に関する費用の動向を国全体の歳出構造のなかで確認したものであった。次に，費用を調整するために具体的な地方社会福祉行政の場ではどのような施策が展開されたのかを確認してみたい。

　前節でも述べたように，1970年代までは社会福祉制度が財政的にも充実していき，法制度的にも新たな体系が次々に生み出されていた。とりわけ，福祉元年とも呼ばれる1973（昭和48）年は，社会保障関連費の充実が目覚ましい。医療

表5-9　国庫負担率の引下げ

	1984	1985	1986	1987-88	1987-90	1991-94
生活保護費	8/10	7/10	7/10	7/10	3/4	→
保育所措置費	8/10	7/10	1/2	1/2	1/2	→
老人福祉施設保護費	8/10	7/10	1/2	1/2	1/2	→
失業対策事業費	2/3	6/10	1/2	1/2	1/2	→
義務教育費（追加費用）	1/2	1/2	1/2	1/3	1/3	1/3, 2/9, 1/9, 0

(注)　→は恒久化を示す。「義務教育費（追加費用）」は94年度にゼロになった。「義務教育費（追加費用）」とは，義務教育諸学校の教材費，旅費，恩給費及び共済費等のこと。
(出所)　坂本（2009：41）。

保険制度においては，老人福祉法を一部改正し老人医療費支給制度を創設することで，老人医療費を無料化した。これは，70歳以上の高齢者と65歳以上の寝たきり高齢者に対して医療保険における自己負担部分をすべて公費で負担する制度であった。その他にも，家族給付率の改善や高額療養費給付制度の創設など制度が充実した。年金保険制度においては，物価スライド制を導入し，厚生年金の標準的な年金額を5万円とするいわゆる5万円年金が達成されたりした。

　ところが，1980年代に入ると財政引き締めの時代に入る。1981年（昭和56）年に発足した第二次臨時行政調査会は，財政危機を脱するために国有企業（国鉄，電電公社，専売公社）の民営化や生活関連支出の抑制を提言し，当時の鈴木・中曽根内閣はこれを実行した。こうした方針は社会福祉行政にも及んだ。1982（昭和57）年には老人保健法が制定され，高齢者の一部自己負担が復活した。また，社会福祉行政に関係が深いものとして，社会福祉関係費の国庫負担率が削減されたことがある（表5-9）。前節では，社会福祉費と引き換えに生活保護費が削減されていく経緯を確認したが，その手法のひとつはこの国庫負担率の削減であり，金額の減少と国庫負担率の引き下げの時期はおおよそ符合する。

　金額ベースで考えてもこの様相は確認できる。図5-2は，民生費の財源構成比の推移を示したものである。民生費の予算規模が急拡大している様子が読み取れるとともに，財源構成において国庫支出金の割合が下がり地方交付税によって措置される割合が一定規模を占める一般財源の割合が大きくなっているのが分かる。1985（昭和60）年に一般財源の割合は54.6％であったが，国庫負担率が削減された1990（平成2）年には61.0％へ急拡大している。民生費の財源構

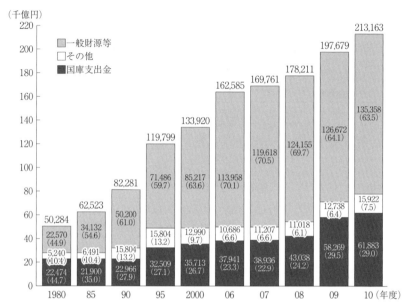

図5-2 民生費の財源構成比の推移

（千億円）

（出所）『令和2年版 地方財政白書』より著者作成。

成比において，一般財源が国庫補助金の肩代わりをする傾向は，次章で考察する地方分権改革における財源改革である「三位一体の改革」以降は一層強まっている。

　とはいえ，国庫負担率が引き下げられたとしても，交付税額を計算する際の基準財政需要額が調整されて，不交付団体でなければ減額分が埋め合わされることになる。そうであれば，プラスマイナスゼロとなるとの理屈も立つだろう。しかしながら，交付税として措置される金額と実際に自治体が負担することになる金額には格差があることはよく知られている。基準財政需要額は実際の歳出の決算額に対して目減りすることが多いのである。

　例えば，大阪市がこの格差を計算して掲載した表が**表5-10**である。多くの自治体で，生活保護費にしても老人医療費にしても需要額として措置される額（A）は実際に使った額である決算額（B）よりも目減りしていることが一目瞭然である。

表5-10　国が関与する必要のある分野の基準財政需要額への算入状況の事例

（1999〔平成11〕年度）

（単位：億円）

	生活保護費			老人医療費 （老人保健医療事業会計にかかるもの）		
	需要額A	決算額B	算入率A/B	需要額A	決算額B	算入率A/B
大阪市	299	498	60%	112	151	74%
東京都	437	549	80%	339	399	85%
札幌市	179	205	87%	65	108	60%
仙台市	40	34	117%	33	39	84%
千葉市	34	31	110%	25	24	106%
横浜市	175	209	84%	112	106	106%
川崎市	77	98	78%	37	37	100%
名古屋市	104	105	99%	84	95	88%
京都市	147	178	83%	69	87	79%
神戸市	125	153	81%	59	77	77%
広島市	58	61	94%	41	58	72%
北九州市	80	96	83%	50	70	71%
福岡市	111	126	88%	44	69	64%
大都市計	1,866	2,343	80%	1,070	1,320	81%
その他市町村	3,003	2,617	115%	4,712	5,366	88%
全市町村	4,869	4,960	98%	5,782	6,686	86

（注）　ここでの決算額とは，国において認証し，国庫負担金の算定に用いられている額のこと。

（出所）　大阪市ホームページより（掲載年月日：2006年4月28日）。（http://www.city.osaka.lg.jp/zaisei/page/0000004748.html#shiryo_02）

　こうした事実が存在するならば，国庫負担率を引き下げることは，そのまま地方の負担が増額することを意味する。国の財政負担を地方に押し付けたという非難があったとしても，あながち的外れとも言い切れないであろう。

3-4　財政緊縮の時代へ

　このような地方の締め付けは理不尽であるが，財政がひっ迫しつつあるのは現実である。1980年代の財政緊縮路線にもかかわらず，その後も財政支出は増え続けているし，国の借金である国債発行額も限界と言われるほどに増えた。

　こうした時代には地方自治体も独自の対策を練り上げていかなければならないだろう。地方自治体も独自の財源を掘り起こす努力が必要であると，澤井勝は次のような手法を活用する提言を行っている（澤井 2007：132-134）。

　1）独自課税（地方分権改革において可能となった法定外税などの活用），2）滞納

整理（税務債権を広域的に整理する機構の整備），3）督促における民間手法の導入，4）コンビニ収納など納税者の便宜を考えた収納改革，5）債権整理の工夫（債権回収の一元管理など），6）広告料の確保，7）命名権の販売，8）資産の売却・貸付・活用，9）寄付金による基金造成，10）使用料・手数料の確保

　このような手法を活用しつつ地方自治体も独自の財源を確保し，地域の社会福祉を整備する必要に迫られるようになりつつある。地方行政の役割が，国の作った制度を活用することが中心であった時代は終わり，真の自立の時代が訪れつつあるようである。

(For Study)

1）　社会福祉行政の歳出は増え続けるため，様々な抑制策がとられてきたが，その帰結はどのように地域社会に反映しているのかを地域の社会福祉の状況の事例を探し出して考えてみよう。
2）　地方財政の歳入において一般財源が高まることのメリットとデメリットについて，特に社会福祉行政において意味するところを考えてみよう。
3）　今後，社会福祉の財源をめぐって国と地方はどのような関係であるべきか，自分なりに考えてみよう。

注
（1）　かつては3割自治と揶揄されたと書いたが，現在では自主財源の割合はずいぶんと健闘していると言ってよいだろう。近年最も地方税収入割合が高かった2007（平成19）年度では，地方税（44.2%），地方交付税（16.7% ＋ a），地方譲与税（0.8%），国庫支出金（11.3%），地方債（10.5%），その他（16.2%）といった構成割合であり，地方税収入が4.5割もあった。半分くらいは自立できていたのである。
（2）　さらに，2000（平成12）年4月に行われた地方分権一括法制定に伴う地方税制改正によって，法定外普通税が許可制だったものが協議制になったり，法定外目的税が新たに設けられたりした。こうした法定外税制定の経緯については，第7章で解説する。
（3）　この地方交付税は，1950（昭和29）年のGHQによるシャウプ勧告から生まれた地方財政平衡交付金制度を改正し，1954（昭和29）年に地方交付税法となり現在にいたっている。この改正は，財政需要の個別的な積み上げによる総額の決定方式に代えて，国税3税（後に5税）収入の一定割合を自治体への配分総額として固定することを主要な改正内容とした。ちなみに，交付税に充てられる国税は時代ごとに変遷する。近年では，2014（平成26）年の地方交付税法改正により新たに創設された地方法人税が追加され，2015（平成27）年改正によりたばこ税が除外された。
（4）　総務省資料より。(https://www.soumu.go.jp/main_content/000635010.pdf)
（5）　平成18年版地方財政白書より。(https://www.soumu.go.jp/menu_seisaku/hakusyo/

chihou/18data/18czb3-2.html）

（6）　地方財政計画に算入されることによる。

（7）　もちろん，交付税措置を受けない不交付団体にはこれは当てはまらない。

（8）　法律に規定された事業を必須事業とすべきか任意事業とすべきかといった論点が法改正において議論されることは多い。近年でも，2018（平成30）年の生活困窮者自立支援法の改正において，家計相談支援事業等を必須事業化すべきかどうかが議論された（厚生労働省社会・援護局地域福祉課生活困窮者自立支援室「生活困窮者自立支援制度（家計相談支援事業）の見直しに関する検討状況」平成29年12月5日）。

（9）　養護老人ホーム及び軽費老人ホームの運営費等については，いわゆる三位一体改革により，軽費老人ホーム事務費補助金は2004（平成16）年度に，また，養護老人ホーム等保護費負担金は2005（平成17）年度に，それぞれ一般財源化され，現在では地方交付税により財源措置がなされるようになった（厚生労働省老健局高齢者支援課「消費税率の引上げに伴う『老人保護措置費支弁基準』及び『軽費老人ホーム利用料等取扱基準』の取扱いについて」令和元年9月6日）。

（10）　国の一般会計において，国債費や地方交付税交付金などの歳出を含めた歳出予算全体のことを一般会計歳出という。一般会計の他に使途を特に限定した特別会計がある。

（11）　近年では，国債費のみを独立させ，一般歳出と地方交付税交付金などを組み合わせた経費を「基礎的財政収支対象経費」として予算の分類（フレーム）に利用することもある。

（12）　この表は各年の『財政金融統計月報』のうち「一般会計歳出予算目的別累年比較」表を用いて作成した。坂田の作成した表や『厚生労働白書』で引用されているのは，各年の主要経費別の表もしくは「一般会計歳出予算主要経費別累年比較」表である。しかしながら，こちらの表は，2010（平成22）年と2016（平成28）年度に集計の際の費目が組み替えられており，各費目の経時的な比較が難しい。よって，2002（平成14）年，07（同19）年，11（同23）年，16（同28）年，19（令和元）年の「一般会計歳出予算目的別累年比較」表を適宜組み合わせて利用することにした。2000年から2015年までは『厚生労働白書』の数値を用いた。

（13）　年金医療介護保険給付費を経て，現在は年金給付費，医療給付費，介護給付費に分割された。

（14）　2016（平成28）年からは少子化対策費として予算費目が別建てに創設され，さらに保育対策費は拡充されることになる。「目的別」の分類では，社会福祉費が膨らんだように反映されている。

参考文献

小坂紀一郎，2007，『一番やさしい自治体財政の本　第1次改訂版』学陽書房

坂田周一，2002，「社会福祉の制度運営と財政」三浦文夫他編『講座　戦後社会福祉の総括と二一世紀への展望　Ⅲ政策と制度』ドメス出版：153-180

────，2007，『社会福祉政策（改訂版）』有斐閣

坂本忠次，2009，『現代社会福祉行財政論』大学教育出版

澤井勝，2007，「地域福祉と自治体財政」枚里毎治他編著『自治体の地域福祉戦略』学陽書房：119-139

戸谷裕之，2010，「地方財政の経費」中井英雄他『新しい地方財政論』有斐閣アルマ：33-60
中井英雄・齋藤愼・堀場勇夫・戸谷裕之，2010，『新しい地方財政論』有斐閣アルマ
西尾勝，2007，『行政学叢書5　地方分権改革』東京大学出版会

第**6**章

社会福祉行政と専門職

　第6章では，社会福祉行政の専門職及びその専門性について扱う。社会福祉行政の各機関には，各種の専門職が設置されている。地方自治体の行政運営においては，一般行政職というゼネラリストだけでは，社会福祉領域の特殊性に対応できない。そのため，専門的な仕事に専念する職種が存在する。もともとこうした専門職は，社会福祉主事を基本としてそこから派生していく形の比較的緩やかな専門性の認定が行われていただけであった。しかし，近年では社会福祉行政の専門機関が増え業務量も増大しているため，次々に新たな専門職が設置されるようになった。この章では，社会福祉行政の大きな特徴ともいえる専門職の在り方について確認したい。

1　社会福祉行政における専門職

1−1 国家資格と任用資格

　社会福祉行政においてどのような専門職が設置されているのかを確認する前に，それらの専門職の多くに前提とされている専門資格とはどのようなものであるか，その類型について説明しておきたい。

　まず確認しておくべきは，社会福祉行政を語る際に資格という言葉を使うときには，「**国家資格**」と「**任用資格**」のいずれかを指している場合があるということである。

　「**国家資格**」とは，大学や専門学校及びその他の指定校において一定のカリキュラムを習得し，国家試験に合格すること等を前提として国及び国の指定した団体等が資格所持を認定するものである。社会福祉領域で代表的なものとして，社会福祉士，精神保健福祉士，介護福祉士，保育士等がある。行政内部の専門職に就任する際にこれらの資格を条件とする形で利用される場合もあるが，一般的には行政内外を問わず通用する専門職認定資格として資格保持者の

専門性を証明するために用いられる。

　国家資格に対して「任用資格」とは，すでに公務員として勤務している者が，行政内部の何らかの専門職に就く際にその専門性の証明として利用される資格である。よって，公務員として職に就かない限りは特にその効力は生まれない。ただし，国家資格の整備が不十分であった時代には，この行政での任用資格が一般の国家資格の代用物のように利用された時代もあった。また，もともとは任用資格だったものが国家資格へと改正された資格もある。保育士はその代表であり，もともとは「保母」という名称だったものが1999（平成11）年に保育士に名称変更され，2003（平成15）年に改正児童福祉法が施行されたことにより国家資格化された。地域包括支援センターに原則設置される専門職として国家資格の社会福祉士の規定があるといった例外はあるが，基本的には社会福祉行政において専門職を任用する際の資格要件は，この任用資格である。

1-2 社会福祉主事

　社会福祉行政において最も基本となる任用資格は**社会福祉主事**であろう。戦後社会福祉行政の基礎構造を規定する社会福祉事業法（現 社会福祉法）を根拠法としている。

　この社会福祉主事は地方自治体が雇用する福祉に関する専門職員である。都道府県，市及び福祉に関する事務所（福祉事務所）を設置する町村にこの社会福祉主事を置くことになっており（社会福祉法18条），福祉事務所のない町村でも置くことができる（18条2項）。

　社会福祉主事制度が生まれたのは，生活保護法改定の際の経緯が関係している。戦後最初に制定された1946（昭和21）年の旧生活保護法では保護に関する事務を実際に行う「**補助機関**」は民生委員とされていた[(1)]。民生委員とは，戦前の方面委員を改称した民間有志の無給名誉職委員（当時）であり，行政の専門家ではなかった。公私分離の原則を推し進めていたGHQからすれば，これは不満であり，早急に新しい法体制を整備するよう求めた。そのため，旧法を改正した1950（昭和25）年の新生活保護法では，保護の補助機関を専門職員である社会福祉主事とし，民生委員は**協力機関**にしたのだった[(2)]（横山・田多 1991：98-99）。社会福祉事業法から，それを引き継ぐ社会福祉法においても，こうした

▶▶ column 2 ◀◀

社会福祉士国家資格

　社会福祉主事の身分をより明確に理解するためにも，他の関連資格の保持者の身分についても解説しておきたい。近年，行政を超えて社会福祉主事と同じ相談業務を担う職務のための資格として「社会福祉士」を取得する者が増えている。行政機関に就職する場合でも，社会福祉主事だけではなく，この社会福祉士も取得することが多くなりつつある。一方，高齢者や障害者などへの介護・介助を実際に担う職務に就くために取得することが多い「介護福祉士」という資格もメジャーなものになってきた。

　これら二つの資格は「社会福祉士及び介護福祉士法」（昭和62年法律第30号）に規定されるものである。1987（昭和62）年に制定されてから，両者は順調に資格取得・登録者数を伸ばし続けている。所定のカリキュラムを修めるなどして受験資格を得た後の試験合格後，登録することで初めて資格保持者となる。

　この二つの資格は福祉職従事者の資格の代表であるが，他にも精神保健福祉士（精神保健福祉士法　平成9年法律第131号）といった資格もでき，近年では医療ソーシャルワーカーという新たな資格の設置も求められている。先にも述べたが，保育士も2003（平成15）年に任用資格であった保母を改称して国家資格として設置されており，福祉職従事者である。

　医師，歯科医師，看護師，理学療法士などのような医療職従事者の国家資格は「業務独占」である。業務独占とは，その資格がないとその業務を行うことが禁止されている資格である。一方，福祉職従事者の国家資格は「名称独占」である（社福及び介福法48条，精保福法42条）。名称独占とは，資格がなくてもその業務を行うことができるが，無資格であるとこれらの資格名を名乗ることはできないという意味である。無資格者がその名称を名乗ると罰則がある（社福及び介福法53条，精保福法47条）。

　名称独占とはいえ，実質的に業務独占に近いものになっている場合も多い。施設が雇用する際の条件に資格保持を求めることは多くなっている。また，2005（平成17）年の改正介護保険法により市町村に設置されることになった地域包括支援センターでは（施行は2006〔平成18〕年4月1日），その設置基準に総合相談・連携担当者として社会福祉士の原則的な必置義務が課せられるようになった。このように，資格自体に業務独占の効力がなくとも，施設や制度の規定により間接的に資格をそれに近いものにすることは珍しいことではない。

表6-1　福祉事務所の専門職と主要業務・必要資格

職　名	主要業務	資　格
身体障害者福祉司	（市町村の身体障害者福祉司） 身体障害者福祉に関し，福祉事務所所員への技術的指導 身体障害者福祉に関する相談，調査，指導業務のうち，専門的技術を必要とする業務	・社会福祉主事であって身体障害者福祉従事経験2年以上の者 ・大学において指定科目を履修して卒業した者 ・医師 ・社会福祉士 ・指定校卒業者 ・以上に準ずる者で身体障害者福祉司として必要な学識経験を有する者
査察指導員 （スーパーバイザー）	福祉事務所現業事務の指導監督	社会福祉主事
現業員 （ケースワーカー）	援護・育成・更生を要する者の家庭訪問，面接，調査，保護そのほかの措置の必要の判断，生活指導等	社会福祉主事
老人福祉指導主事	老人福祉に関し，社会福祉事務所所員への技術的指導 老人福祉に関する情報提供，相談，調査，指導業務のうち，専門的技術を必要とする業務	社会福祉主事であって老人福祉行政推進の中核となるに相応しい者
知的障害者福祉司	知的障害者福祉に関し，福祉事務所所員への技術的指導 知的障害者福祉に関する相談，調査，指導業務のうち，専門的技術を必要とする業務	・社会福祉主事であって知的障害者福祉従事経験2年以上の者 ・大学において指定科目を履修して卒業した者 ・医師 ・社会福祉士 ・指定校卒業者 ・以上に準ずる者で知的障害者福祉司として必要な学識経験を有する者
家庭児童福祉主事	福祉事務所内に設置される「家庭児童相談室」の業務を担当する 家庭児童福祉に関する専門的技術を必要とする相談指導業務を行う 2004（平成16）年の児童福祉法により，市町村の児童相談が法制化に対応した業務を担当。虐待事例を児童相談所に繋ぐ窓口になるだけではなく，育児不安等を背景に，身近な子育て相談ニーズ等の相談にのる 児童・母子担当の査察指導員としての役割も果たす	・都道府県知事の指定する学校等または講習会の課程を修了した者 ・大学において，心理学，教育学もしくは社会学を専修する学科等を卒業した者で，厚生労働省令で定める施設において1年以上業務に従事した者 ・医師 ・社会福祉士 ・社会福祉主事として2年以上児童福祉事業に従事した者
母子・父子自立支援員	主に福祉事務所において，配偶者のない者で現に児童を扶養している者等の相談に応じ，その自立に必要な情報提供及び指導を行ったり，職業能力の向上及び求職活動に関する支援を行う業務	母子及び父子並びに寡婦福祉法8条を根拠に，社会的信望があり熱意と見識を持っている者のうちから，福祉事務所設置自治体の長が委嘱する
婦人相談員	要保護女子につき，その発見に努め，相談に応じ，必要な指導を行い，及びこれらに付随する業務を行う また，DV防止法4条により，配偶者暴力相談支援センター（婦人相談所等の機能の一つ）において被害者の相談に応じ，必要な指導を行うことができるとされている	売春防止法35条を根拠に，社会的信望があり熱意と見識を持っている者のうちから，都道府県知事や市町村長が委嘱する 都道府県では義務配置，市区では任意配置。婦人相談所を設置する政令指定都市以外の市では福祉事務所に置くことができる。2016（平成28）年より，非常勤規定が削除され，常勤職員とすることが可能となった

（注）　福祉事務所には他に事務職員（事務を行う所員）が必置となる。

（出所）　社会福祉の動向編集委員会（2020：29），渋谷（2020：12-13），齋藤（2019）を参考に著者作成。

経緯で福祉の共通基盤に組み込まれた社会福祉主事制度が確立している。

　この社会福祉主事は，先に説明した任用資格であり，年齢20以上で，大学の指定科目の単位を取得した者，厚生労働大臣の指定する養成機関又は講習会の課程を修了した者または社会福祉事業従事者試験に合格した者，社会福祉士，その他厚生労働省令での定めによる者に資格がある。大学で厚生労働大臣が指定する科目を3科目以上単位を修得していれば認められるという緩やかな規定である。

　社会福祉主事は，福祉事務所を中心として置かれる基本専門職であり（町村などに置かれることもある），この社会福祉主事を発展させてその他の各種専門資格が構成されることになる。社会福祉主事所持者が，さらにそれぞれ必要な条件を順次満たすことによって，その他の専門職にも就任していくという仕組みとなっている。例えば，身体障害者福祉司は，社会福祉主事を持つ者が身体障害者福祉の業務に2年以上携わるとその任にあるものとして任用されるということになる。

　福祉事務所には主にどのような専門職が任用されているかについてまとめたのが表6-1である。

1-3 社会福祉主事以外の専門職

　もともと，行政における任用資格は社会福祉主事を基礎資格として，それに様々な条件を付加してそれぞれの領域の専門資格が作られていた。こうして得た任用資格を持ったものが，基本的にはそれぞれの領域の専門職となっている。前掲表6-1には福祉事務所に従来から配置されてきた専門職を記載したが，それ以外の各制度において任用されている専門職についてまとめたのが表6-2である。

　表6-2には正規職員が就任することを想定した従来からの専門職も記載されている。しかしながら，近年では，それぞれの社会福祉行政機関の特定の業務だけを切り出し，専門性を特定して業務に就く専門職も増えてきた。就労支援員や相談員といった名称が多くなっている。これらの資格の実態として，正規採用の公務員の業務の一部を代行させる形で業務を担わせるといった色合いが強い場合も多い。これは，一般行政職や福祉職といった正規の公務員が，さ

表6-2　行政機関の主な専門職と主要業務（表6-1に記したものを除くもの）

※主なものを掲載しているのですべての専門職をカバーするものではない。（筆者作成）

		根拠法令	備　考
生活保護制度（福祉事務所）	就労支援員	生活保護法55条の7第1項 ※委託も可（55条の7第2項）	自立支援プログラムに起源をもつ。 就労の支援に関する問題につき，被保護者からの相談に応じ，必要な情報の提供及び助言を行う（被保護者就労支援事業）。 福祉事務所に設置されることが多いが外部の事業者へ委託することもできる。
	生活保護相談員（面接相談員）	セーフティネット支援対策等事業の実施について（平成17年3月31日　社援発第0331021号）別添2生活保護適正実施推進事業実施要領の3-(2)-エ-(ウ)など	ケースワーカーと協力して，生活保護に関する面接相談・電話相談，関係機関との連絡・調整，生活保護申請の受理などの事務を行う。地方公務員法（昭和25年法律第261号）3条3項に定める非常勤の特別職職員であることが多かった。2020年度からは「会計年度任用職員」に移行されることが多くなった。
児童福祉制度（福祉事務所）	家庭相談員	家庭児童相談室の設置運営について（昭和39年4月22日　発児第92号）	非常勤職員。家庭児童福祉に関する専門的技術を必要とする相談指導業務を行う。 2004（平成16）年の児童福祉法により，市町村の児童相談が法制化に対応した業務を担当。虐待事例を児童相談所に繋ぐ窓口になるだけではなく，育児不安等を背景に，身近な子育て相談等の相談ニーズの相談にのる。資格要件は以下の通り。 ・大学において，児童福祉，社会福祉，児童学，心理学，教育学もしくは社会学を専修する学科等を卒業した者 ・医師 ・社会福祉主事として，2年以上児童福祉事業に従事した者 ・前各号に準ずる者
生活困窮者自立支援制度（福祉事務所・委託事業者等）	主任相談支援員	生活困窮者自立支援法5条 生活困窮者自立支援制度に関する手引きの策定について（平成27年3月6日　社援地発0306第1号）など	相談業務全般のマネジメント，他の支援員の指導・育成／困難ケースへの対応など高度な相談支援／社会資源の開拓・連携など。
	相談支援員		生活困窮者への相談支援（アセスメント，プラン作成／社会資源の活用を含む包括的な支援の実施／相談記録の管理や訪問支援などのアウトリーチなど）。同制度の就労支援員と兼務することも多い。
	就労支援員		生活困窮者への就労支援（ハローワークや協力企業などとの連携／能力開発，職業訓練，就職支援，無料職業紹介，求人開拓など）。 生活保護制度の就労支援員と一体的な運営のために兼務することも多い。
障害者総合支援制度（基幹相談支援センター・市町村障害福祉部局等）	主任相談支援専門員，相談支援専門員	障害者総合支援法77条の2	基幹相談支援センターや市町村に置かれるが，一部事業を委託する指定相談支援事業所にも置かれる。以下の業務等を行う。 ・総合的・専門的な相談の実施（基本相談支援，地域相談支援及び計画相談支援） ・地域の相談支援体制強化の取組 ・地域の相談事業者への専門的な指導助言・人材育成 ・地域の相談機関との連携強化 ・地域移行・地域定着の促進の取組 ・権利擁護・虐待の防止

身体障害者更生相談所・知的障害者更生相談所	身体障害者福祉司知的障害者福祉司	身体障害者福祉法11条の2知的障害者福祉法13条	身体障害者福祉司は身体障害者更生相談所に，知的障害者福祉司は知的障害者更生相談所に置かれる。市町村福祉事務所には任意設置。資格要件は福祉事務所と同じ。
	心理判定員	身体障害者福祉法9条8項，10条2項ハ知的障害者福祉法9条7項，11条2項ハ，16条2項	身体障碍者手帳や療育手帳を発行する際等の参考にされる心理判定や職能判定を行う。資格要件は以下の通り。
	職能判定員		・学校教育法に基づく大学または旧大学令において，心理学を専修する科目を修めて卒業した者・身体障害者福祉司・知的障害者福祉士その他社会福祉事業に従事する者として2年以上その職務を行い，前号に準ずる学識経験を有すると認められる者何等か別の職種と兼務して配置となる場合がほとんどである。心理判定員は児童相談所にも置かれるが，児童心理司と呼ばれる。発達障害相談支援センターに置かれることもある。
市町村・都道府県障害福祉部・課等	身体障害者相談員・知的障害者相談員	身体障害者福祉法12条の3知的障害者福祉法15条の2	必ずしも市町村の庁舎において勤務するものではなく，電話や訪問などで当事者の相談支援を行う。原則として身体障害者相談員は身体障害者に，知的障害者相談員は知的障害者の保護者に委嘱する。現在は廃止されているが，身体障害者福祉法による身体障害者相談員の設置について（昭和42年8月1日　社更第240号の1），「精神薄弱者相談員の設置について（昭和43年4月15日　厚生省発児第62号）」を根拠としていた。
	巡回支援専門員（発達障害等に関する知識を有する専門員）	地域生活支援事業等の実施について（平成18年8月1日　障発第0801002号）（巡回支援専門員整備事業）	保育所や放課後児童クラブ等の子どもやその親が集まる施設・場への巡回等支援を実施し，施設等の支援を担当する職員や障害児の保護者に対し，障害の早期発見・早期対応のための助言等の支援を行う。
精神保健福祉センター	精神保健福祉相談員	精神保健福祉法48条	都道府県や市町村の精神保健福祉センターや保健所などに配置され，精神保健福祉に関する相談に応じ，精神障害者やその家族等を訪問して必要な指導を行う。専任職員であることが多い。精神保健福祉士その他政令で定める資格を有する者のうちから，都道府県知事または市町村長が任命する。資格要件は以下の通り。・精神保健福祉士・大学において指定科目を履修して卒業した者・医師・厚労大臣指定の講習会の課程を終了した保健師・以上に準ずる者で精神保健福祉相談員として必要な学識経験を有する者
児童相談所	児童福祉司	児童福祉法13条	児童相談所に必置。資格要件は以下の通り。・都道府県知事の指定する学校等または講習会の課程を修了した者・大学において，心理学，教育学もしくは社会学を専修する学科等を卒業した者で，厚生労働省令で定める施設において1年以上業務に従事した者・医師・社会福祉士・社会福祉主事として2年以上児童福祉事業に従事した者で，厚生労働大臣が定める講習会の課程を修了した者・前各号に掲げる者と同等以上の能力を有すると認められる者
	指導及び教育を行う児童福祉司（スーパーバイザー）	児童福祉法13条5項	改正児童福祉法により設置（平成28年法律第63号）児童福祉司としておおむね5年以上勤務した者。

		児童福祉法	資格要件は以下の通り。 ・学校教育法に基づく大学または旧大学令において，心理学を専修する科目を修めて卒業した者 ・身体障害者福祉司・知的障害者福祉士その他社会福祉事業に従事する者として2年以上その職務を行い，前号に準ずる学識経験を有すると認められる者 何等か別の職種と兼務して配置となる場合がほとんどである。身体障害者更生相談所・知的障害者更生相談所にも置かれるが，心理判定員と呼ばれる。この児童心理司とは別に，「心理療法担当職員」が置かれることもある。
児童相談所	児童心理司		
	児童指導員	児童福祉施設の設備及び運営に関する基準（厚生省令第63号昭和23年12月29日）	児童相談所などで，児童福祉司等と連携して子どもや保護者の指導を行ったり，子どもの一時保護業務を行ったりする。資格要件は以下の通り。 ・都道府県知事の指定する学校等または講習会の課程を修了した者 ・社会福祉士 ・精神保健福祉士 ・大学・大学院・外国の大学において，心理学，教育学もしくは社会学を専修する学科等を卒業した者 ・上記以外の学科等において上記の科目の単位を優秀な成績で習得し大学院への入学を認められた者 ・高等学校等を卒業し2年以上児童福祉事業に従事した者 ・幼稚園，小学校，中学校，義務教育学校，高等学校または中等教育学校の教諭の免許状を有する者で，都道府県知事が適当と認めた者 ・3年以上児童福祉事業に従事した者で，都道府県知事が適当と認めた者
市区町村（児童福祉部・課等）	子ども家庭支援員	市区町村子ども家庭総合支援拠点設置運営要綱（平成29年3月31日 雇児発0331第49号）	2017（平成29）年度より始まった子ども子育て支援総合拠点事業によって設置される。児童虐待防止対策を重点化するためのもの。
	虐待対応専門員		
	心理担当支援員		
婦人相談所	婦人相談員	売春防止法35条 配偶者からの暴力の防止及び被害者の保護等に関する法律（DV防止法）4条	売春防止法35条を根拠に，社会的信望があり熱意と見識を持っている者のうちから，都道府県知事や市長が委嘱する。 都道府県では義務配置，市区では任意配置。 要保護女子につき，その発見に努め，相談に応じ，必要な指導を行い，及びこれらに付随する業務を行う。 また，DV防止法4条により，配偶者暴力相談支援センター（婦人相談所等の機能の一つ）において被害者の相談に応じ，必要な指導を行うことができるとされている。
地域包括支援センター	社会福祉士	介護保険法115条の46 介護保険法施行規則140条の66第一号イ	介護保険法に規定される第一号介護予防支援事業や包括的支援事業を実施するために，市町村に設置されるが，厚生労働省令で定める事業者に委託することもできる。 社会福祉士，主任介護支援専門員，保健師の三専門職が原則配置される。 社会福祉士は主に「総合相談」や「権利擁護」の事業を担当する。 主任介護支援専門員は保健師と連携しつつ主に「介護予防ケアマネジメント」や「包括的・継続的ケアマネジメント」の事業を担当する。 しかし，当初想定されていたこれらの業務から新規業務が大幅に拡大している。
	主任介護支援専門員		
	認知症地域支援推進員	「認知症対策等総合支援事業の実施について」（老発0415第6号）	地域包括支援センターや市町村福祉部局に設置される。「医療・介護等の支援ネットワークの構築」，「関係機関と連携した事業の企画・調整」，「支援・支援体制構築」を担う。

らに社会福祉領域の専門性を高めるために取得する資格に基づいた従来の社会福祉専門職とはかなり異色である。確かに特定の業務を専ら引き受けるため，その業務に関しては習熟していくことだろう。とはいえ，業務の一部だけであるし，非正規の嘱託であることも多く身分も不安定なことが多いという実態からすると，専門性を求めた結果に雇用されたのかどうかということには議論があるかもしれない。

　表6-2を一見して分かるように，多種多様な専門職が配置されている。従来の専門職の多くは法律上に根拠があり恒久的に配置されるものが多かった。しかし，近年配置されるようになった専門職は，何らかの行政事業として一定期間事業補助が行われるのに伴って配置されるものが多くなってきた。こうした専門職は，専門職を置くような根拠法令が十分に整備されているとは言えないため，事業補助の期間が終了した後にその事業が継続されなければ，廃止されてしまう可能性も十分に考えられる。

1-4 相談員などの法的身分について

　表6-2には，福祉事務所に配置されるようになった専門職として「就労支援員」と「生活保護相談員」（インテーカー）のみを記した。しかし，自治体によっては，近年になってさらに多くの種類の専門職が配置される場合がある。こうした専門職は「〇〇相談員」や「〇〇支援員」といった名称で，いわゆる「相談支援業務」（後述）を担当することが多い。また，これらは法令に根拠が明記されないことも多い。それぞれの自治体ごとに判断し，条例などによって規定することで設置するかどうかが決められるものである。そのため，全ての自治体で名称や業務の内容が同じ専門職が配置されている訳ではない。実際の状況は，それぞれの自治体ごとに内情を確認しなければ分からない。

　とはいえ，専門職の雇用には予算が確保されていなければならない。よって，多くの自治体の専門職は，厚生労働省等が実施する行政事業による予算措置がなされていることがほとんどである。先述の生活保護相談員は，厚生労働省社会・援護局長通知である「セーフティネット支援対策等事業の実施について」（平成17年3月31日 社援発第0331021号）の「別添2 生活保護適正実施推進事業実施要領の3-(2)-エ-(ウ)」に規定される「体制整備強化事業」[3]の実施に伴う

事業補助をその財源としている。

　他にも，こうした専門職・専門相談員はいくつも存在している。以下にいくつか事例を取り上げたい。ここで取り上げるのは，福祉事務所に設置される専門職である。例えば，同通知の「別添１　自立支援プログラム策定実施推進事業実施要領３-(1)-ク子どもの健全育成事業」の実施に伴う事業補助により「子ども支援員」(他に子ども健全育成相談員，子ども健全育成生活支援員等の名称の場合あり)が設置されることがある。また，厚労省社会・援護局通知「暴力団員に対する生活保護の適用について」(平成18年３月30日　社援発0330002号)に対応して，行政対象暴力相談員(他に生活保護暴力団員等対策支援員，不正受給対策指導員等の名称の場合あり)が設置されることがある。他にも福祉事務所には，医療・介護業務員，健康管理支援員，年金相談支援員(専門員)，債務管理事務補助員等といった専門職が配置されていることがある。

　地方自治体等の行政庁の行為の形式は，大きくは「行政行為」(行政処分)と「事実行為」に区分される。このうち行政行為とは「公権力の主体たる国または公共団体が行う行為のうち，その行為によって，直接国民の権利義務を形成しまたはその範囲を確定することが法律上認められているものをいう」(昭和39年10月29日最高裁判所第一小法廷判決)。つまり，公権力の行使を伴い，国民の権利・義務を形成・確定するので不服申立の経路が明確になっている行為である。一方，事実行為とはそうした法的効果を発生させないものである。

　相談支援業務は，このうちの事実行為に分類され，公権力の行使を伴わないとの解釈がある。そのため，相談支援業務を担当する相談員や支援員は正規雇用の職員ではなく，非正規雇用の職員が充てられてもよいとの解釈がなされているようである(上林 2020：45)[4]。

　こうした専門職は，社会福祉行政の業務の増大に対応して設置されるようになった[5]。また，地方財政のひっ迫のため，必要な正規職員を増員できていない状況もそれに拍車をかけている。専門職の増大は一見すると行政の専門性が向上していることを示すようだが，素直に受け取る訳にはいかない事情もあると言えよう。専門性の向上を表面的な理由として，その実，経費の削減に利用するにすぎない場合もあるのではなかろうか。地方公務員法及び地方自治法の一部を改正する法律(平成29年法律第29号)により，2020(令和２)年度から，これ

まで不明確であった非常勤職員の身分が新たに「会計年度任用職員」に再編されることになった。この制度改革で，相談支援業務を担う公務員の非常勤雇用の立場が固定されてしまうことも懸念される[6]。

2　社会福祉行政の専門性[7]

2-1　社会福祉主事の任用

　社会福祉行政における専門職の出発点とも言える社会福祉主事に任用される条件は社会福祉法19条1項に規定されている。この条件には社会福祉士（同項三号）も含まれているが，大学において厚生労働大臣の指定する社会福祉に関する科目を修めて卒業した者（同項一号），都道府県知事の指定する講習会などを修了した者（同項二号）といった条件で任用された者が多くを占める（社会福祉法令研究会 2001：141）。

　一号の要件で定められる指定科目を修めるとは，社会福祉に関するとして厚生労働大臣が指定する科目を3科目単位取得するだけである。二号の要件のために開催される講習会もかつては2カ月ほどの課程で社会福祉主事を取得できるものであった（厚生省 1971：45）[8]。これらのなかでは最も充実した専門的教育を受けるルートである三号の社会福祉士取得者は少ない。「平成28年福祉事務所人員体制調査」（厚生労働省）によると，福祉事務所に勤務する職員の社会福祉士の取得率は，査察指導員の7.5％（生活保護担当は8.7％），現業員の13.1％（生活保護担当13.5％）である。前回調査（「平成21年福祉事務所現況調査」）では，福祉事務所に勤務する職員の社会福祉士の取得率は，査察指導員の3.2％（生活保護担当は3.1％），現業員の4.9％（生活保護担当4.6％）であったので，ずいぶん改善したとは言えるが，まだまだ多数派ではない。

　専門性が必要とされるはずの社会福祉主事が，このように緩やかな資格要件となったのには制度発足時の経緯がある。1946（昭和21）年に旧生活保護法が施行されたときには，体制整備が進んでいなかったために配置する専門的行政職員の確保が見込めなかった。そのため，専任職員ではないにもかかわらず，戦前の救護法体制において生活困窮者の援護に携わっていた方面委員が，民生委員に改組の上，援護の担当者（補助機関）にされた。こうした状況は早急に解消

する必要があった。そのため，1950（昭和25）年に，（新）生活保護法が旧法を改定して成立するのと併せて，新たに有給専任職員である社会福祉主事を設置して民生委員から援護の担当者（補助機関）を引き継いだ（社会福祉法令研究会2001：138-139）。まずは，1950（昭和25）年に，社会福祉主事の設置に関する法律（昭和25年法律第182号）が制定され，社会福祉主事制度が創設された。その後，1951（昭和26）年に，社会福祉事業の共通的基礎事項を定める社会福祉事業法（現社会福祉法）が制定され，社会福祉主事の業務を組織的に推進するための行政機関である福祉事務所が同法に規定された。同時に，この社会福祉事業法に社会福祉主事の規定も明記された。このとき，民生委員は補助機関から協力機関へと位置づけを変更されている（横山・田多1991：98-99）。

　こうして，生活保護制度を運営する社会福祉主事の制度は確立されたが，「本格的な社会福祉従事者教育はようやくその端緒についた状況であり，適切な人材の確保は困難であった」（社会福祉法令研究会2001：140）。職員確保は相変わらず困難であり，この社会福祉主事には大変緩やかな資格要件を設定せざるを得なかったのである。つまり，急いで作ったのはよいものの，社会福祉主事の専門性の実質は不明確なままであった。

2-2 経験主義としての専門性

　社会福祉主事に任用されるのに，先述した3科目主事や主事資格認定講習会受講による主事といった経路は，「あくまでも本格的な社会福祉教育を受けた者で主事が充足されるまでの経過的な措置であった」（平野2000：31）はずが，その経過措置が現在に至るまで継続している。

　結局のところ，「専門性」は，その中身が不明確なままであった。『福祉事務所新運営指針』（1971〔昭和46〕年）では，福祉事務所を，行政における他の事務処理機関とは峻別された専門性を持つ機関（専門機関）にしている特色として，「迅速性」，「直接性」，「技術性」をあげている。最後の「技術性」は最も重視されるものであろうが，「専門性」と同語反復のようになってしまっていないだろうか。また，これらの特質をあげるのは，仕事の心得としてはよいだろうが，専門性だと言われて納得できるかどうかには異論があるだろう。

　そのため，専門性という言葉は，本来の専門性からすると代替的な内容の規

定が用いられるようになってしまった。すなわち，社会福祉行政における専門性とは，その職務の「経験年数」のことと読み替えられたということである。例えば，福祉事務所等に配置される社会福祉各領域の専門職である身体障害者福祉司，知的障害者福祉司，児童福祉司は，社会福祉主事であって，それぞれの領域に「2年以上従事した経験を有する者」にその資格が与えられる。基本となる社会福祉主事の専門性から，さらに細分化された分野における専門職の専門性を積み上げる際は一律にこうした対応であった。専門職であれば，その領域の専門的知識と技術を客観的な基準によって判定し資格を認定するというプロセスが必要であろうが，ここではそうした対応はとられていない。こうした状況を考えると，社会福祉行政においては（さらには，行政全体において），結局のところ専門性と言われていたものは，その分野における「熟練」の度合いのことと捉えられていたと言ってよいだろう。日本の組織全般における経験主義（勤続年数主義）がここでも採り入れられている。

2-3 今後求められる専門性

　従来の専門性の考え方は歴史的経緯によるところも大きいので，本来の意味での社会福祉行政の専門性とは言い難い。やはり，ケースワーク，ソーシャルワークの理念や技術を基盤としつつ，民間の社会福祉実践とは違った行政特有の専門的な観点を発達させていく必要がある。今後求められる専門性としては以下のようなものが求められるだろう（畑本 2018）。

　①特別性を持つ対象への相談支援

　既述のように，相談支援業務は相談員や支援員といった非常勤職員に委嘱されることも多く，現在の社会福祉行政において正当に評価されているとは言えない。とはいえ，行政における他分野と差異が際立つのはこの相談支援業務である。

　相談を受けるといっても，行政庁内のその他の部局での相談とは性質が異なり，何らかの困難を抱えた住民を対象とするという特殊性がある。この特殊性への対処のためには，「相談援助技術」として体系化された技術を資格制度などの明確な基準を伴って専門性として位置づける必要があるだろう。

　行政内部における相談援助にまつわる経験の蓄積は徐々に進んできた。1950

年代から70年代にかけては，「相談」は中心的な業務としては位置づけられず，いわゆる「話し相手」や「心配ごと相談」の域を出ることがなかった（舟木 2005：35）。しかし，1980年代前半にケースマネージメントが導入されたのをきっかけに，相談の専門化が注目されていく。1986（昭和61）年の「長寿社会対策大綱」の内容の下敷きとなった厚生省の「高齢者対策企画推進本部報告」において，相談業務の専門性を構成する保健，医療，福祉サービスの連携・協力業務の必要性が唱えられた。また，1989（平成元）年12月のいわゆるゴールドプラン（高齢者保健福祉推進10か年戦略）において，中学校区ごとに介護相談や指導のための「支援センター」を1999年までに１万か所設置することが計画され，後の「老人介護支援センター」（1994〔平成６〕年），「地域包括支援センター」（2005〔平成17〕年）に繋がっていくことになる（舟木 2005：35-36）。このように，社会福祉政策の展開のなかで相談業務は制度的な位置づけを獲得し，行政事務としての経験の蓄積も増えている。

　福祉専門職は医療専門職と比べて第三者からその専門性が明確に理解されにくい特徴がある（田中 2012：148；竹中他 2009：242）。よって，積極的にその専門性を行政庁内においてアピールすることも，専門性を定着させる戦略として必要となるだろう。

　②社会福祉計画策定技術

　ゴールドプランの整備目標を達成するために，1990（平成２）年に老人保健法及び老人福祉法が改正され，「老人保健福祉計画」（老人保健計画と老人福祉計画を一体的に策定したもの）を地方自治体は策定することになった。これは，わが国初の市町村が主体となって独自に策定する本格的な社会福祉の実施計画であった。市町村老人保健福祉計画は，地方自治法２条４項に規定される基本構想に即して策定するものとされており（老人福祉法20条の８），市町村で独自に作る地域のマスタープランに従って「区域において確保すべき老人福祉事業の量の目標」を設定することが可能になった画期的なものであった。

　この計画は，福祉領域を超えて，その業務において自治体職員が主体性を要求されるようになるきっかけのようなものでもあった。藤村正之は，この計画への取組みを〈運動〉と呼び，計画策定という活動そのものが地方分権化という行政全体の環境変化へ向けた体制整備の一部を担っていたとしている。すな

わち,「老人保健福祉計画の策定という『計画化』を通して,はじめて自らが『分権化』の主体であることを強く自覚させられた」(藤村 1999：149)経験となったのである。以降,福祉各領域において計画が策定されるようになり,社会福祉部局にとっての重要業務として定着していくことになっている。

このように,福祉計画は,地方自治体にとって特別の位置づけにあり,独自性を発揮するものとなっている。そのため,福祉計画策定は社会福祉部局の職員でなければ取り組めない特別の領域を構成するといってもよい。この策定ノウハウは,社会福祉行政における専門性として認識され確立していくだろう。

③庁内外での社会福祉関連知識の普及者としての役割

地方自治体庁内において,福祉専門職は,専門資格を取得する等のために福祉教育を各種学校で学修し,定期的に研修などによって新たな社会福祉にまつわる専門知識や技術を継続的に習得している職員である。こうした専門知識や技術を身に着けた専門職は,行政庁内において知識を普及させたり,独立した裁量のもとでサービス提供や規制行政における決定を行うことで公正な判断を庁内に担保する,といった機能を果たすことになるだろう。

今後の社会福祉行政は行政庁内外の連携がいっそう求められるようになる。すでに,地域包括センターや生活困窮者自立支援制度などの制度においては,多くの場合に業務が行政庁外部の事業者に委託されている。こうした外部の事業者であっても社会福祉行政の専門性が確保される必要があるのは当然のことだろう。すると,経験主義では通用しない。なぜなら,経験主義は行政庁内で何年その業務を経験したかを測定するものであって,そもそも行政内部に勤務経験のない外部事業者に求めることができないものだからである。つまり,行政庁内外にわたって通用する専門性の在り方を検討することは喫緊の課題なのである。

For Study

1) 行政需要の増大には会計年度任用職員を増やすことで対応するという現在の行政の在り方は望ましいだろうか。望ましいならその理由を,望ましくないならその理由とその他の問題の解決法について考えてみよう。

2）　相談支援業務はソーシャルワークの技術を活用するものである。行政機関に相談に来た人々に相談支援業務の専門職はどういった点に配慮して業務を行うべきか考えてみよう。

3）　相談支援業務の担当者が非常勤の身分であった場合，業務に支障をきたすことはあるだろうか。あるとしたらどのような業務だろうか。

注

（1）　補助機関とは，都道府県知事や市町村長といった執行機関の補助を行うということである。執行機関が実際上の業務（事務）を実施するのは現実的にはあり得ないので，実際の業務（事務）を行うのはこの補助機関である。

（2）　なお，執行機関は都道府県知事である。

（3）　「専任の面接相談員等を雇用することにより，他法他施策の活用も含めたきめ細かな指導援助の実施，援助困難ケースに対する指導援助体制の整備強化を図る」ものである。

（4）　上林によれば，（生活保護業務のうち）「『受給に関する相談・面接』『申請』『他法の利用（の案内）』『受理』までは，要保護者の法的地位に変動を及ぼさないので事実行為であり，『調査』『ケース判定会議』『決定通知』『却下通知』は，法的地位を具体的に決定する行為なので行政行為に分類され，『給付・訪問調査』は保護の決定に伴うもので，かつ，その後の『保護停止・廃止』という行政行為につらなっていくものなので，行政行為とみなされる」（上林 2020：45）とされる。

（5）　社会福祉行政においては，2005（平成17）年度より始まった生活保護制度の「自立支援プログラム」の策定事業に伴い，専門職として非常勤の身分にある職員を雇用し始めたことがきっかけであると言われている。このプログラムのため雇用される現業員が非常勤でも可能となったのは，2007（平成19）年の社会福祉法改正による。改正前の第19条は「社会福祉主事は事務吏員又は技術吏員とし」との規定であり，常勤の正規職員である「吏員」しか従事できなかった。しかし，改正後は「社会福祉主事は都道府県知事又は市町村長の補助機関である職員」とだけのものとなり非常勤でも可能となった（片山・巻口 2020：18）。

（6）　これにはフルタイムとパートタイムの区別があり，非常勤職員の分断が進むとの指摘もある。フルタイムには退職手当や特殊勤務手当があるが，パートタイムにはない。現在一定の要件を満たす短時間の臨時職員に，退職手当や特殊勤務手当が支給されている場合もあり，この職員がパートタイムに切り下げられる懸念がある（坂井 2018）。

（7）　本節の内容は（畑本 2018）により詳細に展開している。興味のある方はご参照されたい。

（8）　もちろん，現在は最も短期で取得できる講習会でも19科目279時間を受講しなければならず，二号の要件で社会福祉主事を取得するのは容易ではなくなっている。そのためもあってか，社会福祉主事を取得する主な経路は一号によるものだとの報告がある（社会福祉法令研究会 2001：141）。ちなみに，2017年9月現在こうした講習会には次のようなものがある。すなわち，全社協中央福祉学院社会福祉主事資格認定通信課程・日本社会事業大学通信教育科で通信教育を1年間受講，指定養成機関で22科目1,500時間受講，都道府県等講習会で19科目279時間受講である。

（9）　そのため，社会福祉主事の設置に関する法律は廃止され，社会福祉主事の根拠法は社会福祉事業法となった。

（10）　もちろん，これでは専門職の資格規定としては不十分である。とはいえ，当時は地方公務員に占める大学卒業者は多くなかった。そのため，大学教育を受けたことをもって社会福祉主事として認定するような法19条一号の社会福祉主事でも，専門職としての承認を得るのにある程度の説得力を持ったのも確かである。京極高宜は，「当時の状況では福祉事務所等の社会福祉主事はもちろんのこと，そもそも地方公務員自体に大学卒業者が極めて少なかったことから，三科目主事も必ずしもレベルが低いともいえなかった」（京極 1992：25）と指摘している。

（11）　『新運営指針』では，係長試験に受かっただけの社会福祉行政の未経験者が指導業務をしている現状を批判して，係長とは違って査察指導員は「少なくとも社会福祉主事の資格を持った者が福祉の現業活動に 5 年程度の実務経験」（厚生省 1971：89-90）を持つべきだとしている。

（12）　医師の専門性は熟練だと言われれば違和感があろう。社会福祉行政の専門性とは熟練だと言われて同じく違和感はないだろうか。

（13）　齋藤昭彦は，福祉行政専門職員の能力として，セーフティネット機能，ネットワーク形成機能，政策形成・実施機能の三つをあげている（齋藤 2019）。社会福祉行政の専門性として何を求めるかには，まだ共通見解はないので，ここであげるのは著者の管見の限りということになる。

（14）　それに合わせて，1987年に都道府県レベルの15か所に「高齢者総合相談センター」が設置された。

（15）　老人保健計画は，2008（平成20）年に「老人保健法」が全面改正され，「高齢者の医療の確保に関する法律」に名称変更されたのに伴い，市町村の策定義務がなくなった。

（16）　福祉関連八法の改正において，町村部にとっては措置権自体が移譲されたのであるが，市部にとっては措置権そのものは従来通りであったので，藤村は措置権の移譲よりも計画策定の義務づけこそ地方分権にとって画期的なことであったとしている（藤村 1999：149）。

参考文献

片山睦彦・巻口徹，2020，「正規雇用外職員（非常勤職員・嘱託職員・臨時職員）」『『福祉事務所における生活保護業務の実施体制に関する調査研究事業』実施報告書』一般社団法人日本ソーシャルワーク教育学校連盟：18-19

上林陽治，2020，「自治体相談支援業務と非正規公務員　その実態」『自治総研』通巻498号（2020年 4 月号）：25-52

京極高宣，1992，『新版　日本の福祉士制度――日本ソーシャルワーク史序説』中央法規

厚生省，1971，『新福祉事務所運営指針』全国社会福祉協議会

坂井雅博，2018，「『会計年度任用職員』導入による公務員制度の大転換」『月刊 住民と自治』（2018年 5 月号）自治体研究社：17-20

渋谷哲，2020，「福祉事務所における生活保護業務の実施体制――福祉事務所の専門職」『『福祉事務所における生活保護業務の実施体制に関する調査研究事業』実施報告書』一般

　　社団法人 日本ソーシャルワーク教育学校連盟：6-25

社会福祉の動向編集委員会，2020，『社会福祉の動向2020』中央法規出版

社会福祉法令研究会，2001，『社会福祉法の解説』中央法規出版

齋藤昭彦，2019，「市町村の福祉行政専門職員の配置の必要性と求められる市町村福祉行政
　　の機能及び福祉行政専門職員の能力」『岩手県立大学社会福祉学部紀要』第21巻（2019.3）：
　　11-23

竹中麻由美・小河孝則・熊谷忠和，2009，「医療福祉事業の現状――医療ソーシャルワーク
　　を巡る動向」『川崎医療福祉学会誌』（増刊号）：237-248

田中八州夫，2012，「地域包括支援センター職員の専門性と実用的スキルに関する考察」『同
　　志社政策科学研究』13（2）：139-153

畑本裕介，2018，「社会福祉行政における専門性」『同志社政策科学研究』第19巻第2号：
　　11-24

平野方紹，2000，「社会福祉基礎構造改革における福祉専門職養成の方向性」『社会福祉研
　　究』（第77号　鉄道弘済会）：26-35

藤村正之，1999，『福祉国家の再編成――「分権化」と「民営化」をめぐる日本的動態』東京
　　大学出版会

舟木紳介，2005，「社会福祉専門職と相談――在宅介護支援センターの政策展開との関係性
　　からの検討」『社会福祉学』（第45巻第3号）：33-42

横山和彦・田多英範編著，1991，『日本社会保障の歴史』学文社

第7章

社会福祉行政の置かれた環境

　この章からは，具体的な社会福祉行政の実施体制について考察していく。各種機関・団体について扱う前に，第7章では社会福祉行政を取り巻く制度的条件や環境について考える。

　行政は単一の機関ではなく，中央と地方の関係，地域の各種行政機関間の関係，行政と行政外の機関との関係（庁外関係）など多様な関係性のなかで運営されている。こうした状況を確認するため，まずは，地方行政の制度的状況の変化について見ていく。すなわち，1999（平成11）年の地方分権一括法制定に始まる行政の中央地方関係改革の経緯である。次に，地域の社会福祉行政機関同士の関係，もしくは社会福祉行政機関外の機関・団体との関係の現状について扱い，社会福祉行政を取り巻く環境について考える。

1　中央地方関係と機関委任事務

1-1 明治以来の中央地方関係

　長らく日本の地方行政は中央集権的国家体制のなかに位置づけられてきたと言われている。かつては，地方自治体が事務（仕事）を行うなら何ごとも中央政府に指示を仰がなければならないと言われていた。細川護熙元首相が，バス停の設置場所を数メートル動かすだけで運輸省にお伺いを立てなければならないと言って，地方分権の必要性を訴える際に熊本県知事時代の経験を引き合いに出していたことは有名である。[1]

　西尾勝は，明治以来の「市町村横並び平等主義」があるためだとしている。これは，「事務を自治体に移譲または委任する場合には，可能なかぎり，これを広域自治体である都道府県に対してではなく基礎自治体である市区町村に移譲または委任するという指向性であるとともに，市区町村に事務を移譲または委任する場合には，これをすべての市区町村に均等に行おうとする指向性のこ

と」(西尾 2007：16) である。市町村は全国どこに行っても均等な仕事を実施するよう，中央の強力な指揮監督の下に置かれたのである。

　明治新政府は，廃藩置県に先立って戸籍制度を整備しようと，1871 (明治4) 年制定の戸籍法に基づく事務を担う区を全国に設けた。翌年には太政官布告により，「大区小区制」が施行された。これにより，旧来の村役人を小区の戸長・副戸長として組み込み，中央集権的な事務を取り行う体制が整備されることになる。伝統的な町村の住民自治が国の団体自治に融合され，地域に根差した町村地方制度は国の一機関として強力な統制のもとに置かれるようになったのだった。この戸籍事務に始まり，市区町村に設置義務のある明治の小学校，昭和の新制中学校，同じく保険者が市区町村である国民健康保険制度や介護保険制度の創設など，市区町村には次々と義務的な事務が押しつけられてきた。結果として，その土地々々の独自の行政は育たず，地方が主体性を持たない横並び平等主義が生まれた。

　こうした中央集権的な制度を支えた行政手法のなかで注目されるのは，機関委任事務であり，国庫支出金制度である。これらの行政手法を改革するために，1999 (平成11) 年の地方分権一括法制定を一つの成果とする地方分権改革が行われた。社会福祉行政もこの改革の影響を大きく受けている。よって，以下にはその経緯と概要を検討し，現在の社会福祉行政の前提となる制度状況を確認したい。まずは従来の制度の説明をした後，改革がなされたポイントについて見ていく。

1-2 機関委任事務とは

　地方分権改革の経緯について見る前に，中央統制の柱の一つであった機関委任事務とは何かを解説したい。もう一つの柱である国庫支出金制度の概要は第5章で解説したのでそちらを参照してほしい。

　機関委任事務とは，個別の法律またはこれに基づく政令によって，国から「地方公共団体 (地方自治体) の長」などの執行機関に委任され，国の仕事として実施される事務のことである。すなわち，都道府県知事，市区町村長といった地方自治体の長を国の機関の一部として借り出し，上意下達の指揮監督関係に置く制度であった。この制度のもとでは，地方自治体の取り行う機関委任事務

に対する「包括的指揮監督権」を中央省庁が持ち，強力な統制を及ぼしてきた。

　例えば，地方自治法が1999（平成11）年の地方分権一括法制定に伴い改正される以前には，国の機関としての都道府県知事が主務大臣の方針に従う義務がある旨の条文があった（151条の2。現在この条文は削除されている）。事務の管理・執行が，法令の規定はもとより主務大臣の方針（処分）に違反する場合は，主務大臣はその都道府県知事に勧告，さらには期限を定めて命令することもできた。さらにさかのぼって，1991（平成3）年の地方自治法改正以前には，機関委任事務の管理執行の都道府県知事による違法・怠慢があった場合，職務執行命令訴訟制度により内閣総理大臣がその知事を罷免することまでが可能であった。この機関委任事務が，都道府県の事務の約8割，市町村の事務の約3〜4割を占めていたのである（地方分権推進委員会中間報告）。

　とりわけ社会福祉行政は，こうした機関委任事務制度により，強い統制を受けてきた分野である。1950年代までの福祉三法体制（生活保護法，児童福祉法，身体障害者福祉法），1960年代からの福祉六法体制（三法に加えて精神薄弱者福祉法，老人福祉法，母子福祉法）では，福祉サービスとは，生活保護による現金給付以外では，措置制度により施設に収容措置するというものであった。この収容措置事務は機関委任事務であり，それぞれの個別法に基づいて全国一律に実施されてきた。運営費も人件費，事業費，管理費等といった費目に分かれ，国の設定した基準に基づいて措置されていた。

　成立の経緯としても，戦前からの中央集権的体制の伝統を継続するために作られた制度であり，時代的背景の影響が色濃い制度であった。戦前の府県知事は官選であり中央政府からの派遣であった。しかし，戦後の地方制度ではGHQの指導もあり，知事は選挙による直接公選となった。すると戦前のように，中央政府の事務を知事に上意下達に執行させるわけにはいかなくなる。そのため，中央政府の事務の執行に関してのみ都道府県知事・市町村長などを国の機関と位置づける機関委任事務制度を考案して従来の仕組みを温存したのであった（新藤 2002：33-34）。

　もちろん，今となっては前時代的とも思える機関委任事務にも戦後のわが国の実情にかなっていた側面もある。第3章でも述べたように，とりわけ社会福祉分野では，戦後しばらくはそもそも基本的社会福祉施設が整備されておら

ず，その数量が不十分であった。そのため，最低水準であるナショナル・ミニマムを達成するには，地方でそれぞれに整備を行うよりも，中央集権的な手法が効率的である。よって，各地域における社会福祉の資源が一定水準にまで蓄積されるまでは，有効性のある制度であったといえよう。

2　地方分権改革①：権限の改革

2-1　地方分権一括法以前の改革

　地方分権は多くの段階を踏まえてなされていった。まずは，先述の機関委任事務を廃止し，国と地方の上意下達の関係を解消し，地方自治体が自立する制度の基盤を確立する改革があった。その後，事務（仕事）の裏づけとなる予算がなければ自立的な地方自治は不可能なので，地方の自立を目指す財源構造の改革が行われた（三位一体の改革）。これらは，国と地方の行政システムの関係の在り方の改革だったと言ってよいだろう。90年代から2000年代前半あたりにかけてのものであった。

　しかしながら，こうした一連の改革は，必ずしも地方の自立を確立したとも言えなかった。そのために，2010年代に入ってからもう一段踏み込んで，個別の法令の中身を構成する各種基準の設定（義務づけ・枠づけ）についての分権が行われた。地方自治に関係する法制的な観点からの改革に進んだのである。

　まずは90年代から2000年代前半あたりにかけての改革を取り上げたい。一つは行政事務における「権限の分権」であり，もう一つは「財源の分権」である。それぞれを具体的な制度改革の言葉で表現するならば，権限の分権とは機関委任事務制度を廃止した改革であり，地方分権一括法を最大の成果とするいわゆる第一次分権改革とされるものである。財源の分権とは国庫支出金制度改革をはじめとした地方が独自に使途を決定できる財源を拡大する改革であり，いわゆる三位一体の改革（第二次分権改革）と呼ばれるものである。まずは一つ目の権限の分権を確認したい。

　1999（平成11）年の地方分権一括法以前にも社会福祉行政における地方分権改革は行われてきた。その際の中心テーマは，やはり今述べた機関委任事務改革であった。目立ったものとして，1980年代の第二次臨時行政調査会（第二臨調）

から始まる福祉国家引き締め路線から生まれた分権改革がある。

　1973 (昭和48) 年の石油ショックによる経済停滞は，それまでの福祉国家拡大路線から財政緊縮路線へと政治の基調を変えていった。社会福祉においても，いわゆる「日本型福祉社会論」が唱えられる。1979 (昭和54) 年8月の閣議決定である「新経済社会7カ年計画」のなかで触れられたもので，家庭・地域福祉を中心として福祉国家はそれを補う存在であると位置づける主張であった (堀 1981：37-38)。こうした主張は，社会福祉の予算を引き締めることにもなりかねないが，副次的な効果もあった。皮肉にも当時の地方分権論を進めることになったのである。すなわち，1986 (昭和61) 年の第二次機関委任事務整理法である。

　第5章第3節で述べたように，まずは1985 (昭和60) 年に福祉関係国庫負担金の負担率が削減された。それまでは機関委任事務に対する国庫負担金は10分の8とすることが通例とされて社会福祉行政は運営されてきた。しかし，例えば生活保護費の負担率はこの年に10分の7にまで削減され，多少揺り戻しがあったものの最終的に1989 (平成元) 年度には4分の3で固定された。また，社会福祉施設措置費 (児童福祉施設，老人福祉施設，身体障害者更生援護施設) は10分の5に削減され，以来この割合で固定された (森 1998：239-240)。

　これらの国庫負担金の負担率削減の代替措置として，1986 (昭和61) 年に地方分権を行う第二次機関委任事務整理法 (事務事業整理合理化法) が制定される。この法律は，社会福祉行政を中心に一定の機関委任事務を団体事務化するものであった。団体事務とは，機関委任事務のように地方自治体の長に委任するのではなく，地方自治体自体に国の権限を委任することで，運営実施の基準などを地方自治体の条例などで定めることができるようになった事務である。地方に一定の裁量を与えることで地方が自主的に行う事務に衣替えすると言えば聞こえがよいが，国の負担金を削減する方策でもあった (もちろん削減された補助金は交付税により補われるとはされた)。

　とはいえ，団体事務化された事務も個別の多くの法律には「政令の定めるところに従い」とする記述がなされており，結局は当時の厚生省が定めた基準に従った事務運営を強制されるものであった (森 1998：241)。このときの分権改革は名目的なものにすぎなかったと言わざるを得ないだろう。

2-2 第一次分権改革：①地方分権一括法による機関委任事務の廃止

　1999（平成11）年 7 月に成立し，その条項の多くが2000（平成12）年 4 月から施行されている地方分権一括法（地方分権の推進を図るための関係法律の整備等に関する法律　平成11年法律第87号）は，地方自治に関連する法律475本を改正するものであり，機関委任事務を完全廃止した画期的な法律であった。中央省庁による地方自治体統制の柱であった仕組みをなくしたものであるから，この法律によって権限の分権は一応の完成を見たと言ってよいだろう（表 7 - 1 ）[3]。この法律を中心とした権限の改革を先にも述べたように第一次分権改革という。

　一括法以前の地方自治体の事務は，機関委任事務，団体（委任）事務，自治事務に分かれていた。前者二つはこれまで解説してきたとおりである。自治事務とは，旧地方自治法 2 条 2 項に定められた事務であり，管理・執行が地方自治体の長その他の執行機関の自治権に基づいて行われるものであった。

　このうち，地方分権一括法では，機関委任事務と団体事務を廃止し，新たに設けた「法定受託事務」と「自治事務」に振り分け直された。これ以後は，地方自治体の事務の基本は刷新された自治事務であり，国が本来果たすべきものでその適正な処理を国が確保しておくべきと認定されるもののみを特別に法定受託事務とすることにした。そのため，自治事務の定義は「地方公共団体が処理する事務のうち，法定受託事務以外のもの」（地方自治法 2 条 8 項）と大変広いものとなっている。具体的には，従来の自治事務は一括法後の自治事務になったし，団体事務も自治事務とされた。機関委任事務に関しても多くが自治事務とされ，一部のみが法定受託事務にとどめられた。

　社会福祉行政においては，「たとえば『介護保険法に基づく介護保険制度の確立と運用』という仕事は，『法定受託事務』ではありえないので，当然『自治事務』である。その他，老人福祉，児童福祉，障害者福祉もその基本的な部分は『自治事務』である。この領域での『法定受託事務』は，生活保護に係る給付事務など，ごく一部」（澤井 2002：10）を残すのみとなった。

　法定受託事務には，機関委任事務と違って国の包括的指揮監督権はなく，法令に反しない限りは事務の執行方法に関して条例を制定できることになった。また，法定受託事務・自治事務の両事務はともに権限と責任が地方自治体にあるので，国が関与する場合には，通知・通達による強制的な関与は廃止され，

表7-1　地方分権一括法の年表

1993（平成5）年6月　地方分権推進決議：衆参両院の超党派で決議。 1995（平成7）年5月　地方分権推進法 　：2000年までの5年の時限立法，後に1年延長。 　⇒地方分権推進委員会（7月　諸井虔会長） 1999（平成11）年7月　地方分権一括法 　：地方自治に関連する法律475本の改正。 　⇒一部を除き2000年（平成12）4月1日より施行。 2001（平成13）年7月　地方分権改革推進会議

原則的に技術的助言・勧告，是正要求，資料提出の請求に限られるとするものとなった[4]。しかも，これらの関与に関しても法令に明確な規定が必要とされた（関与法定主義）。

　さらに，それまで機関委任事務として地方に委任されていた事務の一部は国が直接執行することになった。具体的には，社会保険関係事務や職業安定関係事務などである。こうした事務は，従来地方事務官と呼ばれる公務員が執行していた。都道府県の事務に従事し都道府県知事の指揮監督を受ける立場にありながら身分は国家公務員である特殊な事務官である。一括法の施行に合わせて，これらの事務官は廃止された（地方事務官制度の廃止）。

2-3　地方分権一括法：②その他の成果
　一括法とそれに伴う分権改革は，機関委任事務の廃止（①）以外にもいくつかの成果をあげている。②地方自治体の課税自主権の拡大，③国と地方の紛争処理制度の設置（国地方係争処理委員会），③必置規制の見直しなどである。

　まずは，②である。一括法では，個人市町村民税の制限税率の撤廃（従来より都道府県民税には制限税率がなかった〔西尾 2007：92〕），法定外普通税（法定外とは地方自治体が独自に創設できる税のこと）の許可制を総務大臣との事前協議制に変更，特定の政策目標の財源に充てるために地方自治体が独自に設置する法定外目的税の創設（事前協議制）などが行われた[5]。とはいえ，自主財源の確保に関しては十分ではないので，第二次分権改革の課題として残ることになった。これ以降も，2006（平成18）年度より地方債の発行に関して許可制を廃止し，事前協議制に改正されたように，地方自治体の課税自主権は拡大される傾向にある。

③は，国と地方の関係を上意下達のものから対等なものに変化させるため，法令の解釈などで両者に相違があると地方から訴えがある場合の紛争処理制度を創設したものである。具体的には，地方自治体が国の権力行使・不作為に不服な場合は「国地方係争処理委員会」に審査を申し立てる仕組みである（地方自治法250条の7〜12）。その後，委員会は審査の上，国に勧告・調停を行う。さらに，不服が残る地方自治体は高等裁判所に提訴できる道も残された。

　最後は④の必置規制の見直しである。必置規制とは，地方分権推進法5条に「国が，地方公共団体に対し，地方公共団体の行政機関若しくは施設，特別の資格若しくは職名を有する職員又は附属機関を設置しなければならないものとすることをいう」とされるものである。すなわち，特定の機関や職員の設置を国が地方自治体に義務づける規制のことである。この必置規制は，法令によるものだけではなく，省庁の通知・通達による裁量的なものもある。とはいえ，一括法では通知・通達は技術的助言に改められたので，裁量的な必置規制は廃止された。一方で，法令を根拠とするものは個別に見直されることになった。

　この必置規制は教育とともに社会福祉に関するものはとりわけ多い（地方分権推進委員会第二次勧告）。第一次分権改革で緩められた事例のうち福祉に関するものを見てみたい。社会福祉法（旧社会福祉事業法）に規定された福祉に関する事務所（福祉事務所）の査察指導員（指導監督を行う所員）は他の職種と兼業できないとするいわゆる専任規定が緩められ，福祉事務所の長が兼ねられることになった。もともと福祉事務所の長は，すでに他の職務と兼業できることとなっていた。

　幅広く兼業が可能であれば，様々な機関を統合して運営可能となるなどの効果も期待できる。この改革でもそれが目指されたが挫折もあった。例えば，保健所長には医師資格を有するものでなければならないという必置規制がある。これを緩めて医師以外のものがこの任に就くことができれば，福祉事務所の長が兼ねることが容易になり二つの事務所を統合して医療と福祉の連携を密にしていくことが可能となるはずであったが，これはうまくいかなかった（西尾2007：32）。

　以上の他に，福祉に関する事務所の定員に関する規定は，社会福祉法により義務づけるものではなく標準を定めて，条例により地方自治体が独自に決めて

よいものとなった。

2-4 第一次分権改革の成果の残した課題

　成果を上げた地方分権一括法を中心とした第一次分権改革であったが課題も多いので，一部を取り上げてみたい。

　法定関与主義とはいえ地方自治体への国の関与の度合いが必ずしも弱まっていないという批判がある。とりわけ自治事務に関しては，法令解釈などにおいて地方自治体の独自の解釈が可能となったのに，国に残された技術的助言などを従来の通知・通達と同じ拘束力を持つかのように考えて地方の側が過剰に遵守の態度を示してしまう状況があるという意見もある（西尾 2007：68-69）。制度的には，国と地方が対等協力の関係になったとしても運用の段階で委縮しては，せっかくの制度改革もいかされない。

　次に，法定外税に関して規制が緩和されたが，財源としては金額的に十分なものではないため，あくまで政策誘導の手段などに利用できるといった範囲を超えるものではないという指摘もある（浅野・北川・橋本 2002：119）。

　さらに，社会福祉行政という観点からすると，必置規制の緩和は，社会福祉のために設定されたナショナル・ミニマムの後退を招く危険性がある。高度経済成長期には整備が後回しにされてきた社会福祉分野で，職員・機関の設置を強制できなくなるということは，地域によっては社会福祉行政の大幅な後退を招く懸念はぬぐえない。地方の自主性をとるか，ナショナル・ミニマムをとるかは判断が難しいところである。

　地方分権改革は，地方の独自性を高め多様化し住民に寄り添った行政を目指すために行われるのであるが，以上のように課題がない訳ではないことは確認しておくべきである。

3　地方分権改革②：財源の改革

　第一次分権改革において権限の改革は一段落したが，もう一方の財源の改革を進める必要があった。そのため，「第二次分権改革」として地方分権改革推進会議（会長　西室泰三）が設置された。この会議では，2006（平成18）年に三位

一体の改革が目指された。

　三位一体の改革とは，①国庫補助負担金（国庫支出金）制度改革，②国から地方への税源移譲，③地方交付税の見直しを同時一体的に行うものである。これらの財源改革を一体的に行うことにより，第一次分権改革で地方が手にした権限に財政的裏づけを与え，地方分権を実効的なものにしようとしたのである。小泉内閣で進められた「国から地方へ」の改革の目玉となっていた。各項目について順次見ていきたい。

　まずは，①国庫補助負担金制度改革である。機関委任事務が廃止され，国の地方に対する指揮監督権に法的裏づけがなくなったとしても，国庫補助負担金による政策誘導の余地は大きかった。地方にとっては特定財源である国庫補助負担金は，地方負担分は一部で他は国庫で賄ってくれるために，地方は相対的に少ない負担でより多くの事業を行うことができる。しかし，国庫補助負担金を受け取れば，その利用法について補助要綱・補助要領といった国の規定に従わなければならなくなる。結果として，地方自治体は独自の事業ができないという事態が生まれていた（西尾・新藤 2007：68）。こうした事態を改善しようと，三位一体の改革の一つ目は，国庫補助負担金をできるだけ廃止・減額するということになった。小泉内閣時代に活用された「経済財政諮問会議」において審議され，閣議決定されていったいわゆる「骨太の方針」（今後の経済財政運営及び経済社会の構造改革に関する基本方針）によってある程度の成果は出された。2004年〜2006年（平成16年〜18年度）で，4.7兆円の国庫補助負担金が廃止・減額されたのである。

　社会福祉・社会保障の分野では，児童扶養手当の国庫負担率が4分の3から3分の1に，児童手当の国庫負担率が3分の2から3分の1に引き下げられた。他にも，施設費及び施設介護給付費等について国庫補助負担金の改革及び税源移譲が実施された。ただし，厚生労働省が提案し懸案であった国の生活保護負担金負担率引き下げについては，全国知事会を始めとした地方との協議の結果，見送られた（『平成18年度版　地方財政白書』）。

　国の負担割合が減少したため，その分の財源が補われる必要がある。そのため，②国から地方へ税源の一部が移譲された。具体的には，平成18年度税制改正（2006年）において所得税を減額し個人住民税へ付け替える税源移譲である。

図 7 - 1　地方税と国税の推移

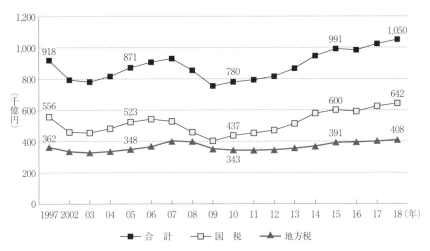

（出所）『令和 2 年版　地方財政白書』の資料より著者作成。

このときに個人住民税は一律に10％（市区町村民税 6 ％，都道府県民税 4 ％）となった。こうして地方自治体の独自財源は増え（平成18年度に 3 兆円規模），財政の自由度は一定程度上がった。

　最後に，③地方交付税の見直しも行われた。総額の大幅な抑制，算定の簡素化，不交付団体の増加等が行われ，2004（平成16）年から2006（平成18）年度の間に5.1兆円が減額された。地方の自立を目指すならば，一般財源である地方交付税は増額されてしかるべきであろうが，『地方財政白書』では，地方の歳出計画を取り決めた地方財政計画の規模の抑制に努めることにより財源不足額を圧縮するから，これで安定的な財政運営が可能となるというレトリックを用いている。三位一体の改革に三つ目の地方交付税の見直しを含めたことは，分権改革の名を借りて財政緊縮も強行したという評価もある（西尾・新藤 2007：83）。

　三位一体の改革は二つの地方分権のうち財源の分権にあたるものである。確かに一定の成果を収め，図 7 - 1 に示すように，国税と地方税の割合の推移を見れば，国税は減少し地方税との格差が縮小する状況になった。また，平成20年税制改正（2008年）により地方法人特別税が創設されるなど，暫定的な措置に

より対策がなされている。

　とはいえ，消費税が2014（平成26）年4月1日に5％から8％へ，2019（令和元）年10月1日に8％から10％へ引き上げられた際に，国税の増加に比較して地方税が増えた訳ではないので，再び国税と地方税の格差は開く傾向となった。もちろん，地方の財源が削減された訳ではないので，格差が開いた以上の意味合いについては様々な意見があるだろう。国庫支出金改革も不十分であるし，地方が自主的な行政を行う財源の裏づけが確保された訳でもない。むしろ，交付税が減額されるなど，地方自治体は従来の行政を継続するのにも窮している状況である。まだまだ抜本的な改革の必要は残っているだろう。社会福祉の地域ごとに多様化したニーズに対処し，全国的には財源が充実することが望めない状況で地域に応じた福祉サービスの取捨選択を進めるといった現代の課題は差し迫っており，予断を許さない。

4　地方分権改革③：地域主権改革

　1999（平成11）年の地方分権一括法は，それまでの中央集権的な日本の行政の伝統からすれば，国と地方の行政システムの関係の在り方を大きく変更する大改革であった。とはいえ，地方自治体が，様々な法律を施行するために積極的に条例を制定していく機運は必ずしも高まらなかった。地方自治体の事務処理に対する法令の拘束，すなわち「立法的関与」を変えることはできなかったからである。地方分権一括法により，事務（仕事）の運営上の自由度が高まったとはいえ，地方自治体の事務は法令に従って遂行される。中央で制定されるこうした法令による規定（義務づけ・枠づけ）が従来のままであれば，自治体は従来通り従わざるを得ない。そうであるなら，地方分権一括法によって事務の基礎構造が法定受託事務と自治事務の組み合わせとなって自治体の自主性が高まったと言われても，それは名目上のものに過ぎないだろう。すなわち，「実質的な決定権が国に留保」（地方分権推進委員会第一次勧告　平成20年5月28日5頁）されていると認識されていたのである。

　こうした問題意識によって取り組まれたのが，「第二次地方分権改革」と呼ばれるものである。これは，地方自治体の条例制定権を拡大し，「法制的な観

表 7 - 2　地域主権一括法の制定経緯

2009（平成21）年12月15日　地方分権改革推進計画
2010（平成22）年 6 月22日　地域主権戦略大綱　閣議決定
2011（平成23）年 5 月 2 日　第一次地域主権一括法（地方分権一括法）成立公布
「地域の自主性及び自立性を高めるための改革の推進を図るための関係法律の整備に関する法律」（平成23年法律第37号）（第一次一括法）
2011（平成23）年 8 月30日　第二次地域主権一括法成立公布
「地域の自主性及び自立性を高めるための改革の推進を図るための関係法律の整備に関する法律」（平成23年法律第105号）（第二次一括法）
2013（平成25）年 3 月 8 日　地方分権改革推進本部の設置について閣議決定
2013年 6 月 7 日成立・6 月14日公布　第三次地域主権一括法
「地域の自主性及び自立性を高めるための改革の推進を図るための関係法律の整備に関する法律」（平成25年法律第44号）（第三次一括法）

点から地方自治体の自主性を強化し，政策や制度の問題も含めて自由度を拡大する」（地方分権推進委員会第三次勧告　平成21年10月 7 日 1 頁）ものである。具体的には，主に施設・公物設置管理についての基準設定の分権を行うものである。従来これらの基準は法令で全国一律に国によって定められてきた。これらの基準の設定を国から地方議会の制定する「条例」へと委任することにより，地方自治体自らの判断と責任を重視した行政へと改革していこうとするものであった（岩崎 2011：71）。

　基準設定の見直しは，「義務づけ・枠づけ」の見直しと呼ばれる。「義務づけ」とは，一定の課題に対処すべく，地方自治体に一定種類の活動を義務づけることをいう。これには，一定種類の活動に係る計画策定の義務づけも含む。「枠づけ」とは，地方自治体の活動について手続，判断基準等を設けることで枠づけることをいう（地方分権推進員会第二次勧告　平成20年12月 8 日 3 頁）。これらの「義務づけ・枠づけ」を見直すために，いわゆる「地域主権一括法」が数次にわたって制定されていった（表 7 - 2）。この地域主権一括法の制定は回を重ね，2020（令和 2）年 6 月10日に「第十次地域主権一括法」が公布されている。

　義務づけ・枠づけを見直すために，法令を条例に委任するにあたって，条例制定基準の三つの類型が提示されている（表 7 - 3）。

　このうち，参酌すべき基準はあくまで条例制定において参考（参照）にすべきものにすぎないが，実際の社会福祉行政の現場では，あたかも基準や標準で

表7-3 条例制定基準の3類型

従うべき基準	国が設定する「従うべき基準」は，条例の内容を直接的に拘束する，必ず適合しなければならない基準であり，当該基準に従う範囲内で地域の実情に応じた内容を定める条例は許容されるものの，異なる内容を定めることは許されないものである。
標　準	法令の「標準」を通常よるべき基準としつつ，合理的な理由がある範囲内で，地域の実情に応じた「標準」と異なる内容を定めることは許容されるものである。
参酌すべき基準	条例の内容そのものを直接的に拘束しているものではない。十分参照した結果としてであれば，地域の実情に応じて，異なる内容を定めることは許容されている。地域の実情に応じて，地方自治体が条例で異なる内容を定めることを許容するものであることから，地方自治体の条例による国の法令の基準の「上書き」を許容するものである。

（出所） 地方分権推進員会第二次勧告　平成20年12月8日, 8-9頁。

あるかのように考えられ自主的な基準設定が避けられる傾向がある。とりわけ，福祉計画においてサービスの整備目標を設定する際に，参酌すべき基準がよく持ち出される。

　それでは，社会福祉行政に関係するものとしては，義務づけ・枠づけの見直しはどのようなものが行われたのであろうか。まずは第一次地方主権一括法において，施設・公物設置管理の基準を条例に委任をするため，都道府県では養護老人ホーム及び特養をはじめとする介護施設の設備・運営及び居宅サービスに係る基準を条例により規定することとなり，市町村では地域密着型介護サービスの設備・運営基準等の条例化を図ることとなったことがあげられる（鏡2013：20）。

　10次にもわたる地域主権改革法における義務づけ・枠づけの見直しは果たして成果をあげているのだろうか。この改革法においては，見直しが求められた基準は，全自治体にそのための条例制定を求めるものである。もともとあった「法令基準であっても何ら不都合を感じない自治体に対しても，条例制定を義務づける」（北村 2013：54）ものである。そうであるなら，自主的であるはずの条例制定が押し付けのようになってしまい，国の示す参酌すべき基準を墨守するようなこともありうることだろう。

　2014（平成26）年度からは，移譲すべき事務権限や義務づけ・枠づけの見直しを地方から提案させる「提案募集方式」が採用されるようになった。この方式

は地方がより容易に要望を出しやすくするものではあるが，回を重ねすぎて提
案の質が劣化しており，現在では「落ち穂拾い化」しているとの指摘もある（上
林 2020：77-78）。

5　地域の社会福祉行政の環境

　前節までは，全国的な地方行政制度の文脈の変化に注目し，国との関係とい
う意味での地方における社会福祉行政の社会的環境について考えた。次は，マ
クロなレベルからメゾ・ミクロのレベルの環境に焦点を変えることにする。地
域の各種行政機関間の関係や行政と行政外の機関・団体との関係は，個々の社
会福祉行政を取り巻いているという意味では社会環境の一種と考えられる。こ
うした環境に注目し，地域福祉の様々なアクターの行政との連携・協働関係に
ついて考えたい。

5-1　社会福祉の供給システムと連携
　三浦文夫は，社会福祉の供給システムを公共的・非公共的に分けた後，さら
に四つに分類した（表 7-4）（三浦・宇山 2003：87）。この分類を見ても分かる通
り，地域社会で福祉サービスを提供しているのは行政だけではない。第 9 章よ
りこうした複雑な福祉サービス提供体制について詳しく見ていく。その前に，
まずは全体の体系について簡単に確認しておきたい。
　社会福祉サービスの提供主体のうち行政型供給組織だけに注目しても，その
仕組みは複雑である。日本の行政組織の特徴として，いわゆる縦割り行政と言
われるものがある。地域住民やサービス利用者のニーズは多岐にわたってお
り，行政組織の都合に合わせて分割できるものではない。しかしながら，必要
な情報やサービスの提供を受けるには，それぞれの領域ごとに分かれた行政組
織内の窓口に個別に相談しなければならない。
　例えば，事故等による突然の事態により低所得となり生活が困窮している住
民が支援を求めて行政機関の窓口に相談しようと思っているとしよう。この場
合，向こう数日間の当座の生活費を手にするためには少額の資金を融資する
「生活福祉資金」，その後働けるようになるまでの中長期の資金を給付する「生

表7-4　社会福祉サービスの提供主体 (三浦文夫の分類)

		団体の性格	活動体の事例
公共的福祉供給システム	行政型供給組織	公的責任を持つ国や地方公共団体。	「福祉事務所」,「児童相談所」(本書9章) など
	認可型供給組織	行政の規制のもと認可を受けて運営されるサービス提供組織。日本の基幹的システム。	「社会福祉法人」(11章) やそのうちの「社会福祉協議会」(10章) など。
非公共的福祉供給システム	営利型 (市場型)供給組織	介護保険制度等をきっかけに新しく参入した利潤を追求する団体。	ボランティア団体,NPO,生協など (14章)。
	非営利型供給組織	利用者自身や地域住民などが主体的に企画・運営する組織や企業内での福祉等。	営利企業。

活保護」制度,さらに生活の安定とともに自立するために求職活動を行う支援のための各種サービスや職業訓練などの多岐にわたる行政サービスを利用することになるだろう。ところが,それぞれのサービスは,生活福祉資金は社会福祉協議会,生活保護は福祉事務所,求職・職業訓練支援サービスは公共職業安定所 (ハローワーク) で提供される。そのため,必要なサービスを受けるのにいくつもの窓口を回らなければならないはめになりかねず,サービスの利用にたどりつけない状況に陥りかねない。

　これからの時代は,行政型供給組織だけが福祉サービス提供の中心となるのではなく,民間企業やNPOなどを加えた非公共的福祉供給システムの比重も増してくる。さらに,ガバナンスの時代と言われる時代となれば,行政活動すら分極化していくだろう。ガバナンスとは,行政と行政外のアクターが連携・協働することで,従来の社会福祉行政 (ガバメント) と同じかそれを越えた問題に対処する仕組みが構築される政治・行政状況のことである。すると,ますますサービス提供は複雑を極め錯綜することになる可能性がある。そのため,多機関をスムーズに連携・協働させるための制度的な工夫を行うことが喫緊の課題となるだろう。

[5-2] 地域福祉各機関の連携システム構築に向けて

　複雑に入り組む社会福祉サービスを住民・利用者のニーズに合わせて適切に提供するためには,各機関の連携・協働体制を構築する必要がある。

　そのためにまず優先して取り組むべき課題は,行政機関・非行政機関のサー

ビス提供システム自体を改善し，窓口を一元化することである。窓口の一元化のことを「ワンストップ・サービス」ということがある。イギリスで2001年より若年就業支援のためにこのワンストップ・サービスが設けられてから，こうした考え方は注目されるようになった。イギリスのサービスは「コネクションズ」と呼ばれており，提供サービスは，雇用，教育，住宅，家族，精神衛生などにわたる幅広いものだった（松井 2009：180-181）。

　ワンストップ・サービスとして行政組織自体を改革していくとしても，ガバナンスの時代には地域の非公共的福祉供給システムまで含めた連携・協働が必要とされる。とはいえ，行政機関の内部ですら困難であることもあるのに地域の諸アクターを統合するのは容易ではない。そのため，もう一つの対策として社会福祉士によるネットワーキング力を活用するという手段もあるだろう。社会福祉士は利用者・相談者のニーズに合わせて地域の福祉資源を連携させる活動を行うのが職掌である。次の一文は，とあるNPOの活動を記録したものであるが，社会福祉士の活動の状況を適切に表現しているので引用したい。

　　「生活まるまるコーディネートサービスとは，Aさん［相談してきた利用者］のような人に対して，ほっとポットが『何が必要か』のアセスメントをおこない，支援計画を立て（プランニング），そして住居の確保や生活保護の申請をお手伝いし，さらには継続的なアフターケアを実践していくという，それらの一連の支援をトータル・コーディネートのもとに展開していくことをあらわしている。／Aさんの生活再生にとって『何が必要か』を軸に，ほっとポットがさまざまなサービスをコーディネート（調整，結合，組み合わせ）し，実践していくこと。それが生活まるまるコーディネートサービスである。生活保護が必要ならその申請を支援する。住居が必要ならアパート探しをお手伝いする。アパートの契約をする場面では緊急連絡先となる。各種社会福祉サービス（介護保険や障害者手帳の申請）が必要ならその紹介や手続きの支援をする。介護保険のサービスが必要ならケアマネージャーや地域包括支援センターに紹介する。借金をしているなら弁護士を紹介する。体の調子が悪いなら症状にあわせて適切な病院や医師を紹介する。アルコール依存症から抜け出せないのであれば，その支援をおこなっている専門の団体を紹介する。／野宿生活をしている人のようなたくさんの問題を抱えている人の場合，こうした支援を『トータル・コーディネート』する意義はますます高まる。だから『生活まるまる』のコーディネートなのだ。コーディネートとは『仲介』しているだけのように誤解されることもあるが，先ほど書いたように，コーディネートの基本にはまず『何が

必要か』をアセスメントすることがあり，そのあとに支援計画（プランニング）を立てた上で成り立つものである。これらのプロセスには専門知識や熟練が必要であり，機械的に『割り当て』をしたり『仲介』をしているのではない。生活まるまるコーディネートサービスは，ほっとポットが最も得意とする支援のかたちであり，『ジェネラル・ソーシャルワーク』をおこなう社会福祉士として本領を発揮するところであると思っている。」（藤田・金子 2010：94-96）

　こうした社会福祉士を中心とした地域の連携を構築することは一つの解決策となり得るだろう。

　本章では，社会福祉行政を取り巻く制度的条件や環境について確認した。次章より，こうした社会的・制度的環境の下で活動する具体的な社会福祉行政の実施体制について考察していく。

(For Study)

1) 　中央集権的な社会福祉行政と地方分権的な社会福祉行政のメリットとデメリットをそれぞれ考えてみよう。
2) 　地方分権改革は社会福祉行政にとって今後どのように展開すべきかを身近な事例との関連のもとに考えてみよう（介護保険制度の適用において小地域ごとに適用基準を作成する，ニーズに合わせて施設の利用基準を緩和するなど）。
3) 　ガバナンスの時代では，どういう機関や団体が社会福祉サービス供給の主体となるべきか，それぞれの分野について確認しよう。

注
（1） 「東京詣の最大の原因は，諸々の許認可の8割近くをいまだに中央が握っていて，バス停を10メートル移動させるのも，小さな公民館1つ立てるのも，中央政府のお墨付きをいただかなくてはならない仕組みになっているからです。」（細川 1991：10）
（2） 堀は，日本的福祉社会論への批判をまとめて，①公的責任の曖昧化に対する警戒，②福祉財源の削減に対する警戒，③日本社会優越論に堕することに対する警戒，④自助努力重視批判，⑤家庭福祉重視批判，⑥企業福祉重視批判，以上六つ，またその他をあげている。
（3） もちろん，地方分権一括法は，補助金や直轄事業の分権に踏み出さなかったので，「霞が関の一般ルール」を踏み外さない極めて行政的（官界的な）手法に過ぎないと批判する意見もある（金井 2003：122）。
（4） もちろん，個別の法令に規定のある事前協議，許可・認可・承認といった形での国の関与はあり得る。また，法定受託事務に関しては，必要な指示も可能であり，地方自治体が違法な処理を行っている場合は，裁判を経て代執行を行うこともできる（地方自治

　法245条）。
（5）　法定外普通税では，道府県税において 9 団体が設けている核燃料税などがよく知られる。法定外目的税では，道府県において27団体が設けている産業廃棄物関係税などがよく知られる。
（6）　地方分権改革推進会議事務局資料「社会保障分野における必置規制」（平成14年 3 月12日）より。
（7）　消費税は，国税分と地方税分である地方消費税から成り立っている。2014（平成26）年 4 月 1 日に 5 ％から 8 ％へ消費税全体が引き上げられた際には，国税分は 4 ％から6.3％に引き上げられたのに対し，地方消費税は 1 ％から1.7％に引き上げられたのに過ぎない（合計で 8 ％となる）。2019（令和元）年10月 1 日に 8 ％から10％へ引き上げられた際には，国税分は6.3％から7.8％に引き上げられたのに対し，地方消費税は1.7％から2.2％に引き上げられたのに過ぎない（合計で10％となる）。

参考文献

浅野史郎・北川正恭・橋本大二郎，2002，『知事が日本を変える』文春新書

岩崎忠，2011，「義務付け・枠付けの見直しと権限移譲——第 1 次一括法と第 2 次一括法の制定過程を踏まえて」『自治総研』（通巻397号　2011年11月号）：67-93

鏡諭，2013，「地方分権と福祉の政策」『月刊福祉』2013 July：19-23

金井利之，2003，「福祉国家の政府間関係の再編——第一次分権改革の改革路線の選択」武智秀之編著『福祉国家のガヴァナンス』ミネルヴァ書房：109-142

上林陽治，2020，「地域の自主性及び自立性を高めるための改革の推進を図るための関係法律の整備に関する法律～第 9 次一括法～（令和元年 6 月 7 日法律26号）」『自治総研』（自治総研通巻496号2020年 2 月号）：43-91

北村喜宣，2013，「 2 つの一括法による作業の意義と今後の方向性——「条例制定権の拡大」の観点から」『自治総研』（通巻413号2013年 3 月号）：39-72

澤井勝，2002，「地域福祉と自治体行政」大森弥編著『地域福祉と自治体行政』ぎょうせい：3-19

新藤宗幸，2002，『地方分権　第 2 版』岩波書店

西尾勝，2007，『行政学叢書 5 　地方分権改革』東京大学出版会

西尾勝・新藤宗幸，2007，『いま，なぜ地方分権なのか』実務教育出版

藤田孝典・金子充，2010，『反貧困のソーシャルワーク実践——NPO「ほっとポット」の挑戦』明石書店

細川護熙，1991，『鄙の論理』光文社

堀勝洋，1981，「日本型社会福祉論」『季刊・社会保障研究』（Vol.17No.1）：37-50

松井祐次郎，2009，「若年者の就業支援——EU，ドイツ，イギリスおよび日本の職業教育訓練を中心に」『青少年をめぐる諸問題　総合調査報告書』国立国会図書館調査及び立法考査局：166-189

三浦文夫・宇山勝儀，2003，『社会福祉通論30講』光生館

森克己，1998，「社会福祉行政における地方自治——八〇年代改革から地方分権推進委員会

の勧告まで」『早稲田法学会誌』（第48巻）：237-284

第**8**章

社会福祉行政の現在

　社会福祉行政の中心機関は福祉事務所であるとされることが多い。もちろん，現在でもこの事実に変わりはない。むしろ，社会福祉の原点である低所得者対策を担う福祉事務所は，日本社会の雇用の不安定化や格差拡大といった状況を受けて，近年でも機能拡大をしている。とはいえ，社会福祉行政全体の規模が増し，福祉事務所以外の機関が担う領域はそれに増して拡大した。そうした新たに拡大した領域を担うようになったのが，市役所や町村役場の福祉担当部局である。いわゆる，「福祉局・課」や「厚生局・課」と呼ばれる部門である。そのため，全体から見れば，主役の交代が起こったかの観を呈している。

　本章では，こうした主役の交代が起こった経緯を，①社会福祉行政の社会保険化，②社会福祉行政の市町村中心主義化，といった二つに分けて考えていきたい。

1　社会福祉の社会保険化

1-1 　わが国の社会保障体系の基本型

　まずは社会福祉の社会保険化についての論点を取り上げたい。第１章で述べたように，わが国の社会保障体制は，厚生省社会保障制度審議会によって1950（昭和25）年に出された，いわゆる50年勧告（「社会保障制度に関する勧告」）に示された考え方を基本にしている。すなわち，社会保険，公的扶助，社会福祉，公衆衛生の４分野から成り立ち，そのうち社会保険が中心となって他の分野がそれを補う形態を採ってきた。社会保険は，介護保険開始までは年金，医療，雇用，労働者災害補償の四つの保険によって構成されていた。

　こうした仕組みになった理由の一つは，わが国の社会保障制度に影響を与えてきた社会政策学（Sozialpolitik）が，ドイツ社会政策学の影響を受けていたか

らである。これは，一般労働者の労働環境を整備する労働政策と生活保障のための社会保障政策を組み合わせた学問体系となっていた。労働者の労働環境の改善や失業時の保障を社会政策の本質とした大河内一男の理論が強い影響力を持ち，結果として，労働者が保険金を出資し合って互助的に労働不安に対応する社会保険が制度の根幹を占めることになった（武川 1999：21-22）。

　さらには，第二次世界大戦後の世界の社会保障体系に広く影響を与えた，いわゆるベヴァレッジ報告で構想された社会保障体系を参考にしたからでもある。ベヴァレッジ報告では，基本的ニードは「社会保険」で対応し，特別な緊急ニードは「公的扶助」で補い，さらに，付加的なものとしての「任意保険」を認めるといった体系を採用していた。わが国の社会保障体系と基本構造が共有されている。⁽¹⁾

1-2 社会福祉の社会保険化

　2000（平成12）年に社会福祉法が社会福祉事業法を改称して成立し，社会福祉基礎構造改革が完成した。この改革では，措置制度によってそれまで提供されていた社会福祉サービスの多くが利用契約制度へと移行していった。すでに第3章でも述べた社会福祉基礎構造改革における各領域の主な動きを繰り返すと，1997（平成9）年6月の児童福祉法改正で保育所が契約方式に移行したことを端緒にして（実施は1998〔平成10〕年），高齢者福祉分野では1997（平成9）年12月に介護保険法が成立（2000〔平成12〕年実施）し，障害者福祉分野では2003（平成15）年に支援費制度が実施され，2006（平成18）年に障害者自立支援法が成立した（2013〔平成25〕年度からは障害者総合支援法）。

　こうした制度改革のうち介護保険制度は，高齢者福祉（「社会福祉」）の分野に「社会保険」の仕組みを導入するものという側面を持っていた。また，障害者自立支援制度（障害者総合支援制度）は，障害者福祉の分野でも将来社会保険化していくことに備え，契約方式を利用する介護保険制度とほぼ同じ構造を備えた制度が導入された。⁽²⁾もちろん，現在のところこの制度では保険料を徴収することはない。

　社会保険制度やそれに類する制度では，サービスの利用に際してサービス提供事業者と契約したり，行政窓口を介して契約することで，利用者の選択性が

尊重され，それぞれのニーズに率直に対応するようになった。さらに，サービスの選択性を確保するために，介護サービスや障害者総合支援サービスは準市場化され，営利・非営利を問わない事業者が参入することで多様な選択肢が確保される体制が採られた。とりわけ，第二種社会福祉事業には，社会福祉法人ではなくても法人格を持ち一定の要件を満たせば（介護保険法70条2項，78条の2第4項，79条2項等），介護サービス市場等に参入できるように規制緩和が行われた。

　また，社会保険制度においては，利用者の権利性が高まったとも言われる。措置制度においては，行政措置として税財源によって低所得者に無料でサービスが提供されるか，一定の条件下にある者に応能負担によってこれまた行政措置として提供されるかであった。しかし，社会保険を利用した仕組みでは，保険料を納めた被保険者は，社会福祉サービスの利用に対する権利を持つのは当然と考えられる。

1-3 福祉サービス利用方式の多様化と社会福祉行政の再編成

　行政による社会福祉サービスの提供方式は，社会保険化により多様になった。表8-1にまとめるように，生活保護制度や措置制度によるいわゆる措置方式に，行政との契約方式（保育所入所方式），介護保険方式，自立支援給付方式等による利用契約方式が順次追加されている。

　社会福祉の社会保険化は，社会福祉行政の担当部局の在り方に大幅な変更を迫るものでもある。もっぱら行政措置を担当する福祉事務所はその業務の多くを他の部署に移管することにならざるをえなかった。介護保険の事務も障害者総合支援制度（旧障害者自立支援制度）に係る事務もそれぞれ市町村が保険者や制度実施主体となるため，担当部署は福祉事務所ではなく，介護保険課や障害福祉課といった市町村の社会福祉担当部局（「福祉局・課」，「厚生局・課」）ということになるだろう。

　また，福祉事務所も独立して運営するのではなく，比重を増した市の社会福祉部局と統合した運営形態に移行することが増えている。具体的には，第9章で述べるように，福祉事務所長を市町村の社会福祉部局の長（福祉部長・福祉課長）が兼任し，福祉事務所と市役所の社会福祉担当部局が融合した形で，旧来

表8-1　福祉サービスの利用方式

措置方式	生活保護	もともとこの方式を運営するために福祉事務所が設置された。 (事前相談)→保護の申請→調査→決定・通知といった手続きの流れにより需給が決定される。 生活保護法の第7条には保護請求権が明示されており，保護の開始の申請があってから原則的に14日以内に保護の要否，種類，程度及び方法について書面で通知しなければならないことになっている(法24条3項及び5項)。
	措置制度	措置権者である行政機関の措置決定にもとづいて，要援護者に社会福祉施設への入所や在宅福祉サービスの利用をしてもらう。措置権者は，社会福祉施設や在宅福祉サービスの事業者に措置委託費を支払う。要援護者から負担能力に応じて費用を徴収することもある。生活保護制度と違って要援護者にはサービスを利用するための申請権は明確ではない。
利用契約方式	行政との契約方式(保育所入所方式)	市町村と利用者が利用契約を結ぶことによって成立する契約制度の方式。保育所の他，母子生活支援施設や助産施設にも利用される(ただし都道府県との契約)。 市町村の情報提供に基づいて利用者は希望する施設への入所を市町村に申し込む。市町村は，その申込みに対して，入所に係わる資格要件を確認し(保育に欠ける等)，入所の応諾を行う。市町村は公法上の委託契約に基づいて保育所等の受託事業者に実施委託費を支弁して，利用者の入所を委託する。市町村は，利用者等から負担能力に応じて費用を徴収する。
	介護保険方式	一定の年齢に達した利用者は，介護保険制度に加入することで保険料を支払い，要介護・要支援の認定を受けることで，特別養護老人ホーム等の従来は措置制度のなかで運営されていた施設や在宅サービス等を利用できるようになる。保育所入所方式と違って，利用者は保険者である市町村に保険料を支払い，直接指定事業者と契約関係を取り結ぶことで権利義務関係が明確となっているとされる。
	自立支援給付方式	利用者は，市町村にサービスの利用を申請し，申請を受けた市町村は障害支援区分を認定して利用できるサービスの種類と量について支給決定を行う。利用者は，決定された給付内容に基づいて，指定特定相談事業者の作成するサービス等利用計画を用いて指定事業者と利用契約を結ぶことでサービスの提供を受ける。利用者は一部利用者負担を指定事業者に支払うことがある。指定事業者は，給付費を市町村に請求して受領する。利用者と指定事業者が契約を結ぶために権利義務関係は明確化されている。本来，自立支援給付費を受領するのは利用者であるが，この方式では利用者に代わって指定事業者が給付費を請求・受領する代理受領の仕組みが採用されている。

(注)　他に市町村等が直接利用者と申請等のやり取りを行わず，事業者に事業費の補助を行うことで利用者と事業者の関係に間接的に関与することがある(事業費補助制度)。

より福祉事務所が担当してきた福祉六法以外のサービスも一手に担う部局を構成することになる。福祉事務所設置形態の観点からすると「大事務所制」と呼ばれるものである。近年では，さらに保健所とも隣接部局として連携し，同一建物やフロアのなかでまとめて「健康福祉センター」や「保健福祉センター」な

どの名称で運営されることも多くなっている。⁽³⁾

　複雑な社会福祉行政と関連領域である保健・医療や環境行政を連携させ，重複業務を整理して効率化する行政運営の最適解を求めるには都合がよい動向であろう。また，住民としても，複数に窓口が分かれていては社会福祉行政サービスを利用しづらいために，都合のよい組織形態であると言えよう。

1-4　社会福祉の社会保険化に対応した社会保障制度の再編プロセス

　戦後の社会保障体系は，50年勧告により提唱されたものを基礎にしたと先に述べた。この体系では，基本的なニーズは社会保険によって充足され，社会福祉は生活困窮者を対象とする公的扶助（生活保護）と連動して救貧施策の一環として位置づけられるものであった。社会保障制度審議会は，社会保障体制全体の在り方についての勧告を，50年勧告を含めて戦後3回出している。1962（昭和37）年に出された2回目の勧告である「社会保障制度の総合調整に関する基本方針についての答申及び社会保障制度の推進に関する勧告」（62年勧告）でも，社会福祉は救貧を越えて防貧を視野に入れるものとされたものの，依然として低所得階層対策のためのものとされていた。

　こうした社会保障体制と，その一分野として位置づけられた社会福祉領域を支えた社会福祉行政は，社会福祉基礎構造改革によって突然その姿を変化させたわけではない。各種の制度が整備されるにつれて，社会福祉領域は低所得者だけを対象とするものではない方向へと徐々に変貌していた。1971（昭和46）年には児童手当制度が創設され，1974（昭和49）年に制定された雇用保険法によって従来の失業対策に雇用対策の側面を持つ制度が付加されたりした。また，1973（昭和48）年には，老人医療費公費負担制度（老人医療費無料化）が老人福祉法へと組み込まれている。児童手当制度はもともと多子貧困対策として導入された経緯があるなど，これらの制度はいずれも名目としては貧困対策としての体裁を保っていたが，収入基準も貧困対策というには緩やかであり，従来の社会福祉領域の位置づけには収まらないものであった。とはいえ，一般勤労者世帯をカバーすると考えられていた純粋な社会保険の領域とも言えないものであった。

　こうした個別の制度の創設が進んだのは，時代環境の変化に伴って，求めら

れるニーズの性質が全体として大きく変容したからである。1970年代の後半から，社会福祉は所得保障から分化して，対人サービスを始めとした社会福祉独自の目的を持つようになる。三浦文夫は，これを「社会福祉ニードが貨幣的ニードから非貨幣的ニードへ」（三浦 1996：344）移行したと表現した。1981（昭和56）年に老人家庭奉仕員（ホームヘルパー）派遣世帯の所得制限が撤廃されたことが，低所得階層ではない一般世帯でも社会福祉サービスへのニードが存在することが認知されるようになった一つの契機だったと三浦は述べている（三浦 1996：344）。

　このように，時代の変化は，50年勧告によって作られた枠組みでは社会保障各領域の制度を捉えられないような状況を作り出していた。社会保障体制全体への勧告の3回目として，1995（平成7）年に出された「社会保障体制の再構築──安心して暮らせる21世紀の社会をめざして」（95年勧告）では，「全国民を対象とする普遍的な制度として広く受け入れられる」制度設計が必要とされ，新たな体制の必要が訴えられたことが，時代の状況をよく映して出していると言えるだろう。

　一般世帯であっても社会福祉サービスを権利として受けることのできる制度としての利用契約制度を確立するには，サービス供給量を増やし相対的にではあるが利用制限の緩和された社会福祉サービス供給体制とそれを支える社会福祉行政が必要となる。1994（平成6）年7月に，当時の厚生省が提出した「21世紀福祉ビジョン」で示された高齢者介護に関する基本的な論点や考え方について検討を行うため，学識経験者を委員とする「高齢者介護・自立支援システム研究会」が発足した。この研究会は12回にわたる検討を経て，同年12月に「新たな高齢者介護システムの構築を目指して」と題する報告をまとめた（『平成8年版　厚生白書』）。ここでは，従来の措置制度による社会福祉サービスの供給は，「その財源は基本的に租税を財源とする一般会計に依存しているため，財政的なコントロールが強くなりがちで，結果として予算の伸びは抑制される傾向が強い」（高齢者介護・自立支援システム研究会 1995：8）とされた（本書第5章の特に 3-2 を参照のこと）。このような財政的コントロールを脱するために，社会保険制度による社会福祉サービス（ここでは高齢者介護）提供の道を開くことが示唆された。すなわち，一般家庭にも広がった非貨幣的ニードである社会福

祉サービスの提供には，社会保険方式の導入が必要になったという認識を示すものであった。[4]

　下位4分野（社会保険・社会福祉・公的扶助・公衆衛生）からなる日本の社会保障体制は，その後当初の構想には収まらない形態へと変容していった。上記のようにとりわけ社会福祉領域の社会保険化は顕著であり，社会福祉基礎構造を越えて社会保障体制全体の基礎構造を根底から構築し直さねばならないと考えられたのである。

1-5 社会福祉の社会保険化への批判

　社会福祉基礎構造改革以後は社会福祉の社会保険化が顕著であるが，こうした傾向には批判も多い。本節の最後は，こうした批判の主なものを検討し，これからの社会福祉行政体制の在り方を考える際に考慮すべき論点の一部を確認しておきたい。

　社会保険化の傾向に対する批判としてまず目にするのは，社会福祉への公費負担を縮小させる手段になっているとするものである。高齢者介護を代表とする社会福祉サービスが社会保険によって提供される仕組みは世界に普遍的なものであるとは言えない。見解の相違はあるものの国際的慣習と考えられてきた「公費負担方式から保険料の拠出を強制する社会保険方式に転換すること」（相澤 1996：79）は，税方式による公的負担の責任を回避して，福祉国家を縮小することに繋がるとの批判に繋がり得るだろう。また，利用者の選択性を確保するという名目で社会保険が導入されれば，従来の措置制度が解体され，結果として福祉に対する国家責任は弱まっていくという社会保障体制のなかでも特に社会福祉行政に注目した批判もあり得るだろう（吉田 1998：286）。

　社会福祉の制度としての責任があいまいなものとなるという批判と同時に，これまで積み重ねられてきたソーシャルワークの実践を基礎とする社会福祉の理念とは，社会保険制度は矛盾する面があることを指摘する批判もある。社会保険によって高齢者介護などの社会福祉サービスを提供する場合，消費者である利用者が権利としてサービスを選択するためにサービスが定型化され，金銭換算できるように定量化されていなければならない。しかしながら，社会福祉サービスへのニードは個人ごとに多様であり，同じ個人でも時々において変化

し続けるものである。よって，社会福祉サービスは，社会保険のなかでのケアマネジメントによって振り分けられるのではなく，ソーシャルワーカーが柔軟な裁量を持って提供することが適切であるという主張に繋がっていく（Baldwin, 2000：108；植田 2001：71-72など）。マーク・ボールドウィンによれば，ソーシャルワーカーのモラルと価値観を維持する鍵となるのは柔軟な裁量であるが，それはケアマネジメントの持ち込む管理主義（managerialism）とは両立しえない（Baldwin, 2000：106）。もちろん，介護保険制度が導入されたとはいえ，老人福祉法には高齢者福祉サービスに対する措置規定は残っている（老人福祉法10条の4）。しかしながら，多くのサービスは社会保険の形で提供されるようになった大勢には影響しないため，こうした批判に対応して，「行政裁量」を提供体制のなかで位置づけなおす必要はあるだろう⁽⁵⁾。

　さらに社会保険化は社会福祉サービスの準市場化をもたらし，これもまた社会福祉のモラルと価値観を侵害するという批判がある。佐橋克彦は，準市場のなかに置かれたサービス提供主体は次の３点の問題をもたらすと言っている。第一は，準市場における利潤追求は福祉サービスの提供に腐敗をもたらすという問題である。準市場化は，多様な提供主体が参入し利潤追求を促す。しかしながら，「質の高い福祉サービスの提供を利潤追求と並行させるのは難しい」（佐橋 2008：34）面がある。実際，2006（平成18）年に介護報酬の不正請求や不適正な人員配置が発覚し，2007（平成19）年に事業継続を断念せざるを得なくなった，いわゆる「コムスン事件」などの企業の腐敗が起きている。利潤の追求が最大の目的となった場合に，社会福祉のモラルや価値観がおざなりになることは十分に考えられることである。さらに，第二に提供者と購入者との情報の非対称性が生まれがちであること，第三にサービス提供に関わる労働者の待遇が利潤確保を理由として切り詰められる傾向になることなどの問題も指摘されている。このように，準市場化が社会福祉にとって必ずしも望ましくない場合があり得るため，制度設計において配慮が必要であろう。

2　行政空間の変容：市町村中心主義

　前節では，社会福祉サービスの社会保険化に伴って，社会福祉行政の担当部

署が福祉事務所から，介護保険課や障害福祉課といった市町村の社会福祉担当部局（「福祉局・課」，「厚生局・課」）へとその比重が変わってきたということを確認した。

　社会福祉行政の機構の在り方を考える際に，社会保険化と同時に視野に入ってくるのは，地方分権と社会福祉行政の関係である。このテーマを理解するために，まずは，第7章で取り上げた地方分権改革と軌を一にする社会福祉行政の市町村中心主義について確認しなければならない。

2-1　社会福祉行政の市町村中心主義

　行政全体の制度設計が中央集権的なものから地方分権的なものへと路線変更するにつれ，社会福祉における行政権限も，国・都道府県から市町村へと次第に移譲されてきている。すなわち，制度運営の中心となる空間が国や広域自治体から住民に身近な基礎自治体へと移行しているのである。

　具体的な制度の変革を振り返ってみたい。1990（平成2）年に福祉関係八法改正が行われ，在宅福祉サービスを推進し，施設・在宅両サービスを市町村で一元的に提供できるようにする「市町村中心主義」（『平成8年版　厚生白書』）を確立することが目指された。この法改正によって，1993（平成5）年4月には，老人及び身体障害者の施設入所措置事務のうち，従来町村部の入所者は都道府県に入所措置権があったものが町村へ移管された。また，この八法改正では，老人保健福祉計画を市町村が主体となって策定することが求められた。その後，この計画の策定が積み上げられたことにより，ボトム・アップ式に国の計画であるゴールド・プランが変更され，1994（平成6）年に新ゴールド・プランが新たに策定されたことは，地方分権型の福祉行政が中央政府に対しても一定の影響力を持ったことを示す象徴的な出来事である（詳しくは本書第13章を参照のこと）。この二つの制度改革は社会福祉行政における地方分権の出発点といってもよいだろう。第7章で取り上げた1999（平成11）年7月に成立した地方分権一括法を先取りしたものとも言えよう。[6]

　社会福祉行政の主な領域ごとに市町村社会福祉部局への権限の委譲の流れを振り返ってみたい。これら一連の流れは，都道府県福祉事務所から市町村社会福祉担当部局（「福祉局・課」，「厚生局・課」など）へとそれぞれの制度の権限が委

表8-2　福祉事務所及び福祉課等の主な事務分掌

都道府県	市町村	
福祉事務所	社会福祉担当部局（福祉課）	市部福祉事務所 ※ただし，福祉課と一体化して設置されていることが多い。
・生活保護制度の実施 ・児童福祉法に関わる措置（助産施設入所，母子生活支援施設等） ・母子及び父子並びに寡婦福祉法に関わる措置 ・生活困窮者自立支援制度の実施		・生活保護制度の実施 ・児童福祉法に関わる措置（助産施設入所，母子生活支援施設等） ・母子及び父子並びに寡婦福祉法に関わる措置 ・生活困窮者自立支援制度の実施
	・老人福祉法施設入所措置／身体障害者福祉法施設入所措置等（障害児も）（1993年〜） ・知的障害者福祉法施設入所措置等（障害児も）（2003年〜）	
	・介護保険制度（2000年〜） ・障害者総合支援制度 （2013年〜　障害者自立支援制度からと考えると2006年〜） ・保育所利用制度（1997年〜） ・その他，地域福祉関連事務等	
（福祉関連領域） ・児童扶養手当 ・障害児福祉手当の支給 ・特別児童扶養手当の認定	（福祉関連領域） ・国民健康保険制度 ・児童手当の支給	（福祉関連領域） ・児童扶養手当 ・障害児福祉手当の支給

譲されたものとして総括することができる（**表8-2**）。

　高齢者福祉分野では，今確認したように，1990（平成2）年に成立した福祉関係八法改正により，1993（平成5）年4月には，老人福祉法に基づく施設入所措置事務等が都道府県福祉事務所から町村役場の社会福祉担当部局へ移譲された（市部には福祉事務所があるのでもともと管掌していた）。また，1997（平成9）年に制定された介護保険法では，多くの高齢者福祉関連サービスが市町村の介護保険担当部局へと移管された（施行は2000〔平成12〕年）。また，2005（平成17）年の介護保険法改正により市町村に地域包括支援センターが創設され，相談支援業務もこちらで多くが引き継がれている。

　障害者福祉分野でも，先ほど確認したように，1993（平成5）年4月に身体障害者の施設入所措置事務などが都道府県福祉事務所から町村社会福祉担当部局へ移管された。その後，2003（平成15）年4月には，支援費制度導入に備えた児童福祉法及び知的障害者福祉法の一部改正により，知的障害者の施設入所措置

事務などが都道府県福祉事務所から町村社会福祉担当部局へ移管された。

　2003（平成15）年の支援費制度の後を受ける2006（平成18）年施行の障害者自立支援法，その後障害者自立支援法を改称し2013（平成25）年に施行された障害者総合支援法（障害者の日常生活及び社会生活を総合的に支援するための法律）では，サービス提供主体が市町村に一元化された。この法律では，障害の種類（身体障害，知的障害，精神障害）にかかわらず，障害者の自立支援を目的とした共通の福祉サービスは共通の制度により提供されるようになった。これらの制度は基本的に市町村の社会福祉担当部局によって担われる（市部では市部福祉事務所が担う場合もある）。

　児童福祉分野では，もともと措置権が市町村であった分野が多く，1997（平成9）年に児童福祉法が改正され保育所などの入所方式が利用制度（行政との契約方式）となってからもそれは変わらない。

2-2 市町村中心主義の課題：都道府県の役割など

　福祉サービスの提供は，住民に最も身近な地方自治体が，地域ごとのニーズに照らして行うのが最も望ましいために，市町村が制度運営の主体になるのが望ましい。さらに，高齢化が進み，福祉への権利意識が確立してきた現代では，地域の土木インフラ整備や高等教育体制の確立のような広域で対応する行政事務よりも，基礎自治体が担当して社会福祉及びその関連領域の基盤整備を行うことに比重を増していく必要があるのは言うまでもない。こうした時代には，行政事務体制全体としても「市町村中心主義」へと制度を改編していく必要があるだろう。

　とはいえ，市町村中心主義にも課題がないわけではない。岡部卓は，1990（平成2）年に成立した福祉関係八法改正の際に，市町村中心主義では，規模が市よりも相対的に小さくなる町村は，「財政規模，福祉専門職の確保が可能であるか」（岡部 1994：47）疑わしいとの指摘を行っていた。また，社会福祉を社会保険化した介護保険制度の運営においても事情は同じであり，「人口200人の村から360万人の巨大都市までを一律に保険者とする公的保険は，リスク分散上限界がある」（分権型政策制度研究センター施設整備基準研究会 2007：17）と言わざるを得ない。社会福祉サービスの供給は市町村中心主義が望ましいとは言って

も，制度運営においてある程度の規模が必要になる機能も存在している。

　そのために，近年では市町村中心主義を一部修正し，都道府県の役割を見直す動きも出始めている。例えば，2015（平成27）年には国民健康保険法が改正され，2018（平成30）年からは，国民健康保険の保険者に従来の市町村だけでなく都道府県も加えられることになった。この改正により，都道府県が財政運営の責任主体となり，安定的な財政運営や効率的な事業の確保等の役割を担うことになった。[7]

　広域的地方公共団体（広域自治体）である都道府県の役割を再構築し，その位置づけを明確化する必要性を整理した議論を見ておこう。大杉覚は，市町村中心主義の帰結として唱えられる「府県空洞化論」に反論し，新しく府県に求められる役割を提起している（大杉 2003：169-170）。[8]まずは，1）基礎的自治体へのサポート機能である。基礎体力に欠ける町村は，自主的に制度を運営するとしても，現実的には府県の支援のもとでないと事務の運営ができないのが現実である。さらには，ここに広域調整機能も加えてよいだろう。次に，2）コスト負担回避の状況を補う機能である。市町村中心主義では，市町村によっては社会福祉政策へのコスト負担を回避する自治体が出てくる懸念がある。その場合，一定水準を維持するために府県による支援・補完機能が求められる。さらに，3）政策競争の結果自治体間格差が開く懸念があるため，その補完機能が必要となる。サービスの先取りを行っていく，いわゆる先進自治体なら問題ないだろう。しかし，そうした自治体へのキャッチアップ要請への対応が困難な市町村やそもそも基礎的な水準のサービスすら提供できない市町村へは府県が基礎的自治体の機能を一部代替する必要が生まれる。

　こうした府県の役割は，ある程度広域な地方自治体だからこそ果たすことのできるものである。市町村中心主義だからといって，（都道）府県の役割が消滅してしまう訳ではない。求められるのは，曖昧化してしまった広域的地方公共団体（広域自治体）の役割を再検討し明確化することである。もちろん，広域的な機能に特化するのであれば，現在の都道府県の姿でその役割が担えるのかどうかに関してさらに検討が必要となる。さらに広域化して，いわゆる「道州制」の導入などが視野に入ってくるだろう。

　なにも広域的な機能を担うのは府県だけには限らない。一部の事務のみを周

辺市町村と統合する一部事業組合や広域連合といった制度もある。実際，介護保険制度においてはこうした広域制度が利用されることが多かった（今村〔2003〕など）。

　とはいえ，事業を安定化させるには，一部事業組合や広域連合では対応が難しい場合も多い。社会福祉や医療の施設・拠点整備への費用の拠出には，社会福祉をこえた行政全体の調整を必要とする高度な行政的決断が求められる場合もあるからである。そうした決断ができなければ，「利用者からの給付請求に応え，『保険あってサービスなし』の事態を招来」（佐々木 2001：65-66）しかねない。そのため，今後は市町村合併を行って，基礎的自治体である市町村の基礎体力を引き上げる行政手法も求められるかもしれない。

　明治維新後の日本では3度大きな市町村合併が行われたと言われている。3度目が，1999（平成11）年より始まった平成の大合併（市町村合併）である。佐々木信夫によれば，人口15万人から30万人の人口規模（最低でも10万人）になる必要があるという。この数値は，地方自治体が政策形成能力を高めていくために職員が部門を兼務せずにできるだけ単一部門に携われる体制を築くために必要である（佐々木 2002：51-54）。

　社会福祉行政空間は，従来型の中央集権型システムからその様相を変え，真に地方分権型システムに適合的なものへと変容していく途上にあるといえよう。その新たな姿のために，基礎的自治体である市町村をとりまく広域自治体はどのような姿になるのだろうか。現在の都道府県がよいのだろうか，それとも新たな道州制がよいだろうかといったことが論点となるだろう。

(For Study)

1 ）　社会福祉サービスは社会保険で提供されるべきだろうか，それとも公費（税財源）で提供されるべきだろうか。特に地域の社会福祉行政の観点を重視して考えてみよう。

2 ）　社会福祉行政の中心的な機関である福祉事務所と市役所・町村役場の社会福祉担当部局とはどのような違いがあり，どのような関係にあるだろうか。本文の記述をもとに整理してみよう。

3 ）　社会福祉行政を運営するには，市町村のすべてで同じようにサービスを提供す

るようにすべきだろうか，それともそれぞれの市町村で必要なもののみを選択するべきだろうか。ナショナル・ミニマムの視点と地方分権の視点の両面から考えてみよう。

注
（1）　もちろん，ベヴァレッジ報告の社会保険は所得保障に限定したものであり，医療保障は保健サービスとして別建てであり，その後整備されることになった日本の社会福祉領域に相当するパーソナル・ソーシャル・サービスもまた別建てであった。日本の社会保障制度において医療保険は現物給付であるが，給付の認定に際して保険者は診療報酬点数や薬価基準に従って治療が正当なものかどうかを審査するだけであり，実質的には現金給付・所得保障と変わらない。税方式で運営されるイギリスと違って，医療の給付も社会保険によって行われるが，所得保障制度として構築されているといってよいだろう。また，既述の通り，パーソナル・ソーシャル・サービスは，社会福祉領域として社会保障体系のなかで独自の位置づけを獲得している。このように，イギリスの制度との違いはあれ，基本的な構造は共有されていると考えてよいだろう。
（2）　もともとは応益負担として原則的にサービスに係る費用の1割を一部自己負担する制度が導入されていたが，2010（平成22）年に障害者自立支援法が改正され，2012（平成24）年4月からは負担能力に応じた負担へと変更された（応能負担化）。
（3）　財団法人日本公衆衛生協会の調査によれば，2010（平成22）年1月の段階で，全国の保健所のうち単独で設置されているものは，38.1％（168か所）である。残りの61.9％は何らかの機関と統合されており，福祉事務所や児童相談所等の何らかの社会福祉部局とだけ統合されているものだけでも33.3％（147か所）にのぼる（財団法人日本公衆衛生協会 2010：36-37）。
（4）　さらに，社会福祉サービスは消費財となるべきであるとまで踏み込む論者も存在している。例えば，八代尚宏は，介護サービスを取り上げ，「政府が画一的な給付を提供する公的福祉の形態から，介護サービスを個人の選択範囲の広い『消費』として位置付けることである」（八代 2000：177）と述べている。公共性の高い社会保障制度の一分野を消費と捉えるのには違和感もあるが，本書の第2章で取り上げた「準市場論」（quasi-market）に基づく社会福祉サービス提供体制の確立に対する言葉を換えた表現であると考えれば，一面の真理ではあるだろう。
（5）　森詩恵によれば，高齢者福祉において「必要なのはソーシャルワークの視点から提供される介護サービスであり，それは個人差を考慮しながら日常生活全体を把握し，実際の介護サービスはもとより，関連する医療・保健等サービス，そして，利用者の生活歴や精神状態，所得状況，また家族や周りをとりまく人々との関係なども含めた利用者の生活全般を総合的に支援することが必要である」（森 2008：95）。
（6）　第7章でも述べたように，地方分権一括法では機関委任事務が廃止され，法定受託事務と自治事務に再編された。生活保護法に関わる事務等国家責任が明言されているものを除いて，社会福祉行政に関わる権限の多くは自治事務へと整理され，市町村が制度の実施に主体的に取り組むことが可能となった。社会福祉行政の市町村中心主義と軌を一にするものである。
（7）　市町村は，地域住民と身近な関係を保ち，資格管理，保険給付，保険料率の決定，賦

　　　課・徴収，保健事業等，地域におけるきめ細かい事業を引き続き担う。
（8）　大杉は，とりわけ基礎的地方自治体と特殊な関係下にある都と道を除いた府県の役割
　　　に注目して議論している。
（9）　特に介護保険制度に注目してこうした状況について詳述したものとして（杉浦 2018）
　　　がある。
（10）　こうしたスケールメリットを確立するために，合併特例債の発行が許可されるなどの
　　　インセンティブのあった旧合併特例法が2005（平成17）年に改正されるまでに多くの市
　　　町村合併が行われた。昭和の合併で3,300ほどとなった市町村は，平成の合併では1,700
　　　強となった（平成30年10月現在で1,718）。

参考文献

相澤與一，1996，『社会保障の保険主義化と「公的介護保険」』あけび書房

植田美佐恵，2001，「社会福祉と社会保険——介護保険制度を素材に」『久留米大学文学部紀
　　要（社会福祉学科）』（第1・2号）：65-74

大杉覚，2003，「都道府県・市町村関係の変容——ルール・競争・選択」武智秀之編著『福
　　祉国家のガヴァナンス』ミネルヴァ書房：145-175

岡部卓，1994，「これからの福祉事務所——福祉事務所『改革』の動向と今度の展開」『社会
　　福祉研究』第59号：39-47

高齢者介護・自立支援システム研究会，1995，『新たな高齢者介護システムの構築を目指し
　　て』ぎょうせい

財団法人日本公衆衛生協会，2010，『保健所の有する機能，健康課題に対する役割に関する
　　研究報告書』

佐々木信夫，2001，『大都市副詞行政の展開——21世紀地方自治体のあり方』中央法規
　　———，2002，『市町村合併』ちくま新書354

佐橋克彦，2008，「『準市場』の介護・障害者福祉サービスへの適用」『季刊・社会保障研究』
　　No.44 No.1：30-40

杉浦真一郎，2018，『介護行財政の地理学——ポスト成長社会における市町村連携の可能
　　性』明石書店

武川正吾，1999，『社会政策のなかの現代——福祉国家と福祉社会』東京大学出版会

分権型政策制度研究センター施設整備基準研究会，2007，「地方分権と施設整備基準のあり
　　かた」（http://www18.ocn.ne.jp/~rcd/images/rcdreport03_shisetsu.pdf）2011年8月30日
　　閲覧

三浦文夫，1996，「社会保障体制と社会福祉」『季刊・社会保障研究』No.31 No.4：337-352

三菱総合研究所，2010，「地域包括支援センターにおける業務実態に関する調査研究事業」
　　（http://www.mri.co.jp/SERVICE/project/chuou/rouken/h22_07.pdf）2011年8月30日閲覧

森詩恵，2008，『現代日本の介護保険改革』法律文化社

八代尚宏，2000，「公的介護保険と社会福祉事業改革の課題」『季刊・社会保障研究』No.36
　　No.2：176-186

吉田明弘，1998，「社会福祉理念の変更と介護保険制度」『川崎医療福祉学会誌』Vol.8 No.2：279-288

Baldwin, M., 2000, *Care Management and Community* Care, Ashgate

第**9**章

福祉行政の各セクター
——福祉部局と福祉事務所・各種相談所——

　前章で社会福祉行政のおかれた制度的環境や内部的な機構の変化の概要について考えた。この章からは，個別具体的な社会福祉行政制度について考察していく。まずは，社会福祉行政の直接的な担い手となる福祉事務所や各種相談所といった「行政型供給組織」を取り上げる。

　措置制度が大きな比重を占めた従来の社会福祉供給システムにおいては，福祉事務所や各種相談所は地域の福祉の中心であった。措置制度から利用契約制度中心の姿へと社会福祉供給システムが移り変わっても，その重要性には変わりがない。この章では，こうした福祉事務所や各種相談所の仕組みを解説し，その問題点を検討することによって，今日におけるこれらの機関の状況や将来の展望を明らかにしたい。

1　福祉事務所の業務

1-1　福祉事務所とはどのような機関か

　福祉事務所とは，社会福祉法に「福祉に関する事務所」として規定された行政機関である（社会福祉法14条から17条）。地域の福祉に関する窓口としての存在であり，主に福祉六法に関係する措置の事務（貨幣やサービスの給付事務）を行っている。近年は，その業務は拡大し，単なる措置の事務にとどまらず，相談に訪れる要援護者が地域社会の中で自立した生活が営めるように，相談援助技術（ソーシャルワーク）を用いながら社会生活へ統合する支援を行うことまでがその仕事に求められるようになった。

　もともと福祉事務所は，生活保護法を円滑に実施しようと専門職である社会福祉主事を配置するために設置された機関である。この社会福祉主事設置の経緯については第6章で説明している。戦前の救護法体制下の制度思想を抜けられず，1946（昭和21）年に制定された旧生活保護法では，住民のなかから選任さ

表9-1　所員の定数（社会福祉法第16条）

都道府県	生活保護法の適用を受ける被保護世帯（以下「被保護世帯」）の数が390以下であるときは，6とし，被保護世帯の数が65を増すごとに，これに1を加えた数
市（特別区を含む）	被保護世帯の数が240以下であるときは，3とし，被保護世帯数が80を増すごとに，これに1を加えた数
町　村	被保護世帯の数が160以下であるときは，2とし，被保護世帯数が80を増すごとに，これに1を加えた数

五法担当現業員にかかる措置（昭和53年4月1日）（社庶第42号）

五法担当現業員については，昭和43年度から同45年度までに，地方交付税の基準財政需要額算定上の単位費用積算基礎として，標準の地方公共団体における一福祉事務所当たり6名が措置され，これに伴い，「福祉事務所における福祉五法の実施体制の整備について（昭和45年4月9日付社庶第74号厚生省社会局長，児童家庭局長通知）」（以下「両局長通知」という。）により所要の体制整備方を指示されたところであるが，その後の行政需要に対応し，昭和50，51両年度さらに増員が図られ，標準団体の市部福祉事務所8名，郡部一福祉事務所当たり7名となつていること。

れる民生委員が補助機関として末端事務を担っていた。こうした問題の解決を一つの目的として，当時の社会保障制度審議会が勧告し（1949〔昭和24〕年生活保護制度の改善強化に関する勧告），1950（昭和25）年に現行の生活保護法が制定された。このなかで民生委員は協力機関とされ，執行機関である知事もしくは市町村長の事務を処理する補助機関には専門職員である社会福祉主事が充てられることになった。この社会福祉主事は，1950（昭和25）年に「社会福祉主事の設置に関する法律」（昭和25年法律第182号）により制度化された新しい職種だった。

　こうして生まれた社会福祉主事が勤務する事務所として，1951（昭和26）年制定の社会福祉事業法（現在の社会福祉法）に「福祉に関する事務所」の規定が設けられる。同時に社会福祉主事の身分も社会福祉事業法に規定されたので，先の社会福祉主事の設置に関する法律は廃止された。

　こうした経緯によって創設された福祉事務所であるので，福祉六法（もしくは三法）を所管する事務所であるのに，そのうちの一つにすぎない生活保護法に法律上の設置形態が規定されている。例えば，社会福祉法（旧社会福祉事業法）では，所員の数は表9-1のように生活保護の適用を受ける被保護世帯の数によって決められると表記されている（平野 2007：78）。とはいえ，もともとの機能である生活保護法の事務に他法による事務が付け加わったのだから，これでは適切な機関運営ができない。そのため，後に行政指導上の「通知」によって

表9-2　福祉事務所の所管事務

都道府県福祉事務所 （郡部福祉事務所）	福祉三法	生活保護法，児童福祉法，母子及び父子並びに寡婦福祉法
市町村（特別区も含む） 福祉事務所	福祉六法	生活保護法，児童福祉法，母子及び父子並びに寡婦福祉法，老人福祉法，身体障害者福祉法，知的障害者福祉法

新たな規定が加えられることになった。1978 (昭和53) 年4月1日の「社庶第42号」通知である (京極 1988：415)。この通知によると，標準団体の市部福祉事務所は8名，郡部福祉事務所は7名が五法担当者として配置され，さらに管内人口に応じて増員されることになった。しかしながら，これは法律による規定ではないため社会福祉法の規定とは矛盾しており，行政外部には説明が難しいという意見もあった (京極 1988：411)。

　なお，1999 (平成11) 年の地方分権一括法により社会福祉法 (当時は社会福祉事業法) の規定も改正され，こうした現業員の数は拘束力の強い「法定数」から弾力性のある「標準数」に見直された。この改正により，福祉事務所を設置する地方自治体ごとに条例でその数を決めることができるようになったため，先の法律と通知の矛盾は曖昧なまま解消されずに，全体の制度が変わってしまった。

1-2　福祉事務所の組織

　次に，福祉事務所の組織形態について見てみたい。社会福祉法によれば，都道府県及び市 (特別区を含む。以下同じ) は，条例で福祉に関する事務所 (福祉事務所) を設置しなければならないことになっている (社会福祉法14条)。また，町村は福祉事務所を任意に設置することができる (14条3項)。これは，町村が連合して設置する一部事業組合または広域連合でもよい (14条4項)。

　市部福祉事務所 (町村が設置していれば町村部福祉事務所) は，その市の区域を所管地域として業務を引き受けるので，福祉六法すべてを所管 (14条6項) する。一方で，都道府県福祉事務所は，福祉事務所を設置していない町村の業務を引き受けるためのものである。そのため，郡部福祉事務所とも呼ばれる。町村が直接所管していない事務のみを行うので，福祉三法のみの所管である (表9-2)。

　もともとは，市部も郡部も福祉事務所の所管は同じであった。しかし，1990

表9-3　保護施設

施設種別	役　　割
救護施設	身体上・精神上の著しい障害のために日常生活を営むことに困難がある要保護者を入所させ生活扶助を行う。
更生施設	養護及び生活指導が必要な要保護者を入所させ生活扶助を行う。
医療保護施設	要保護者に医療を給付する機関であるが，医療保険制度・指定医療機関の充実などで重要性は弱まる。
授産施設	就労や技能習得のための機会及び便宜を与えて自立を助長する。
宿所提供施設	住居のない要保護者に住宅扶助を行う。

・公的機関や社会福祉法人が行わなければならない第一種社会福祉事業（医療保護施設は第二種社会福祉事業）であり，都道府県知事が指揮監督機関となっている。生活保護法38条に規定されている。
・この保護施設とは別に社会福祉法2条3項八号に規定されるいわゆる無料定額宿泊所（生計困難者のために，無料または低額な料金で，簡易住宅を貸し付け，または宿泊所その他の施設を利用させる事業）がある。生活保護の被保護者を入居させるものであることが多く，民間の事業者が届出をすることとで開設できる。誠実な事業者も多いなかで，弱者を搾取するいわゆる貧困ビジネスとの繋がりが疑われる事業者が存在することが問題となっている。

（平成2）年に成立した福祉関係八法改正により，1993（平成5）年4月には老人及び身体障害者の施設入所措置事務等が町村へ移譲された。また，2003（平成15）年4月には支援費制度導入に備えた児童福祉法及び知的障害者福祉法の一部改正により，知的障害者福祉などに関する事務の一部が市町村に移された。そのため，都道府県福祉事務所は福祉三法のみを所管することになったのである。

1-3 福祉事務所の業務①：生活保護法等

　では，福祉事務所の業務とはどのようなものであろうか。それぞれの福祉関係法ごとに簡単に見ていきたい。

　第一に，**生活保護法**に関連する事務である。すなわち，①生活保護申請に対し必要な調査を行い決定（開始・却下）し，②保護世帯への経済給付と自立への様々な援助を行うことである。また，保護施設での宿泊提供等の斡旋も行う（表9-3）。近年では，自立支援プログラムの作成なども始めている。これは，ソーシャルワーク的な手法をはじめとした被保護者に対する様々な自立支援策を体系化したものである。従来は福祉事務所内で経験則として蓄積されてきたものを明文化する意図を持つ。

　また，生活保護法ではないが，隣接領域として生活困窮者自立支援法（平成25年10月成立，平成27年4月施行）に関わる事務も福祉事務所が担当することが多い。⁽³⁾

1-4　福祉事務所の業務②：母子及び父子並びに寡婦福祉法，児童福祉法等

　第二に，母子及び父子並びに寡婦福祉法や児童福祉法に関連する事務である。

　一つ目は，母子家庭等への支援に関連する事務である。母子及び父子並びに寡婦福祉法9条により，福祉事務所の事務として母子家庭等の実情把握・相談及び調査指導を行うことになっている。また，同法8条では母子・父子自立支援員（2002〔平成14〕年の法改正で従来の母子相談員を母子自立支援員に改称しそれを再改称したもの）を福祉事務所等に配置することになっている。他にも，都道府県の行う事業である，13条に規定される母子福祉資金貸付，31条に規定される母子家庭自立支援給付金事業（法では「できる」という記述なので都道府県ごとに任意で行う事業）⁽⁴⁾の業務も福祉事務所で行っている。2005（平成17）年度からは，母子自立支援プログラム策定事業も行っている。

　児童福祉法に規定される助産施設（22条）や母子生活支援施設（旧母子寮。児童福祉法の規定により18歳未満の子を養育している母子家庭などが対象）（23条）⁽⁵⁾への保護（措置）の事務も行われる。かつてはいわゆる措置制度のなかにあったが，2000（平成12）年の児童福祉法改正からは，これらは利用者が公法上の契約により希望する施設を選択する利用契約制度に移行した。

　また，家庭児童の福祉に関する相談や指導業務の充実強化を図るため家庭児童相談室が設置されることがある（「家庭児童相談室の設置運営について」〔昭和39年4月22日　児発第360号〕）。2004（平成16）年の児童福祉法改正により，児童家庭相談に応じることが市町村の業務として法律上明確にされた（児童福祉法10条1項三号）。これによって，児童相談所（後述）は専門性の高い困難なケースへの対応や市町村の後方支援に重点化されることとなった。そのため，市の設置する福祉事務所の家庭児童相談室は，市における児童家庭相談体制の一翼を担うこととなった（市町村児童家庭相談援助指針について〔平成17年2月14日　雇児発第0214002号〕）。

　さらに，基本的には都道府県設置の婦人相談所（売春防止法34条）での業務で

あるが，婦人相談員が市区の福祉事務所に配属される場合もある。

　二つ目は，児童に関連する各種手当の事務である。児童扶養手当（児童扶養手当法），障害児福祉手当（特別児童扶養手当等の支給に関する法律）に関連する事務を行う。

1-5　福祉事務所の業務③：障害者福祉関連法等

　第三に，**身体障害者福祉法，知的障害者福祉法**に関連する事務である。この事務は，市部福祉事務所（設置している場合は町村部福祉事務所も）のみが管掌する事務である。もちろん，郡部福祉事務所も二法に関する広域連絡調整などは行っている。

　市町村福祉事務所は身体障害者・知的障害者の発見・相談・指導及び必要な情報提供などを行う（身体障害者福祉法9条の2，知的障害者福祉法10条1項）。また，それぞれの専門家である身体障害者福祉司・知的障害者福祉司を置くこともできる（身体障害者福祉法11条の2第2項，知的障害者福祉法13条2項）。

　2005（平成17）年制定の障害者自立支援法（現障害者総合支援法）では，サービス提供主体が市町村に一元化され，障害の種類（身体障害，知的障害，精神障害）にかかわらず，障害者の自立支援を目的とした共通の福祉サービスは共通の制度により提供される。よって，県が運営する郡部福祉事務所では広域連絡調整などを除いて，障害者に関連する事務を扱うことがなくなった。ただし，市部福祉事務所では市の事務として自立支援法（総合支援法）における障害支援区分の認定調査（80項目）と自治体ごとに決められた支給決定基準に応じてサービス給付量と自己負担上限額の決定を行うことがある。

1-6　福祉事務所の業務④：老人福祉法等

　第四に，**老人福祉法**に関連する事務である。この事務も市部福祉事務所（設置している場合は町村部福祉事務所も）のみが管掌する事務である。もちろん，郡部福祉事務所も広域連絡調整などは行っている。1993（平成5）年4月の福祉関係八法改正により老人福祉法に基づく施設入所措置事務等が町村へ移管され，1997（平成9）年の介護保険法制定では多くの高齢者福祉関連サービスが市町村の介護保険担当部局の担当へと移管された。よって，老人福祉法にもとづく福

表9-4 老人福祉法に規定される措置事務

老人福祉法	10条の4	11条1項	
		一号	二号
措置の事由	やむをえない事由	環境上の理由及び経済的理由	やむを得ない事由
措置の種類	在宅サービス(訪問介護など)	養護老人ホーム	特別養護老人ホーム
対象者の状態(原則的な)	要支援・要介護認定者	自立(要支援)	要介護認定者

(出所) 結城・嘉山(2008：76)。

祉事務所の担当事務は決して多くはない。しかしながら，**表9-4**のような措置事務は残っている。これは，認知症などにより判断力が低下した相談者などへ差し迫った入所措置などが必要な場合など，介護保険法に規定する在宅・施設サービスを利用することが著しく困難であると認められるときには，行政裁量による緊急の措置が必要であると想定してのものである。

1-7 福祉事務所の職員と設置形態

福祉事務所にはどのような人員が配置されるのだろうか。社会福祉法に規定されるのは所長（査察指導員を兼ねることができる），指導監督を行う所員（査察指導員・スーパーバイザー），現業を行う所員（ケースワーカー），事務を行う所員である。このうち，社会福祉主事の資格が必要なのは指導監督を行う所員と現業を行う所員であるが，所長が指導監督を行う所員を兼ねる場合は社会福祉主事である必要がある。より詳しくは，第6章で説明している。

福祉事務所に配置されている所員は兼任するものもある。以前から，所長には専任規定が緩和されていたので（社会福祉事業法附則9 昭和26年）（平野 2007：83），福祉事務所長を市町村の社会福祉関連部局の長（福祉部長・福祉課長）が兼任している場合も多い。この場合，福祉事務所と市役所の担当部局が融合した設置形態となるので，福祉六法以外の社会福祉サービス・社会保険関連事務も一手に担うことが多くなる。そのため，こうした形態を「大事務所制」という。一方で，福祉事務所が独立している通常の形態は「小事務所制」という（図9-1）。さらに，1999（平成11）年の地方分権一括法では，査察指導員（指導監督を行う所員）の専任規定も緩和されたため，所長が兼ねることが可能となった。

図9-1　大事務所制と小事務所制

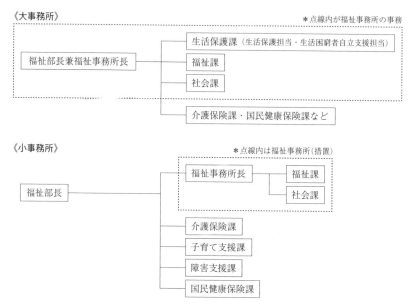

《大事務所》　　　　　　　　　　　　　　　　　　　　＊点線内が福祉事務所の事務

福祉部長兼福祉事務所長

生活保護課（生活保護担当・生活困窮者自立支援担当）
福祉課
社会課

介護保険課・国民健康保険課など

《小事務所》　　　　　　　　　　　　　　　　　　　　＊点線内は福祉事務所（措置）

福祉部長

福祉事務所長　　福祉課
　　　　　　　　社会課

介護保険課
子育て支援課
障害支援課
国民健康保険課

（出所）　宇山・船水（2011：100）を参考に著者作成。

　「大事務所制」を取る福祉事務所は，市役所（福祉事務所設置自治体では町村役場も）の福祉担当部局（福祉局・厚生局など）のなかに福祉事務所が組み込まれている。そのため，福祉事務所を生活保護課や地域福祉課等の名称にして，名も実も完全に福祉担当部局の一部として福祉事務所が運営されている形態も多い。

2　福祉事務所及び関連機関の抱える課題

　前節では福祉事務所の業務について解説した。主要な行政型供給組織として地域の社会福祉活動の中核としての役割を果たす福祉事務所であるが，多くの問題点を抱えるとも指摘されている。本節では，指摘されている問題点のうちいくつかを取り上げ検討することで，今後の福祉事務所の在り方についての展望を示したい。

2-1 福祉事務所所員の専門性確保の困難

福祉事務所は，成立の経緯において述べたように，生活保護制度における給付業務を円滑に行うために設立された。そのため，要援護者・被保護者を地域へと統合する自立支援を行うソーシャルワーカーとしての職能が必ずしも要求されてきた訳ではなかった。

また，福祉事務所の所員は地方自治体の一部局員であるため，都道府県庁や市役所などの業務体制のなかでの人事異動の一環としてその職務に就くことが通例であった。三和治が言うように，福祉事務所の「業務を担当するのは地方公務員である社会福祉主事である（…略…）。むしろ，（…略…）社会福祉主事である以前に地方公務員である」（三和 1999：83）[6]。そのため，まったく異分野の役所事務を行っていた職員が，辞令とともに突然福祉事務所の現業第一線に立つという状況も決して珍しくはないのである。

また，地方公務員の人事ローテーションは非常に頻繁で，福祉事務所へは「一般職員の異動の中で希望の有無さえ問われずに配属され，そういう職員の平均経験年数も二〜三年というのが実態である」（柴田 1999：3）との指摘すらある。

これでは，社会福祉主事資格を取得しているとしても専門性は育ちようがないだろう。また，第6章で指摘したように社会福祉主事資格は取得するための要件が非常に緩やかであるのに，その資格を持った所員の数ですら十分ではない。生活保護担当の査察指導員では82.7％，現業員が82.0％である。さらに，福祉事務所全体では査察指導員72.8％，現業員71.7％でしかない（平成28年福祉事務所人員体制調査）[7]。前回調査よりは改善したとはいえ，資格を持たない所員が査察指導員として専門的なスーパーバイズを行うという状況が完全に解消した訳ではない。

このような専門性を確立しない体制のもとで運営される福祉事務所は，地域社会の期待とは大きくかけ離れた実態を持つ組織となってしまっているのかもしれない。そのため，近年様々な改革が行われるようになってきた。第一に，現業員の経験を蓄積しソーシャルワークの手法を活用するためのプログラムを明文化する自立支援プログラムの作成事業が，2005（平成17）年度から始まっている。これは，社会保障審議会福祉部会内に設置された「生活保護制度の在り

方に関する専門委員会」の最終報告書（2004〔平成16〕年12月）が提言したものである。金銭の支給やサービスの措置の業務を超え，要援護者・被保護者を地域へと統合する自立支援を明確に福祉事務所の業務として位置づけていこうと発想が転換されつつある。

　第二に，一般職員である行政職ではなく，福祉事務所をはじめとした福祉担当部局で主に勤務する福祉職を別枠で採用する地方自治体が増えてきたことである。依然として募集要項では社会福祉主事を採用すると記載されるが，社会福祉士の有資格者を優先して採用する動きもあるようである。先の「平成28年福祉事務所人員体制調査（2016年）」では，社会福祉士有資格率は査察指導員の7.5%（生活保護担当は8.7%），現業員の13.1%（生活保護担当13.5%）と決して多くない。とはいえ，2009（平成21）年の段階のそれぞれ3.2%（生活保護担当は3.1%），4.9%（生活保護担当は4.6%）と比べるとかなり増えている。もちろん，社会福祉の行政型供給組織の第一線に位置する機関としては，これは十分な数とは言えない。いっそう専門職を充実させることが望まれる。[8]

　しかしながら，社会福祉学の理論において，この専門性については議論のあるところでもある。ここでは，福祉事務所に勤務する社会福祉主事がケースワーカーとして専門性を持つべきか否かを論点に争われた，有名な「仲村・岸論争」を振り返ってみたい。仲村優一が1956（昭和31）年11月に『日本社会事業短期大学研究紀要』（第4集）に発表した論文「公的扶助とケースワーク」を岸勇が批判したことから，この論争は始まった。岸の批判は，1957（昭和32）年に『日本福祉大学研究紀要』（第1号）に掲載された論文「公的扶助とケースワーク——仲村氏の所論に対して」から始まっている。

　仲村論文では，公的扶助においてケースワークの重要性を再認識するよう提起された。ただし，ここでのケースワークは当時の限られた保護でも対象者の利益となるよう活用するにはどうしたらよいかと対象者とともに検討するという内容のものである。よって，その目標は「上下関係になりやすい公的扶助的対人関係を，心理的に平等な専門的対人関係の域にまで向上させること」（仲村2002：191）がその目的となる。また，ケースワークを誤解して，最低生活保障のための金銭・現物給付を自立助長のための手段のように考える傾向に歯止めをかけるのも仲村論文の目的であった。公的扶助・生活保護は，最低生活保障

それ自体が独立した目的であることは仲村論文にあっても否定されていない。これは，現代的なソーシャルワークの視点にも通ずる見解であるといえよう。

　これに対して，先にあげた岸論文とそれに続く諸論では，福祉事務所が公的扶助の実施に際してケースワークを行うのであれば，それは最低生活保障の理念を歪めるものであると批判を展開した。ケースワークは不可避的に「人権を侵害する」（岸 2001：130）との強い批判である。福祉サービスのなかでも公的扶助・生活保護は，とりわけ保護の要否の決定において福祉事務所の社会福祉主事と申請者の間に権力的関係を作り上げる傾向がある。公的扶助を適用する際には資産調査が行われるが，ここにケースワークを導入すれば，「保護の制限と引きしめのために」（岸 2001：138）利用されかねない。仲村のように，ケースワークを民主主義的な体裁のものとすれば，なおさら有効に悪用されてしまう危険性は拭えないことになる。ケースワークは，「公的扶助の課題である貧困の問題をさえも基本的にパーソナリティ等々個人的な問題に帰し，社会を個人に対してでなく個人を社会に対して適応させることによって問題の解決をはかろうとする」（岸 2001：129）ため，社会や制度の改善運動を後退させる。資産調査や保護基準の批判など，生活保護制度の経済的保障機能を改善・充実させるためには，社会福祉主事の専門性なる自立支援を行うソーシャルワーカーとしての職能を確立することは障壁となってしまうとの懸念は残るのである。

　仲村と岸の双方の主張の決着がついた訳ではないが，専門性の確立が未発達であるのは，単なる制度上の不備の問題という訳ではなく，原理的な争点が未解決なままに残った故であるという側面があることも確認しておく必要はあるだろう。

2-2　福祉事務所所員のモラル維持の困難

　福祉事務所はとりわけモラルの維持に多大な努力を払わねばならない職場であることもよく知られている。そのことを端的に示す事例として「福祉川柳事件」を取り上げたい。福祉川柳事件とは，1993（平成5）年に福祉事務所所員の業界専門誌が，雑誌に投稿のあった生活保護受給者を侮蔑する内容の川柳を掲載した事件である。この投稿には人気投票まで行われ，その1位は「訪問日　ケース元気で　留守がいい」，2位は「金がない　それがどうした　ここくん

な」といった，被保護者の尊厳を辱める，見るに堪えないものとなっていた。⁽¹⁰⁾

こうしたモラルの低下には，いくつかの理由が考えられる。一つ目は，先の節で説明した福祉の現場としての専門性の確保が十分ではないということである。繰り返しになるが，地方自治体の一般的な事務と同じく地方公務員の人事ローテーションに組み込まれた職場である。「専門職制も確立しておらず，三年から五年ぐらいのサイクルで職員の配置転換がされているなかで」(杉村1997：260)は，ケースワーカーに求められる専門性として「他者の意見に真摯に耳を傾け，たえず自己の実践に関して内省する態度」(杉村1997：261)は獲得されない。すると，職場にモラルの欠如した状況が生まれる危険性があるとしても否定できるものではない。

もう一つには，国の政策に遠因がある可能性も指摘できるだろう。いわゆる「適正化」政策が現場をしらけさせてきたという指摘もある。福祉受給を適正化する指導・通知は戦後何度か繰り返されてきた。例えば，1981 (昭和56) 年11月17日の「社保第123号通知」によって始まったとされる厚生省 (当時) の「適正化」政策は，生活保護の給付を適正なものにするという名のもとに実質的な締め付けを行うものであった。そのために，暴力団が生活保護を悪用しているとのニュースを殊更に強調することによって，受給者が不正を働く存在であるとの印象操作が行われたとも言われている。こうした印象は，現場の職員にも影響し，受給者を惰民と考えるような意識が涵養されることにもなった (藤城1997：268-269)。結果として起きたのが，軽率な福祉川柳事件だという側面がある。

様々な矛盾を抱えた行政体制がこうした出来事に凝縮している。現場の努力を促すとともに，運営体制自体の変革が求められる。

2-3 福祉事務所の所員不足・非正規公務員の増加

最後にあげる問題点は，より根本的なものである。そもそも福祉事務所においては慢性的に人員が不足しており，必要な数が充足されていないという問題がある。平成28年度福祉事務所人員体制調査 (2016年) では，生活保護担当現業員の配置標準数に対する配置状況は90.4％となっていると報告している。地方分権改革により，福祉事務所の定員は法定数ではなく標準数と改められた。と

はいえ，その数を満たさないということは行政事務を運営するにあたって不備がないとは言えない。

　『平成17年版　厚生労働白書』では，「現業員の充足率（現業員数／標準数）を都道府県別に見ると，最も高い地域（184.4％）と最も低い地域（68.4％）で2.7倍の大きな差がある。現業員の充足率と保護率の関係を見ると，充足率が100％を上回る都道府県（32地域）の保護率は8.3‰。100％を下回る都道府県（15地域）の保護率は12.8‰で1.5倍の差があり，現業員の充足率が高い地域では保護率が低く，充足率が低い地域では保護率が高くなるという一定の相関関係が見られる[11]」。このように，所員の不足は生活保護事務の実施に支障をきたしている可能性があり，早急な解決が求められている。

　第6章で社会福祉行政の専門職について説明した箇所で取り上げた「会計年度任用職員」制度等を利用して，非正規雇用の行政職員を雇用することで人員不足に対応する状況が福祉事務所では常態化している。そのため，新たに労働問題を生みだしてしまったという指摘もある。いわゆる「官製ワーキングプア」とも呼ばれる問題である。生活に困窮した要保護者やその他の支援対象者に，雇用が必ずしも安定しているとは言えない非正規雇用公務員（臨時・非常勤職員）が担当するのは矛盾がないとは言えないだろう。

　行政需要の増大に対して財政が手当てされていないため人員不足を非正規雇用の職員で補っている。総務省の実施した「地方公務員の臨時・非常勤職員に関する実態調査」（2016〔平成28〕年4月1日現在）によれば，非常勤公務員の数は約64万人（643,131人）いる。「平成28年地方公共団体定員管理調査結果」によれば，臨時職員等を含む地方公務員数は平成28年度において約274万人（2,737,262人）であったので（平成28年4月1日現在）[12]，全体の約19％を占めることになる。

　上林陽治によれば，近年臨時・非常勤職員公務員が増加したパターンには三つがあるという。すなわち，代替型，補充型，新規需要型である。代替型とは，正規公務員から臨時・非常勤職員公務員へと置き換えられたものである。補充型とは，拡大する公共サービス需要に正規公務員だけでは対応できず臨時・非常勤職員公務員をもって補充されたものである。新規需要型とは，新たな公共サービス需要に対し正規公務員を配置するのではなく最初から臨時・非常勤職員公務員を採用して配置するものである（上林 2015：41-46）。

このうち，社会福祉行政における職員の臨時・非常勤職員公務員増加に特に関連するのは，補充型と新規需要型である。社会の貧困化と格差拡大の結果として生活保護の被保護者が増大した。そのため，担当者となる現業員の需要が急増している。本来は社会福祉法に示された標準にあわせて福祉事務所設置市町村では80人の被保護者に対し1人の正規職員を増員すべきところだろう。しかし，その増員が間に合わず，まずは生活保護の決定・廃止に関与しないとされる面接相談（相談支援）を臨時・非常勤職員に担当させることが増えた（上林2020：31）。このように，需要に追い付かない職員体制を整備するために，職員の増員を臨時・非常勤職員公務員による「補充」で対応することが自治体で常態化している。同じ状況は，公立保育所における保育士にも見受けられる（小尾2019）。

また，福祉事務所で雇用している各種専門相談職（第6章を参照）は，臨時・非常勤職員公務員が充てられることが多く，これは「新規需要」に対応するものだと言える。

社会福祉行政においては，「相談支援業務（事務）の主流化」へと体制が移行しつつある状況にある（詳しくは第14章にて取り上げる）。相談支援業務は従来の金銭給付事務とは異なる社会福祉行政特有の専門性が必要とされる業務である。従来の業務につけ加わるように必要になる業務であるために，増員が行われない正規の職員では対応するのが難しい事情はあるだろう。しかしながら，行政の現代的な有効性を確立するためには，こうした業務にこそ正規の職員で対応する体制を整備する必要があるだろう。

3　各種相談所・センター

社会福祉の行政型供給組織は福祉事務所だけではない。都道府県庁，市役所や町村役場の福祉担当部局（福祉課など）もそうであるし，福祉関係法によって設置が求められる福祉専門の各種事務所もそうである。このうち各種専門事務所の多くは「相談所」と呼ばれている。また，近年新たに設置されるようになったものは「センター」の名称がつけられることが多くなった。以下には各種の相談所・センターについて説明したい。

3-1　児童相談所

　児童相談所は，児童に対する相談を受け，調査・診断・判定を行い（相談機能　児童福祉法12条2項），児童福祉施設，指定国立療養所等に入所させたり，里親，保護受託者に委託するなどの措置権を行使する（措置機能　26条，27条）機関である。必要に応じて，児童を家庭から離して一時保護することもある（一時保護機能　12条2項，12条の4，33条）。また，市町村による児童家庭相談への対応について市町村相互間の連絡調整を行ったり，市町村に対して情報を提供したりすることも役割である（市町村援助機能　12条2項）。

　都道府県及び指定都市には設置義務がある（児童福祉法12条，59条の4，地方自治法施行令174条の26第1項）。また，2006（平成18）年4月からは，中核市程度の人口規模（30万人以上）を有する市を念頭に政令で指定する市（児童相談所設置市）にも児童相談所を設置することが任意にできることとされた（児童福祉法59条の4第1項）。現在のところ，児童相談所は全国に210か所（2017〔平成29〕年4月現在）が設置されている。また，その機能の一部を担う一時保護所は136か所（同年同月現在）設置されている。

　職員には，所長，配置が義務づけられている相談及び指導の中心となる児童福祉司の他に，精神科医，児童心理司，保健師，理学療法士などが配置されることがある。

　児童相談所は，1948（昭和23）年の児童福祉法施行とともに発足した。従来はあらゆる児童家庭相談について児童相談所が対応することとされてきたが，業務の増大とともに機能分化が図られるようになった。すなわち，一方では，児童虐待相談などの急増により，緊急かつより高度な専門的対応が求められるようになった。もう一方で，育児不安などを背景に，身近な子育て相談ニーズも増大している。こうした状況を受けて，2004（平成16）年の児童福祉法改正により，2005（平成17）年4月からは，児童相談所はより専門的な相談に対応し，日常的な児童家庭相談については市役所（福祉事務所）や町村役場内に設置される家庭児童相談室などで主に対応することになった。

3-2　身体障害者更生相談所

　身体障害者更生相談所は，原則として18歳以上の身体障害者が補装具，更生

医療，施設利用等の各種福祉サービスを適切に受けることができるように，専門的・技術的立場から各種の相談業務や判定業務などを行う機関である。身体障害者手帳の判定・交付事務を行う。

都道府県に設置義務がある（身体障害者福祉法11条）。また，指定都市は任意に設置することができる（同法43条の2，地方自治法施行令174条の28第2項）。身体障害者更正相談所は全国に77か所設置されている（2018〔平成30〕年4月現在）。

職員には，所長，設置が義務づけられている専門的な知識及び技術を必要とする相談や市町村などへの助言を主に担当する身体障害者福祉司の他に，医師，理学療法士，作業療法士，心理判定員，職能判定員，保健師または看護師などが配置されることがある。

1993（平成5）年4月の福祉関係八法改正により，身体障害者の施設入所措置事務などが町村へ移管されてからは，その措置事務に対する援助・指導の役割を担うことが求められるようになった。もちろん，2003（平成15）年の支援費制度において，市町村がサービスの支給決定事務を行うことになって以降も同じ役割を求められている。

3-3 知的障害者更生相談所

知的障害者更生相談所は，原則として18歳以上の知的障害者の自立を図るために専門的な援助を行うとともに，医学的・心理学的・職能的判定を行う機関である。療育手帳の判定・交付事務を行う。[14]

都道府県に設置義務がある（知的障害者福祉法12条）。また，指定都市は任意に設置することができる（同法30条，地方自治法施行令174条の30の3第2項）。知的障害者更生相談所は全国に86か所設置されている（2018〔平成30〕年4月現在）。

職員には，所長，設置が義務づけられている専門的な知識及び技術を必要とする相談や市町村などへの助言などを主に担当する知的障害者福祉司の他に，医師，心理判定員，職能判定員，保健師または看護師などが配置されることがある。

2003（平成15）年4月には支援費制度導入に備えた児童福祉法及び知的障害者福祉法の一部改正により，知的障害者福祉などに関する事務の一部が市町村に移されてからは，そのサービスの支給決定事務に対する援助・指導の役割を担

うことが求められるようになった。もちろん，身体障害者更生相談所と同じ
く，2003（平成15）年の支援費制度において，市町村がサービスの支給決定事務
を行うことになって以降も同じ役割を求められている。

3-4　婦人相談所

　婦人相談所は，もともと売春を行うおそれのある「要保護女子」の更生保護
のために，1956（昭和31）年に制定された売春防止法に基づいて設置された事務
所である（売春防止法34条）。しかしながら，その役割は多様化しており，当初
より女性の家庭問題や就労問題一般に関する相談も多かった。また，2001（平
成13）年にDV防止法（配偶者からの暴力の防止及び被害者の保護に関する法律）が制
定されてからは，家庭内暴力等への対応機関としての役割も期待されている。
都道府県に設置義務があり（売春防止法34条），婦人相談所は全国に49か所設置
されている（2017〔平成29〕年4月現在）。

　職員には，所長，判定員，相談指導員，事務員が配置されている（婦人相談
所に関する政令（昭和32年4月1日政令第56号）第2条）。また，一時保護所を設置
することが義務づけられている（売春防止法34条の5）。

　近年は都道府県ごとに「女性支援センター」等の地域特有の名称に変えて運
営されていることも多い。

3-5　精神保健福祉センター

　精神保健福祉センターは，1995（平成7）年7月に精神保健法を改称した精神
保健及び精神障害者福祉に関する法律（精神保健福祉法）に基づいて設置される
機関である。1965（昭和40）年の精神衛生法改正よって「精神衛生センター」と
の名称で任意設置の機関として発足したのが起源である。精神障害者福祉手帳
の取得にまつわる判定業務を始めとして地域精神保健福祉活動推進の中核とな
る機能を担う。障害者自立支援法の施行以降は，市町村の支給要否決定に対す
る支援も行う（精神保健福祉法6条の2第四～六号）。

　現在では都道府県及び指定都市に設置義務があり（精神保健福祉法6条，51条
の12），全国に69か所設置されている（2017〔平成29〕年4月現在）。

　職員には，所長，精神科医師，精神保健福祉士，臨床心理技術者，保健師，

看護師，作業療法士，その他の職員を配置することを努めることになっている（健康保健福祉センター運営要領　1996（平成8）年1月19日健医発第57号）。

4　新しい相談支援事業のためのセンター等

　社会福祉行政の業務は拡大し続けている。こうした新たな行政需要に対応して，新たな相談支援事業のためのセンター事業が様々に実施されるようになった。本節では，相談支援事業のためのセンターを取り上げるが，地域子育て支援拠点（地域子育て支援センター）[15]等の実際に福祉サービスを提供する事業をはじめとして，ここで取り上げる以外の行政機関や組織・団体も存在し，また増加している。

4-1 地域包括支援センター

　地域の相談機関として，行政の相談所と機能を分担する機関が増えてきた。社会保障・社会福祉制度の複雑化に対応している。高齢者福祉の領域ではこの地域包括支援センターがある。

　地域包括支援センターは，老人福祉法に基づいて設置されていた在宅介護支援センター（老人福祉法20条の7の2）を実質的に引き継ぐ形で（田中 2012：140），2005（平成17）年の改正介護保険法によって設置されることになった機関である（介護保険法115条の46）。地域包括ケアの中核機関として，高齢者の多様なニーズや課題に対して，地域の社会資源のネットワークを構築し，ワンストップで対応することを目的としている。権利擁護，介護支援専門員に対する助言・指導，介護予防ケアマネジメントなども必須事業として実施している[16]。

　市町村はこの地域包括支援センターを設置することができることになっている（介護保険法115条の46第2項）。ただし，社会福祉協議会やその他の社会福祉法人，医療法人，NPO法人など様々な法人に委託することができることになっている。そのため，このセンターを設置することで，従来行政の窓口で対応していた相談業務などを外部に委託して事務量を軽減できるメリットが得られる場合がある。

　職員には，原則的に社会福祉士，保健師及び主任介護支援専門員を配置する

ことになっている（介護保険法施行規則140条の66第1項）。

4-2　児童家庭支援センター

　都道府県知事，指定都市・児童相談所設置市市長が社会福祉法人等に委託する。児童家庭支援センターは，1997（平成9）年の児童福祉法改正（児童福祉法等の一部を改正する法律　平成9年法律第74号）により設置された機関である（児童福祉法44条の2）。児童に関する地域・家庭等からの相談のうち，専門的な知識及び技術を必要とするものに応じ必要な助言を行う。また，市町村へ技術的助言や必要な援助を行う。相談・支援を担当する職員2名，心理療法などを担当する職員1名が配置される（「児童家庭支援センターの設置運営について」平成10年5月18日　児発第397号）。

4-3　母子家庭等就業・自立支援センター

　都道府県・指定都市・中核市が実施主体（母子福祉団体等への委託が可能）となり，母子家庭の母等に対して，就業相談から就業支援講習会の実施，就業情報の提供等一貫した就業支援サービスの提供を行うとともに，弁護士等のアドバイスを受け養育費の取り決めなどの専門的な相談を行う（「母子家庭等就業・自立支援事業の実施について」平成20年7月22日　雇児発第0722003号／最終改正令和2年3月30日　子発0330第18号）。

4-4　基幹相談支援センター

　基幹相談支援センターは，障害者総合支援法に基づいて設置される機関であり，市町村が自ら行うか社会福祉法人やNPO法人等に委託することができる（障害者総合支援法77条の2第2項，第3項）。地域生活支援事業の中核的な役割を担う。障害者福祉に関する地域の相談支援の拠点として，総合的な相談業務（身体障害・知的障害・精神障害）及び成年後見制度利用支援事業等を実施する。また，地域の実情に応じて，総合相談・専門相談，権利擁護・虐待防止，地域移行・地域定着，地域の相談支援体制の強化の取組等の業務を行う。

4-5 発達障害者支援センター

　発達障害者支援センターは，発達障害支援法に基づいて設置される機関であり，都道府県及び指定都市が自ら行うか，指定した社会福祉法人やNPO法人等が運営することができる（発達障害者支援法14条1項，25条）。発達障害児・者とその家族が豊かな地域生活を送れるように，保健，医療，福祉，教育，労働などの関係機関と連携し，地域における総合的な支援ネットワークを構築しながら，様々な相談に応じ，指導と助言を行う。

4-6 ひきこもり地域支援センター

　2009（平成21）年度からのひきこもり支援推進事業の一環として設置されるセンターである。ひきこもりに特化した専門的な相談窓口としての機能を有する。このセンターでは，社会福祉士，精神保健福祉士，臨床心理士等の資格を有するひきこもり支援コーディネーターが，ひきこもりの状態にある方やその家族へ相談支援を行い，適切な支援に結びつけることを目指す。また，地域における関係機関とのネットワークの構築や，ひきこもり支援に係る情報の幅広い提供等，地域におけるひきこもり支援の拠点としての役割も期待されている。NPO等への委託も可能であるが，直営の場合，精神保健福祉センターに併設されることが多い。都道府県・指定都市に設置され，現在は全国67自治体に設置されている（2020〔令和2〕年4月現在）。

4-7 子育て世代包括支援センター

　母子保健法22条に規定される母性並びに乳児及び幼児の健康の保持及び増進に関する包括的な支援を行うことを目的とする施設である。福祉と医療にまたがる領域を扱う。法律上の名称は「母子健康包括支援センター」となっているが，厚労省の通知ではこの名称となっている（「子育て世代包括支援センターの設置運営について（通知）」（平成29年3月31日　厚生労働省雇用均等・児童家庭局母子保健課雇児発0331第5号）。

　妊産婦・乳幼児等が利用する福祉・医療サービスは，母子保健法に基づく母子保健事業，子ども・子育て支援法に基づく利用者支援事業，児童福祉法に基づく子育て支援事業等の多様な制度にまたがっている。そのため，そこに行け

ば何らかの支援に繋げてくれる，このセンターのようなワンストップ拠点が必要とされた。妊産婦等の相談に保健師等の専門家が対応し，必要な支援の調整や関係機関と連絡調整するなどして，妊産婦や乳幼児等に対して切れ目のない支援を提供している。

　市町村はこのセンターを設置するよう努めなければならない（努力義務）。ただし，市町村が認めた者へ委託することもできる。また，先ほどの通知では，保健師，助産師，看護師及び社会福祉士等のソーシャルワーカー（「保健師等」と呼ばれる）を1名以上配置することとなっている。保健師等とされる担当職員にソーシャルワーカーのみを配置する場合には，近隣の市町村保健センター等の保健師，助産師又は看護師との連携体制を確保することになっている。

　子ども・子育て支援法59条に規定される「地域子ども・子育て支援事業」のうち「利用者支援事業」⁽¹⁹⁾（同法同条一号）のなかに位置づけられ，「利用者支援事業（母子保健型）」と呼ばれることもある（「利用者支援事業の実施について」（平成27年5月21日　雇児発0521第1号））。

　また，この地域子ども・子育て支援事業には「地域子育て支援拠点事業」（同法同条九号）があり，「乳児又は幼児及びその保護者が相互の交流を行う場所を開設し，子育てについての相談，情報の提供，助言その他の援助」（児童福祉法6条の3第6項）を行っている。この拠点は，市町村が直営で実施してもよいし，社会福祉法人等に委託してもよい。

(For Study)

1）　福祉事務所の業務の特徴とはどのようなものであろうか。措置制度から利用契約制度へ移行していく社会福祉基礎構造の変遷を念頭に，市町村の福祉担当部局との違いを考えてみよう。

2）　本文に記したような福祉事務所の抱える多くの問題を解決する方法はあるだろうか。それぞれに解決法を考えてみよう。

3）　地域の事務所や相談所・センターは，十分な要支援者・要保護者の支援体制を築けているだろうか。もし他に必要なものがあれば，アイデアを出してみよう。

注
（1）　あくまで法律上は，所員の数は被保護世帯の数に連動し，こうして決められた数は，他の五法の担当者数も含んだ現業員全体の標準数ということになっている（平野 2007：

78)。

（2）　保護施設とは，生活保護法が戦前の救護法，軍事扶助法，母子保護法，医療保護法，戦時災害保護法といった救貧諸法規を統合した性格のものだったので，これら各法で設置された施設を受け継いだことに起源をもつ（山本 1999：31）。もともと保護施設であった養老施設が老人福祉施設・高齢者福祉施設に展開していくことなどを考えると，生活保護法の保護施設は児童福祉施設を除いたその他の福祉施設の起源と言ってもよい存在である。

（3）　生活困窮者自立支援法4条には，都道府県と市及び福祉事務所設置町村（福祉事務所設置自治体）が，生活困窮者自立支援制度のうち必須事業である生活困窮者自立相談支援事業及び生活困窮者住居確保給付金の支給を行う責務を有するとされている。福祉事務所が制度実施主体になるとは同法に書かれていない。しかし，法律の書きぶりから見て，実施を担当する自治体には福祉事務所があることが想定されているということは，結局のところ実施主体が福祉事務所となることが多いということである。もちろん，業務を民間の事業者に委託することもあるので，福祉事務所が実施主体とならない場合もある。

（4）　都道府県が制度を設け市区（町村は都道府県）が実施主体となった母子家庭自立支援教育訓練給付金，母子家庭高等技能訓練促進費，母子家庭常用雇用転換奨励金からなる給付金事業である。

（5）　ちなみに母子及び父子並びに寡婦福祉法では，子（児童）とは20歳未満の者を指す（6条2項）。

（6）　とはいえ，機関委任事務の時代は，専門職員として人員がある程度固定化することも多く，一貫していわゆる素人ばかりが配置された訳ではなかった。

（7）　前回調査において，福祉事務所の現業員の社会福祉主事資格有資格者は，生活保護担当の査察指導員では74.6％，現業員が74.2％，さらに，福祉事務所全体では査察指導員69.7％，現業員67.5％でしかなかった（平成21年　福祉事務所現況調査）。

（8）　2006年5月2日に日本社会福祉士会から厚生労働省社会・援護局福祉基盤課長宛てになされた「社会福祉士の活用にむけた提案」では，福祉事務所に社会福祉主事でなく社会福祉士を置くこととすべきと要望されている。このように福祉事務所における専門職配置の強化を求める声は強い。

（9）　「周知のとおり，『福祉川柳』問題は，公的扶助研究全国連絡会（以下，『公扶研連』という）が発行する機関誌『公的扶助研究』（一九九三年四月三十日付け一五四号）に『川柳大賞』と銘打って二ページにわたって『川柳』が掲載されたことに対し，障害者二〇団体が強い抗議声明を発表しこのことが，ブラウンカンを通して茶の間に報道されるとともに，新聞各紙で社会面トップで《『生活保護者をあざ笑う川柳』──福祉関連職員組織の機関紙に掲載，八九作品の半数以上，障害者団体など抗議》（『読売新聞』一九九三年六月十五日朝刊から）と大々的に報道され大きな社会問題ないしは『事件』となった。」（藤城 1997：265）

（10）　大友（2004）の巻末資料（188頁）よりの引用。

（11）　とはいえ，2005（平成17）年の三位一体の改革のための国と地方6団体の話し合いにおいて，地方からはこの事実に対して次のような指摘がなされたということも注目しておくべきであろう。「充足率と保護率の因果関係はむしろ逆であり，保護率の上昇に追いつかない現業員配置の現状を表わすもの」（関根 2007：22）との主張である。すなわ

　ち，現業員不足が保護率を押し上げるのではなく，失業や高齢化といった社会経済的要因の方こそ真の原因であるので，それを隠ぺいしてはいけないと確認したのだった。

(12)　この調査は，一般職に属する常勤の職員を対象としている。ただし，次の要件に該当する「臨時又は非常勤の職員」に限り調査対象となっている。すなわち，一般職に属する臨時または非常勤の職員で，その職名のいかんを問わず，勤務時間が一般職に属する常勤の職員と同様に定められている者で，その勤務した日（法令の規定により，勤務を要しないこととされ又は休暇を与えられた日を含む。）が18日以上ある月が調査時点において引き続いて12月を超える職員である。平成28年4月1日現在，この要件に該当する職員数は1,474人，地方公務員総数に占める割合は0.1％であった。この調査の数字に先ほどの非常勤公務員数を足し合わせ母数としている。

(13)　厚生労働省ホームページより（http://www.mhlw.go.jp/bunya/kodomo/dv-soudanjo-kai-honbun1.html）2011年3月30日閲覧。

(14)　法律に規定のないものなので東京都や横浜市では「愛の手帳」とするなど自治体により独自の名前を付けることもある。

(15)　市町村に設置される。地域において子育て親子の交流等を促進する子育て支援拠点の設置を推進することにより，地域の子育て支援機能の充実を図り，子育ての不安感等を緩和し，子どもの健やかな育ちを支援することを目的とする。

(16)　厚生労働省ホームページに掲載された社会保障審議会介護給付費分科会（第37回）配布資料を参考に記述した。（http://www.mhlw.go.jp/shingi/2005/12/dl/s1213-4c1.pdf）

(17)　基本的に児童養護施設などの児童福祉施設に併設される。

(18)　2012（平成24）年度より，地域生活支援事業費補助金により，基幹相談支援センターの機能強化を図るための，①専門的職員の配置，②地域移行・地域定着の取組，③地域の相談支援体制の強化の取組に係る事業費について，国庫補助対象となっている。また，社会福祉施設等施設整備費補助金等により，施設整備費について国庫補助対象となっている。

(19)　正式な名称は「子ども及びその保護者が，確実に子ども・子育て支援給付を受け，及び地域子ども・子育て支援事業その他の子ども・子育て支援を円滑に利用できるよう，子ども及びその保護者の身近な場所において，地域の子ども・子育て支援に関する各般の問題につき，子ども又は子どもの保護者からの相談に応じ，必要な情報の提供及び助言を行うとともに，関係機関との連絡調整その他の内閣府令で定める便宜の提供を総合的に行う事業」（子ども・子育て支援法59条一号）である。基本型，特定型，母子保健型からなる。

参考文献

宇山勝儀・船水浩行，2011，『福祉事務所運営論［第3版］』ミネルヴァ書房

大友信勝，2004，『福祉川柳事件の検証』筒井書房

上林陽治，2015，『非正規公務員の現在――深化する格差』日本評論社

―――，2020，「自治体相談支援業務と非正規公務員　その実態」『自治総研』（通巻498号2020年4月号）：25-52

岸勇，2001，『公的扶助の戦後史』明石書店

京極高宣，1988，「福祉改革と福祉事務所の諸問題」『季刊・社会保障研究』Vol.23 No.4：

411-417

小尾晴美，2019，「公立保育所における非正規保育士の基幹化とその処遇をめぐる問題」『経営論集』66巻第2号（明治大学経営学部紀要2019年3月）：341-365

柴田純一，1999，『プロケースワーカー 100の心得』現代書館

社会福祉の動向編集委員会，2011，『社会福祉の動向2011』中央法規出版

杉村宏，1997，「第11章 公的扶助研究運動の歩みと課題」『福祉事務所と社会福祉労働者』ミネルヴァ書房：250-263

関根由紀，2007，「日本の貧困――増える働く貧困層」『日本労働研究雑誌』No.563／June 2007：20-30

田中八州夫，2012，「地域包括支援センター職員の専門性と実用スキルに関する考察」『同志社政策科学研究』第13巻第2号：139-153

仲村優一，2002，『仲村優一社会福祉著作集 第四巻 社会福祉の方法――ケースワークをめぐる諸問題』旬報社

平野方紹，2007，「第4章 福祉事務所の業務と組織」宇山勝儀・船水浩行編『福祉事務所運営論 第2版』ミネルヴァ書房：73-90

藤城恒昭，1997，「第12章 『福祉川柳』問題の総括試論」『福祉事務所と社会福祉労働者』ミネルヴァ書房：264-274

三和治，1999，『生活保護制度の研究』学文社

山本啓太郎，1999，「社会福祉施設の展開」小笠原祐次・福島一雄・小國英夫編『これからの社会福祉7 社会福祉施設』有斐閣：23-41

結城康博・嘉山隆司編，2008，『よくわかる福祉事務所のしごと』ぎょうせい

第10章

社会福祉行政との連携・協働(1)

——社会福祉協議会・民生委員など——

　個別具体的な社会福祉行政制度について，前章では社会福祉の行政型供給組織について扱った。本章では，社会福祉の認可型供給組織のうち準行政型供給組織としての色彩の強い組織について考察する。すなわち，社会福祉協議会や民生委員制度などのように，地域福祉を担う民間活動体ではあるが，個別法により規定され行政体制に強く組み込まれているものである。本章では，まずは地域福祉組織化に主体的役割を演じてきた社会福祉協議会の成り立ちや仕組みについて解説し，その問題点を扱う。その後，民生委員など地域におけるその他の準行政型供給組織について取り上げることにする。

　地域の社会福祉を担う活動体には，行政機関とそれ以外の民間事業体がある。本書第7章で引用した社会福祉サービスの提供主体の分類では，民間事業体として，公共的福祉供給システムのなかの認可型供給組織，非公共的福祉供給システムのなかの営利型供給組織と非営利型供給組織の三つがあげられていた。このうち認可型供給組織は，行政と民間の中間的な性質をもっており，地域の社会福祉提供事業体として独特の役割を担っている。こうした中間的性格の組織も社会福祉行政について扱う本書の対象にしなければ，社会福祉行政の全体像は見えてこない。さらに，これからはガヴァナンスの時代と言われている。もはや，社会福祉行政は行政型供給組織だけで閉じた体系では機能しないのである。

　まずは，本章で準行政型供給組織としての色彩の強い組織体を扱い，次章においてより民間的な色彩の強い組織体を扱いたい。

1　社会福祉協議会の業務

1-1　準公的機関としての社会福祉協議会

　社会福祉協議会は，民間の社会福祉活動を推進することを目的とした非営利の民間組織であって，社会福祉法人としての法人格を持つことが多い。⁽¹⁾1951

（昭和26）年に制定された社会福祉事業法（現社会福祉法）を根拠法として設置されている。各レベルの地区（全国・都道府県・市区町村）の様々な社会福祉事業体や住民の協議の場として機能し，地域の福祉活動を組織・整備していくことがその役割とされている。

　1992（平成4）年に策定された「新・社会福祉協議会基本要項」では，社会福祉協議会活動5原則の一つとして「民間性の原則」が掲げられている。[(2)]また，社会福祉法109条5項では，関係行政庁の職員も市町村社会福祉協議会（及び地区社会福祉協議会）の役員になることができるとされているものの，「役員の総数の5分の1を超えてはならない」という制限を設けており，過度な行政の関与を排除する規定になっている。このように，社会福祉協議会はあくまで民間の機関である。とはいえ，本書の課題である社会福祉行政システムの一部としてこの機関を取り上げることにはそれなりの意味がある。

　現代の行政システムにおいて，いわゆる行政機関（行政型供給組織）だけに的を絞って考察しても，その機能や仕組みについて多くの部分を見落としてしまう。とりわけ近年では，行政の運営がガバナンス（governance）と呼ばれるものへと形態変化を起こしつつあると言われるからである。従来，行政行為は国や地方自治体などの行政機関が主に行うものと考えられてきた（ガヴァメント〔government 統治〕）。しかし，地域福祉が重視され，社会福祉サービスのニーズが飛躍的に増大するといった状況が顕著になると，新たな政策課題には行政機関だけでは対応できない状況が明らかになってくる。そのため，地域住民，ボランティア団体，NPO法人，営利企業などの行政機関以外の地域のアクターも行政行為の主体と位置づけなおそうとする認識が一般的になってくる。こうした，多様化したアクター間の関係全体を行政システムとして捉え直そうとする考え方がガヴァナンスである。こうしたガヴァナンスの時代では，行政を論ずるにはその周囲の機関・団体との連携・協働関係を詳細に検証する必要がある。

　とりわけ社会福祉協議会は，従来から行政と密接な関係にある組織と考えられてきた。社会福祉協議会の中心的な理念の一つであるコミュニティ・オーガニゼーションについて早くから論じてきた副田義也は，1968（昭和43）年の著書で，社会福祉協議会を地域組織のなかの「行政協力組織」に分類していた。こ

の行政協力組織とは,「行政に対して広義の協力を行うあらゆる組織」(副田 1968：187) である。さらに,社会福祉協議会は,「行政に対して労働力や金銭を提供して協力を行ない,行政機能の代替・補完を行なっている地域組織」(副田 1968：187) に分類されている。後述するが,その出自から考えても,資金面から考えても,社会福祉協議会は国や地方自治体などの行政機関と密接な関係がある。また,行政機関が直接実施することが難しい地域福祉の業務を代行してきたという側面を持つ。そのため,社会福祉行政において社会福祉協議会をそのシステムのなかに位置づけて考えなければ,地域の行政行為の多くの部分を見落としてしまうのである。

　とはいえ,社会福祉協議会は民間団体である。行政との繋がりと民間性のバランスをどのように按配していくかが最大の課題であるということも確認しておく必要があるだろう。

1-2　社会福祉協議会活動の基本的性格

　社会福祉協議会設置の最大の目的は地域福祉活動を推進・組織化していくことである。社会福祉法109条に市町村社会福祉協議会 (及び地区社会福祉協議会),同法110条に都道府県社会福祉協議会についての規定があり,その根拠法になっている。両条文に共通して,社会福祉協議会は「次に掲げる事業を行うことにより地域福祉の推進を図ることを目的とする」と記載されており,一応その目的が明示されている。とはいえ,掲げられている事業の規定は非常に抽象的であり,この法律だけを参照するなら,地域福祉を推進するのであれば社会福祉協議会はいかなる事業も行うことができるということになる。

　そのため,社会福祉協議会の側からも,自らの事業の目的を規定し,目的実現のための事業の性格を明らかにする文書を公表している。1992 (平成 4) 年に全国社会福祉協議会 (全社協) が作成した「新・社会福祉協議会基本要項」には,「社会福祉協議会の基本的性格」として次のように記載されている。[3]

　新・社会福祉協議会基本要項
　　社会福祉協議会は,①地域における住民組織と公私の社会福祉事業関係者等により構成され,②住民主体の理念に基づき,地域の福祉課題の解決に取り組み,誰も

が安心して暮らすことのできる地域福祉の実現をめざし，③住民の福祉活動の組織化，社会福祉を目的とする事業の連絡調整及び事業の企画・実施等を行う，④市区町村，都道府県・指定都市，全国を結ぶ公共性と自主性を有する民間組織である。

　この要項からは，社会福祉協議会の行う地域福祉とは，住民主体で誰もが安心して暮らせるように，地域の公私にわたる関係機関が連携・協働して福祉課題全般を解決できるような，組織化・連絡調整を行っていく活動であると要約することができるだろう。

　こうした目的を達成するために，全国の社会福祉協議会ではおおよそ次のような枠組みにおいて活動を展開している。ここで取り上げるのは，住民に最も密接した市区町村社会福祉協議会の活動である。すなわち，①地域福祉活動推進部門，②福祉サービス利用支援部門，③在宅福祉サービス部門であり，さらにこれらの事業経営を支援する法人運営部門などが設置される。それぞれについて簡単に見ておきたい。

　○地域活動推進部門

　地域活動推進部門は，地域の福祉課題を把握し，地域住民，ボランティア，各種団体や機関などと連携・協働して問題解決に向けた取組みを行う部門である。地域を組織化するコミュニティ・オーガニゼーションを体現する活動であり，社会福祉協議会の事業において最も基本となるものであろう。

　具体的には，小地域福祉活動の推進，ボランティアセンター運営及び福祉教育，地域福祉活動計画の策定などである。

　このうち小地域福祉活動の推進は，社会福祉協議会の発足当時から取り組まれてきた事業に起源を持つ。1970年代後半（昭和50年代前半頃）に開発された「小地域ネットワーク活動」や「食事サービス」といった個別の要援助者を支援する住民による活動を組織化することから始まった。その後活動が拡大し，1980年代の後半には「住民参加型在宅福祉サービス」，1990年代前半には「ふれあい・いきいきサロン」事業などが加わった（渋谷 2009：65）。

　○福祉サービス利用支援部門

　福祉サービス利用支援部門は，社会福祉サービスの利用者や地域住民の立場に立ち，総合相談，資金貸付，手続代行，情報提供といった業務を通じて社会福祉サービスの利用援助や地域での生活支援を行う部門である。

表10-1　市区町村社協の介護保険事業の実施状況

	2006年度		2009年度		2012年度		2015年度	
	実　施社協数	実施率（％）	実　施社協数	実施率（％）	実　施社協数	実施率（％）	実　施社協数	実施率（％）
訪問介護	1,221	74.1	1,253	71.7	953	72.0	1,017	69.9
訪問入浴介護	526	32.0	499	28.5	332	25.1	317	21.8
訪問看護	85	5.2	95	5.4	67	5.1	67	4.6
訪問リハビリテーション	21	1.3	30	1.7	15	1.1	19	1.3
通所介護	903	54.9	867	49.6	653	49.4	702	48.2
通所リハビリテーション	25	1.5	38	2.2	21	1.6	22	1.5
短期入所生活介護	240	14.6	97	5.5	65	4.9	90	6.2
短期入所療養介護	19	1.2	32	1.8	16	1.2	21	1.4
特定施設入居者生活介護	20	1.2	38	2.2	21	1.6	29	2.0
福祉用具貸与	322	19.5	138	7.9	89	6.8	92	6.3
特定福祉用具販売	41	2.5	56	3.2	39	2.9	41	2.8
認知症対応型通所介護	102	6.2	114	6.5	93	7.0	91	6.2
小規模多機能型居宅介護	24	1.4	60	3.4	48	3.7	64	4.4
認知症対応型共同生活介護	50	3.0	73	4.2	54	4.1	63	4.3
夜間対応型訪問介護	0	0	60	3.4	31	2.3	29	2.0
定期巡回・随時対応型訪問介護看護							22	1.5
看護小規模多機能型居宅介護								1.2
地域密着型特定施設入居者生活介護	12	1.6	32	1.8	16	1.2	23	1.5
居宅介護支援	1,243	75.6	1,242	71.1	940	71.0	1,008	69.2
介護老人福祉施設（特別養護老人ホーム）	48	2.9	71	4.1	53	4.0	61	4.2
介護老人保健施設	17	1.0	39	2.2	17	1.2	26	1.8
複合型サービス						1.1		

　具体的には，低所得者，高齢者，障害者等に対する「生活福祉資金貸付事業」，認知症や知的・精神障害などにより判断能力が十分とは言えない状況にある人々の金銭管理や福祉サービス利用援助などを行う「日常生活自立支援事業」（旧地域福祉権利擁護事業），地域総合相談・生活支援事業などがある。

　地域包括支援センターや生活困窮者自立支援事業を受託する場合もこの部門となる。

○在宅福祉サービス部門

　介護保険制度開始以前には社会福祉協議会は地域の在宅福祉サービスを整備する事業者として先駆的な存在であった。介護保険や障害者自立支援法（現 障害者総合支援法）に関連する給付が始まってからも，社会福祉協議会は在宅福祉サービス事業者としての部門を抱えていることが多い。全社協が発表している各年の「市区町村活動実態調査」の結果では，介護保険事業を実施している市区町村社会福祉協議会の割合が**表10-1**のように示されている。各年の推移を見ると実施率が下がっている項目が多く，社会福祉協議会は介護保険事業者としての役割は一段落つきつつあるようである。

　以上に市区町村社会福祉協議会の具体的な事業のうち主なものを見てきたが，災害対応なども事業に含まれ，地域福祉に関する大変幅広い活動を行っていることが分かる。

1-3 社会福祉協議会活動の組織

　社会福祉協議会の全国的な組織形態は，**表10-2**に示されたようなものになっている。社会福祉協議会には，全国社会福祉協議会（全社協），都道府県社会福祉協議会，市区町村社会福祉協議会といったように，公共団体の各レベルに対応した組織が整備され，縦の系列の繋がりがある。とはいえ，社会福祉協議会の各組織は，こうした縦の系列よりもそれぞれのレベルの行政機関との繋がりの方が密接であるとも言われている（川上 2003：12）。行政機関が法律・制度に基づいて社会福祉サービスを提供するのに対して，社会福祉協議会は柔軟に地域住民の求める社会福祉サービスを提供する，というのが理念上の位置づけであろう。しかしながら，人事交流などで両者は一体となっていることも多い。

　社会福祉協議会は，各レベルの行政機関から補助を受けたり，事業委託をされたりして多くの事業を行政の地域運営方針のなかで行っている。また，本書の第13章でも取り上げる行政計画である「地域福祉計画」の策定では，社会福祉協議会が従来から策定してきた民間行動計画である「地域福祉活動計画」と連携し一体的なものとすることが求められている。つまり，行政計画のなかに位置づけを与えられるようになった。このように，行政活動と社協活動は密接

表10-2　社会福祉協議会の各レベルの組織

	活動の特徴	メンバーとなる組織
全国社会福祉協議会 （全社協）	・中央組織として全国の社協の連絡・調整，及び政策立案など。	
都道府県社会福祉協議会 （社会福祉法110条）	・広域的かつ後方支援的業務中心：施設種別組織の運営事務，福祉従事者の研修，市区町村社協への技術支援や調整，各種調査研究や事業の開発・指針の開発等。	・範域内の市町村社協と区社協の過半数。範域内社会福祉事業または更生保護事業者の過半数が参加することが原則。(社会福祉法110条)（政令指定都市社協もこの形態となる。）
市区町村社会福祉協議会 （社会福祉法109条）	・地域特性や規模・力量に応じて各種事業を柔軟に展開。	・範域内社会福祉事業または更生保護事業者の過半数が参加することが原則。関係行政庁の職員は役員総数の5分の1を超えてはならない。(社会福祉法109条)

（注）　市区町村社会福祉協議会の下部団体として地区社協を組織することもあり。

　な関係にあり，場合によっては，社協活動は行政行為によって大きく制約を受けることになる。実際，各地の市区町村社会福祉協議会で行っている事業のなかで実施率の高いものは国庫補助が付いた事業であり，社会福祉協議会は民間の機関だからといってその活動に自由度が高いとも言い切れない状況である（表10-3）。生活福祉資金貸付事業はそうした事業であるし，ボランティアセンター（コーナー等）の設置や在宅福祉サービスの委託事業などは制度を整備する経緯のなかで補助が行われてきた事業である。

　社会福祉協議会の職員体制も行政体制によってある程度輪郭を与えられているために，おおよその姿の予測がつくものだった。実際の事業運営の中心である市区町村社会福祉協議会について考えるために，2000（平成12）年4月1日現在の数値を用いた川上富雄の次の記述は参考になる。

　　「次のような一般的な市区町村社協組織像がみえてくる。法人格を有し，社会福祉センターなどの一角に事務所があり，会長は学識経験者か首長で，5.65人の事務局職員（一般事務職員1万9,043人／3,368社協）が働いている。また，委託事業・介護保険事業等何らかの制度的な直接サービス事業をもっており，そこで働く職員（ホームヘルパー等の経営事業職員）の平均数は20.9人ということができる。一般事業職員5.65人のうち，事務局長1名，福祉活動専門員1名，庶務経理職員1名（次長・課長等の管理職や地域福祉活動担当者・共募・資金担当者等の可能性も含め

表10-3 社会福祉協議会の概要

1. 社会福祉協議会の概要（2019（平成31）年4月1日現在）
   - ・全国社会福祉協議会　1か所
   - ・都道府県・指定都市社会福祉協議会　67か所
   - ・市区町村社会福祉協議会　1,839か所
2. 市区町村社会福祉協議会の主な事業例　2018（平成30）年度実績

（数字は各事業を実施している市区町村社協の割合：％）

計画		地域福祉活動計画の策定	67.9
相談[1]		総合相談（対象を限定しないあらゆる相談）事業	82.5
貸付		法外援護資金貸付・給付	35.1
小地域活動[2]		地域福祉推進基礎組織	48.9
		小地域ネットワーク活動	59.4
		ふれあい・いきいきサロンの設置	92.5
住民参加・ボランティア[3]		ボランティアセンター機能	87.6
		社協運営型住民参加型在宅福祉サービス（食事サービス・移送サービス・家事援助サービス等）	27.7
在宅福祉サービス	介護保険事業	訪問介護事業	63.7
		通所介護事業	38.0
		訪問入浴介護事業	16.2
	自立支援給付	居宅介護（ホームヘルプ）事業	60.6
		重度訪問介護（ホームヘルプサービス）事業	46.8
		行動援護事業	11.8
福祉サービス利用援助[4]		日常生活自立支援事業	78.0
成年後見[5]		法人後見事業	31.0
当事者（家族）の会の組織化・運営援助		身体障害児者（家族）の会	48.7
		知的障害児者（家族）の会	36.2
		精神障害児者（家族）の会	16.9
		認知症高齢者（家族）の会	16.2
		ひとり暮らし高齢者の会	9.5
		ひとり親（母子）家庭の会	24.7
		ひとり親（父子）家庭の会	6.0
団体事務		共同募金支会または分会	91.0
		老人クラブ連合会	51.2
子ども・子育て家庭支援		ファミリーサポート事業	16.9
		放課後児童クラブ（放課後児童健全育成事業）	14.0
		こども会・こどもクラブの組織化・運営支援	6.4
		児童館・児童センターの運営	10.1
その他		移動支援事業（地域生活支援事業）	29.4
		高齢者，障害者等を対象にした悪質商法防止のための活動	8.5
		食事サービス	52.2
		移動サービス	35.0

（注）1）　総合相談事業を実施している社協のうち，51.9％が窓口業務として毎日実施している。
　　　2）　小地域ネットワーク活動（見守り・支援活動）とは，日常生活圏域（地区社協，小・中学校区，自治会・町内会等）において，地域の要援護者やそのおそれのある人々に対して，近隣住民やボランティア（福祉協力員，福祉委員等），民生委員・児童委員，老人クラブ等が一定の継続性や組織性をもって行う見守りや支援活動を指す。活動対象者（世帯）は，ひとり暮らし高齢者世帯を中心に全体で2,094,063件である。
　　　3）　ふれあい・いきいきサロンは，86,778か所で実施している。
　　　4）　日常生活自立支援事業は，都道府県・指定都市社協を実施主体とし，事業の一部を適切な事業運営ができると認められる社協（基幹的社協）等に委託する形で行われる。ここでの数字は，本事業の委託を受けている市区町村社協の全体に占める割合を表しており，実際は，基幹的社協が本事業の委託を受けていない複数の市区町村社協を担当エリアとしているため，全国域をカバーしている。
　　　　　また，その実利用者は年々増加傾向にあり，平成30年度末で54,797人が利用している。
　　　5）　受任体制のある市区町村社協の全体に占める割合。全国社会福祉協議会「令和元年度社協における成年後見の取り組み状況に係る調査結果」に基づく。
（資料）　全国社会福祉協議会調べ。（「平成30年度社会福祉協議会活動実態調査」等）
（出所）　『令和2年版　厚生労働白書』より。

表10 - 4　社会福祉協議会の職員構成

		正規職員		非正規職員		合　　計				1社協あたり
			兼務者数	常勤	非常勤	2015(平27)年度	前回	増減	増減率	
1	事務局長	1,257	325	525	31	1,813	1,824	(11)	▲0.6%	1.0人
2	法人運営部門職員	5,201	1,646	1,782	725	7,708	7,460	248	3.3%	4.2人
3	地域福祉活動専門員等の地域福祉推進部門職員	4,689	3,623	1,800	1,265	7,754	8,003	(249)	▲3.1%	4.3人
4	ボランティア・市民活動センター職員	1,423		715	416	2,554	2,401	153	6.4%	1.4人
5	福祉サービス利用支援部門職員　①＋②	5,235	1,776	3,579	4,984	13,798	11,174	2,624	23.5%	7.6人
	①日常生活自立支援事業，地域包括支援センター，障害者相談支援事業，生活困窮者自立支援事業等担当職員	4,798	1,545	3,286	4,551	12,635	9,627	3,008	31.2%	6.9人
	②　①以外の相談担当	437	231	293	433	1,163	1,547	(384)	▲24.8%	0.6人
6	介護保険サービス担当職員	16,600	2,091	15,493	33,394	65,487	65,396	101	0.2%	35.9人
7	障害者福祉サービス担当職員	2,960	976	2,966	5,037	10,963	12,361	(1,398)	▲11.3%	6.0人
8	6.7.以外の在宅サービス事業担当	3,242	319	6,160	13,707	23,109	18,364	4,745	25.8%	12.7人
9	会館運営事業担当職員	323	168	575	1,625	2,523	2,471	52	2.1%	1.4人
10	その他の職員	1,515	227	1,556	1,687	4,758	5,494	(736)	▲13.4%	2.6人
	合　　計	42,445	11,151	35,151	62,871	140,467	134,938	5,529	4.1%	77.0人

（出所）　「平成27年度市区町村社協職員状況調査」より。

て），その他の職員 2 名，ボランティアコーディネーターは非常勤の場合が多いので0.5名といった事業所である。」(川上 2003：14-15)

　この記述を見ても分かるように行政からの補助によって，その組織形態は大きく規定されている。社会福祉協議会は，「福祉行政の代替補完的な性格」(川上 2003：15) を強く持つ状況が理解できるだろう。

　とはいえ，これらの数値は近年の統計とは少々事情が異なっている。2015 (平成27) 年 4 月 1 日現在で，市区町村社会福祉協議会は全国に1,851へと減少した (『平成27年版　厚生労働白書』より)。2015 (平成27) 年 4 月 1 日現在の数字となるが，職員数の合計は14万467人であり，そのなかには一般事業職員が 3 万

1,814人，併設のデイサービス事業やホームヘルプサービス事業などに勤める経営事業職員が10万6,840人含まれている（全国社会福祉協議会 2018：190）。これらの平均をとると，1社協あたり一般事業職員が正規非正規を合わせて17.2人，経営事業職員がやはり正規非正規を含めて57.7人いることになる。**表10−4**に現在の職員の状況を掲載している。

　以前と比べて大変な大所帯となっているが，これは近年の平成の市町村大合併のためにそれぞれの旧市町村の社会福祉協議会も一緒に合併したからである。市町村合併後も，社会福祉協議会はもともとの市町村ごとに支所を作ってそのまま存続する形をとる場合も多く，再編は進んでいない（佐甲 2009：192）。市町村合併のために市区町村社会福祉協議会は本来の姿とはなっていない。むしろ，合併が本格化する以前の職員数を参考にして社協職員の構成を考えた方が実態に迫ることができるだろう。

2　社会福祉協議会の抱える課題と展望

2−1　社会福祉協議会の自立性の問題

　前節までの説明のように，社会福祉協議会は，行政と民間の中間的な存在として独自の活動を行う団体である。この節では，こうした社会福祉協議会の抱える問題点について，行政との関係において特に重要と思われるものを取り上げたい。

　これまでの記述でも繰り返してきたことではあるが，社会福祉協議会は民間団体でありながら，行政組織から完全に独立した団体であるとも言い切れない状況にある。それはいくつかの指標を検討すれば一層明らかになってくる。ここでは運営資金の財源の問題を中心に検討したい。

　社会福祉協議会は財源が不安定であり，行政からの補助金や補助委託に多くを依存している状況が明確である。とはいえ，歴史を参照すれば，社会福祉協議会は独自財源を築こうにも絶えず外部要因によって翻弄されてきたという経緯が見受けられる。

　第3章で検討したように，占領下の日本においてGHQは，公的救済の国家

責任を明確なものとするために，公私分離の原則を社会福祉事業運営の基本方針とした。公的社会福祉事業については措置制度を中心とした体制が確立されたが，もう一方の国の統制から放たれた民間社会事業の運営体制整備も必要となった。そのため，GHQは1949（昭和24）年にいわゆる6項目提案（「昭和25年度における厚生施策の主要目標」）を行った。この提案に基づいて，民間団体である日本社会事業協会，同胞援護会，全日本民生委員連盟の3団体が統合され，1951（昭和26）年制定の社会福祉事業法を根拠法として中央社会福祉協議会（現在の全国社会福祉協議会）が設立された。

　こうした経緯からも分かるように，社会福祉協議会の発足当初は，地域福祉を推進する団体というよりは，「社会事業団体施設の同業組合的協議会」（塚口2010：7）として構想されたものであった。時をほぼ同じく1947（昭和22）年から共同募金運動が展開され，ここで集まった金銭を民間団体に適正に配分するための受け皿としての意味合いもあったといえよう。実際に，社会福祉事業法の共同募金について定めた条文では，「当該共同募金の区域内に都道府県社会福祉協議会が存在すること」と規定され，共同募金と社会福祉協議会は一体的なものと考えられていた状況が伺える。ちなみに，この条文は現在の社会福祉法114条1項一号に引き継がれている。

　共同募金という安定財源を獲得し，1960年代にはコミュニティ・オーガニゼーション理論に基づいた地域福祉活動を推進する団体として定着していく。しかしながら，当時の行政管理庁の勧告によって事態は一変する。共同募金は，必ずしも社会福祉協議会運営資金という名目で集めるものではない。そのため，行政管理庁は当時の厚生省に対して1966（昭和41）年に「共同募金に対する勧告」を，翌年の1967（昭和42）年にも再勧告を出し，募金配分の改善が迫られることになった。この勧告は，共同募金配分金を社会福祉協議会の事務費，人件費に用いることを禁止し，社会福祉協議会の運営費とは別会計によって配分金を処理することなどを求めるものだった。

　勧告の結果，社会福祉協議会は安定した民間からの財源を失うことになる。そのため，厚生省は，1966（昭和41）年に市町村社会福祉協議会に福祉活動専門員を設置する国庫補助を取り決めるなどの対策を次々に打ち出し，社会福祉協議会救済のための公費投入が行われていった。また，都道府県や市区町村も補

表10-5　市区町村社会福祉協議会の事業収入の内訳

	2008（平成20）年度						2012（平成24）年度	
	全体平均		介護保険事業の実施の有無別				全体平均	
			実施している		実施していない			
集計数	1,643		1,333		310		1,643	
会費収入	5,871	2.2%	5,964	2.0%	5,471	4.0%	6,014	2.0%
寄付金	4,506	1.7%	4,618	1.6%	4,025	3.0%	4,105	1.4%
分担金	455	0.2%	422	0.1%	595	0.4%	108	0.0%
補助金	45,534	17.3%	46,355	15.8%	42,006	31.0%	47,302	15.9%
助成金	1,802	0.7%	1,509	0.5%	3,065	2.3%	1,587	0.5%
受託金	59,767	22.7%	61,334	20.9%	53,028	39.1%	69,448	23.3%
事業収入	8,538	3.2%	8,734	3.0%	7,695	5.7%	8,046	2.7%
共募配分	6,939	2.6%	6,815	2.3%	7,473	5.5%	6,880	2.3%
負担金	2,055	0.8%	2,254	0.8%	1,196	0.9%	1,856	0.6%
介護保険	100,898	38.3%	124,363	42.5%	0	0.0%	114,451	38.4%
利用料（支援費）	8,407	3.2%	9,710	3.3%	2,803	2.1%	12,948	4.3%
措置費	416	0.2%	513	0.2%	0	0.0%	968	0.3%
運営費	3,351	1.3%	3,871	1.3%	1,116	0.8%	4,668	1.6%
雑収入	1,691	0.6%	1,896	0.6%	811	0.6%	2,000	0.7%
その他収入	12,903	4.9%	14,463	4.9%	6,196	4.6%	17,368	5.8%
事業収入計	263,133	100%	292,821	100.0%	135,480	100.0%	297,748	100%

（出所）　平成21年度および平成24年度「市区町村社協活動実態調査」より。

助金や補助委託を増やすようになった。こうした補助の増額は，地方公務員や
その退職者を社会福祉協議会の役員等へ就かせる人事交流（天下りと言われる場
合もある）と引き換えであることが多い。結果として，社会福祉協議会は民間
事業体というよりも，いっそう準公的機関としての性格を強めていった。
　その後，新たな財源を発見する努力が行われた。2000（平成12）年に始まった
介護保険制度は，社会福祉協議会が自らの経営判断で介護保険事業に参入する
ことを可能にし，独自の財源を獲得する機会となった。それまでは，後に介護
保険事業となったサービスのうち在宅福祉サービスは，市区町村から主に市区
町村社会福祉協議会に委託されてきたものだった。そのため，同サービスが介
護保険事業に転換してからは，経営とサービスの質や事故に対する責任という
リスクを抱え込むことではあるが，独自の経営判断による主体性・民間性を回

復する機会であったとは言えよう。

　こうした改善はなされてきたものの，社会福祉協議会財源の公費依存は解消
されたとは言い難い。市区町村社会福祉協議会の財源構成を見てもこのことは
明らかだろう（**表10-5**）。介護保険事業からの収入が最も高く38.4%を占める
までに成長したが，行政などからの受託金は23.3%と依然としてかなり高い。
本来基本であるべき民間からの資金である会費収入はわずか2.0%と少なく，
共同募金配分金も2.3%である。将来を展望するなら，今後は，社会福祉協議
会はあくまで民間性の原則を堅持していくのか，それとも行政機関の運営体制
の一部に一層組み込まれていくのかといった選択が迫られることになるだろう。

2-2　運動体か事業体か

　先の節で記したように介護保険事業は社会福祉協議会の自主財源として一定
の比重を占めるものに成長している。とはいえ，社会福祉協議会が介護保険事
業を運営するのに問題がない訳ではない。

　もともと中央社会福祉協議会を結成するにあたって1950（昭和25）年に設立準
備会で示された「社会福祉協議会組織の基本要綱」（11月7日）では，「社会福祉
協議会は，直接社会福祉事業のサービスを行うような施設を経営すべきではな
い」との文言が盛り込まれていた。そもそも社会福祉協議会は，「社会事業団
体施設の同業組合的協議会」となることが期待されていたのだから，協議体が
直接事業運営しサービスを提供することは控えるべきであるとは当然である。

　また，1960（昭和35）年に開催された「都道府県社協組織職員担当研究協議会」
（山形会議）をきっかけに1962（昭和37）年に生まれた新要綱である「社会福祉協
議会基本要項」では，住民主体の原則が打ち出され，その組織化のための運動
が強調された。また，同じ流れから1973（昭和48）年にまとめられた「市区町村
社協活動強化要項」では，住民福祉運動を推進する社会福祉協議会の在り方を
「運動体社協」と呼んでいた（土橋 2001：64）。住民や地域の諸機関・団体との信
頼関係を維持するためには，直接の事業運営が避けられるべきということにな
ろう。

　しかしながら，財源の公費依存を回避することも必要である。また，在宅福
祉サービスの開発など社会福祉事業の先駆的な試みを行うことも準公的機関と

しての性格を持つ社会福祉協議会の使命の一つであろう。

　1990（平成2）年6月の社会福祉関係八法改正の際，社会福祉事業法も改正され，同法74条4項として「市町村協議会及び地区協議会は，（…略…）社会福祉を目的とする事業を企画し，及び実施するよう努めなければならない」との規定が加えられた。すなわち，社会福祉協議会が事業を自ら行うことが求められるようになったのである。この規定は，社会福祉法にも109条1項一号にその規定が引き継がれている。

　こうした法改正と1992（平成4）年に配布された『新・社会福祉協議会基本要項』（既述）に盛り込まれた同内容部分を具体化するため，全国社会福祉協議会は1993（平成5）年に「ふれあいネットワークプラン21」を策定した。ここでは，新しい社会福祉協議会のあり方として，「事業型社協」という標語が生み出された。すなわち，社会福祉協議会は住民主体の活動を組織化する運動体であるとともに，在宅福祉サービスの提供などを行う事業体であるとするものである（土橋 2001：66；山口 2009：53）。⁽⁵⁾

　このように，社会福祉協議会が自ら事業を行うことを前向きに評価する意見もある。大橋謙策は，「この『事業型社協』の考え方に基づいた実践こそ，市町村における在宅福祉サービスを軸にした地域福祉を総合的に推進するコミュニティ・ソーシャルワークの考え方そのものといってよい」（大橋 2000）としている。すなわち，事業型社協という在り方は地域福祉の推進という時代のニーズに沿うために，社会事業団体施設の同業組合的協議会という枠組みを積極的に越えるものとして評価されているのである。

　介護保険法が制定され20年以上が経過したため，事業型社協として社会福祉協議会が在宅サービスを行わずとも地域にはその他のサービス事業者が育ってきている。そのため，社会福祉協議会が行う事業の意義は以前と比べて減少しているかもしれない。とはいえ，事業者がなかなか参入しない中山間地や離島をはじめとした地域では，社会福祉協議会がその担い手として期待される現状が存在することも確認しておかねばならない。

　「社会福祉協議会組織の基本要綱」（1950〔昭和25〕年11月7日）
　　一　社会福祉協議会は，一定の地域福祉に於いて，広く社会福祉事業の公私関係者

や関心をもつものが集まって，解決を要する社会福祉の問題について調査し，協議を行い，対策を立て，その実践に必要な凡ゆる手段や機能を推進し以って社会福祉事業を発展せしめ，当該地域社会の福祉を増進することを企画する民間の自主的な組織である。

二　社会福祉協議会は，中央及び都道府県に組織されるが，必要に応じ，市区町村，郡（地方事務所，将来は社会福祉地区の地域）等の地区にも組織されることが望ましい。（…略…）

十　社会福祉協議会は，直接社会福祉事業のサービスを行うような施設を経営すべきではない。然し町村の如き小さい地域の協議会では所謂法外援護や保健衛生や生活改善の指導，レクリエーションの推進の如き実践活動を行うことなどは当然の任務となるであろう。

「新・社会福祉協議会基本要項」（1992〔平成 4〕年 4 月）

Ⅱ　市区町村社会福祉協議会

　1　市区町村社会福祉協議会の事業

　市区町村社会福祉協議会は，その機能を発揮して，地域の実情に即して次のような事業をすすめる。（…略…）

　(4)　福祉サービスなどの企画・実施

　市区町村社会福祉協議会は，地域の実情，公私の役割分担をふまえ，住民個々のニーズに具体的に対応する体制をつくるため，公私の社会福祉事業関係者などとの連携により，地域福祉センター等活動の拠点づくり，福祉サービスの整備促進を図るとともに，自らも福祉サービスなどの企画・実施を行う。

2-3　そもそも民間団体である必要があるのか

　社会福祉協議会は民間団体でありながら，社会福祉法に位置づけを持ち行政からの補助があるなど公的機関としての特徴も併せ持っている。こうした中間的な組織の特徴は時に有益であるが，弊害がない訳ではない。そもそも，社会福祉協議会は民間団体として存続する必要があるのだろうか。

　もともと社会福祉協議会は，共同募金の配分金を活用するための組織体であるという側面があったとは既述の通りである。戦前は，社会福祉は民間の社会事業団体によって担われてきた歴史があるので，戦後にも存続した諸団体へ募金などの資金を提供するための取りまとめを行う準公的団体が必要とされていた。よって，「社会事業団体施設の同業組合的協議会」としての社会福祉協議

会の存在は，当時は一定の合理性があったと言ってよいだろう。また，介護保険制度開始前に在宅福祉サービスを始めるなど，採算が採れるかどうか不確定な事業を先駆的に行う団体組織が必要とされた時期があったのも確かであろう。

　しかしながら，社会福祉協議会の存在にはかつてほどの合理性が失われつつあるという意見もある。ここでは二つの論点をあげよう。

　まずは，社会福祉協議会の業務が整理されないままに存続してきた結果，新たな時代に期待される運動・事業を引き受けられなくなっている状況がある。例えば，介護保険法に規定される地域包括支援センター事業である。

　2005（平成17）年11月に全国社会福祉協議会は，「地域総合相談・生活支援システムの構築に向けて──市区町村社会福祉協議会への提案」を発行し，地域包括支援センター事業を社会福祉協議会が受託するために，既存事業との関係の整理などを行った。その後，地域包括支援センターを積極的に受託するように全国方針が示される。ところが，実際には社会福祉協議会の受託は進まず，2019（平成31）年4月末現在のセンター設置数5,167か所のうち，社会福祉協議会が設置主体となったのは714か所であり，全体のわずか17.6％に過ぎない。[6]総合相談支援・権利擁護，包括的・継続的ケアマネジメント支援，介護予防ケアマネジメントといった地域包括支援センターの機能の多くは，「社協が本来もっている機能とも多分に重なるもの」（地域包括ケア促進モデル事業検討委員会2009：3）であるのに，その特性を活かした展開ができていない。

　地域包括支援センターには「運営の公平・中立性を確保するために，委託の条件として介護保険事業や介護予防事業などから撤退することを求め」られることがあるなど，[7]事業型社協という従来のあり方とは矛盾する面がないとは言えない要件を整えなければならない。また，社会福祉協議会運営事業が多岐にわたりすぎており，社会福祉協議会の人員を新たな事業に割けない状況も見受けられる。こうした点を考えるならば，市区町村社会福祉協議会が，地域包括支援センターの受託を躊躇するのはやむを得ないのかもしれない。

　とはいえ，純然たる民間の団体ではない中間的な団体という立場が許されるのは，民間団体ではリスクをとれない事業を担うからではなかろうか。こうした局面において中間的な団体としての立場（準行政型供給組織）を維持するためには，既存の事業を整理し新たな体制を整備する努力が必要になるだろう。

　次に，その他の民間団体との競合の問題である。在宅福祉サービスが未整備であった時期には，事業体として社会福祉協議会が主導権をとって運営主体となる必然性があった。とはいえ，その他の社会福祉法人やNPOなどが受け皿として成長してきた現在ではその意義も薄れつつあると言わざるを得ない。しかも，他の団体よりも社会福祉協議会は有利な条件で事業を運営しており，民業圧迫と言われても仕方がない状況もある。松澤賢治は介護保険事業を始めるにあたって社会福祉協議会は，「多くは2000 (平成12) 年時点で，施設・設備の無償貸与，移管を受けている場合が多く，いわゆる初期投資資金やそのための借入金の返済負担は免れている」(松澤 2010：120) とのことである。民間の社会福祉団体施設の協議体としてこの状況は容認できないであろうし，効率的で地域ニーズに合った地域福祉を整備するという目的と矛盾する面がないとは言えないだろう。

　現在，社会福祉協議会の介護保険事業開始から20年以上が経過し，そろそろ実施施設を更新するための投資が必要とされる時期である。新しい施設に建て直す際には，社会福祉協議会の社会的役割を勘案してその在り方を再考することも必要になるかもしれない。

　NPO法が1998 (平成10) 年に制定され，民間の地域福祉を担う団体は層の厚みを増している。もはや，社会福祉協議会だけが地域福祉の中心的な担い手であるという状況はなくなりつつある。

　とはいえ，社会福祉協議会の役割がなくなった訳ではなかろう。次代の役割として，有償・無償の両方を含めた各種の地域福祉を担う団体の調整・連携整備を担い，地域住民にとってのそれらの団体の窓口となるプラットフォームとしての役割が期待されると言われている (伊賀市社会福祉協議会 2008：189-201)。例えば，2015 (平成27) 年 4 月に開始された生活困窮者自立支援制度 (2013〔平成25〕年12月法成立) はこうしたプラットフォーム機能が必要とされる制度である。この制度は生活保護受給者以外の様々な種類の生活困窮者を対象とする。例えば，雇用の不安定化，ニート・引きこもりの増加，高校中退・中高不登校の増加等といった状況が引き起こす問題を抱える生活困窮者である。こうした問題に対処するには，早期に創造性をもって，包括的な支援を行うプラットフォームとしての役割を果たす団体が必要とされているため，まさに社会福祉

協議会が適任であろう。実際，社会福祉協議会はこの制度の受託団体として大きな比重を占めている。いつの時代もそうであったように，先駆的な組織展開を遂げることができれば，いつの時代も準行政型供給組織である社会福祉協議会の存在の意義は見出されるといえよう。

　社会福祉協議会は行政と民間の団体のちょうど中間の位置に置かれているため，いつの時代もその立ち位置を確認せねばならない難しい判断を迫られる。近年，地方自治体の地域振興政策と連携しつつ，社協がまちづくり活動を行うことが盛んになってきている。地域の福祉力を高めることに繋がる必然性のある活動である。とはいえ，社協活動は，コミュニティ・ソーシャルワークの理念が核にあることを常に再確認しなければならないのではなかろうか。そうでなければ，単なるまちづくり活動が，市役所・町村役場の地域振興課の施策との違いが不明確となるからである。ひいては，社会福祉協議会の独自性が不明確となり，社協不要論が唱えられるようになる危険性もあるだろう。社会福祉の運動体であることこそ社会福祉協議会の存在意義であることを，いつの時代も留意する必要があるだろう。

3　その他の準行政型供給組織：民生委員・児童委員

　本章の最後に，社会福祉協議会以外のその他の準行政型供給組織について取り扱いたい。ここでは全国に広く展開している制度として民生委員と児童委員の制度について見ていくことにする。

3-1 民生委員

　本書第9章において扱ったように，旧生活保護法において民生委員は，生活保護制度の補助機関として大きな役割を担っていた。しかしながら，現行の新生活保護法において補助機関は社会福祉主事となり，民生委員は福祉事務所などの関係行政機関の業務に「協力」するものとされ（民生委員法14条5項），協力機関となった（図10-1）。担当区域内の住民の実態や社会福祉ニーズの日常的な把握，社会福祉の制度やサービスについての住民への情報提供，住民を関係行政機関，施設，団体などへつなぐパイプ役，生活支援などの仕事を行ってい

図 10 - 1　協力機関としての民生委員

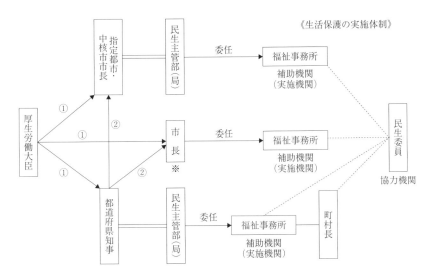

①法定受託事務の委託, 処理基準の制定, 監査指導, 技術的助言・勧告・是正の指示等
②監査指導, 技術的助言・勧告・是正の指示等
※福祉事務所を管理する町村長は市長と同一の扱いとなる。

(注)　旧生活保護法(1946年)では民生委員が補助機関だったが, 保護基準の改定が科学的・合理的に
　　　なったことから, まず補助機関は社会福祉主事に変更され(1950年), さらに福祉事務所長(1951年
　　　社会福祉事業法)に変更された。

る(同法14条)。

　委員への委嘱は, 都道府県知事の推薦により厚生労働大臣が行う(同法5
条)。職務に関して都道府県知事の指揮監督を受けるほか, 市町村長は援助を
必要とするものに関する資料の作成の依頼や, その他職務に関して必要な指導
をすることができる(同法17条)。

　地域の名士とされることもあるため, その影響力を不当に行使しないよう
に, 職務上の地位は政党または政治的目的のために利用することが禁止されて
いる(同法16条)。以前は名誉職とされていたが, 2000(平成12)年の法改正で名
誉職規定が削除され, 給与も支給しないことが規定された。また, 任期が3年
であるとも明記された(同法10条)。

このようにその地位に関して様々な制限が加えられるようになったが，高齢社会と言われ地域社会のきずなの衰退が危ぶまれている社会の現状を考えれば，「孤独死」の問題への対処など，民生委員の役割はますます重視されるようになっている。しかしながら，2017（平成29）年3月31日現在定員23万8,349人（うち主任児童委員が2万1,897人）に対し，委嘱数は23万739人（うち主任児童委員が2万1,445人）と充足できておらず，人材が不足している。

3-2 児童委員

　児童福祉法により，民生委員は同時に全員が児童委員にも充てられたものとされている（児童福祉法16条2項）。すなわち，民生委員と児童委員は同じ人物が兼務する。

　児童委員は，児童及び妊産婦につき状況を把握し，情報提供等の援助・指導を行い，地域の事業者や行政職員と連携をとることなどがその職務である（児童福祉法17条）。また，1994（平成6）年1月から，今までの区域担当児童委員に加え，児童福祉に関する事項を専門的に担当する主任児童委員制度が設けられた（児童福祉法16条3項）。主任児童委員は区域担当児童委員と一体となった活動をするが，児童福祉関係機関や教育機関，地域の児童健全育成に関する団体との連絡連携をとるパイプ役としての役割を持つ職種である。

（For Study）

1）　社会福祉協議会は，行政と民間の中間的な団体（準行政型供給組織）であると論じたが，あなたにはどのように映っただろうか。行政機関であると見えたかもしれないし，民間団体だと見えたかもしれない。どのように考えたかを明確にして，なぜそのように考えるのかを証拠をあげつつ論じてみよう。
2）　社会福祉協議会は，運動体社協であるべきか事業型社協であるべきかあなたの意見を論じてみよう。中間であってよいと考えるなら，なぜ両者は矛盾しないのかを論じてみよう。
3）　民生委員の定員は充足していない現状がある。なぜ，そのような事態になっているのか，社会的背景を考慮に入れて考えてみよう。

注
（1）　一部に法人格を持たない団体（任意団体）もある。

（2）　5原則とは，①住民ニーズ基本の原則，②住民活動主体の原則，③民間性の原則，④公私協働の原則，⑤専門性の原則である。

（3）　和田敏明は，他の福祉団体との10項目の違いを示すことで，社会福祉協議会の活動の特徴を描き出している。要約すると次の10である（和田 2018：4-5）。

　　①（高齢者・障害者・児童・低所得者といったような）特定の福祉問題の解決だけを目的にしていない。②住民との協働を重視する。③制度事業にも＋αの取組がある。④新しい制度や福祉サービスの創出を働きかける。⑤公私の機関・団体との協働で事業を進める。⑥ボランティア活動を推進する。⑦情報提供・福祉教育を推進する。⑧社会福祉人材の養成。⑨地域福祉の財源づくり（共同募金など）。⑩サービスの利用者の権利擁護，苦情解決。

　　これらの特徴からは，地域福祉とは個別分野にとどまらず地域での福祉を推進するためのサポート体制を整える事業全般と捉えることができるのではないだろうか。

（4）　2018（平成30）年4月1日現在では，市区町村社会福祉協議会は全国に1,846である。

（5）　もちろん，事業型社協は，在宅福祉サービスを提供する以外にも，住民参加による新たなサービスの開拓，ネットワークの構築，行政への提言などの活動を総合的に行う事業体を目指すものであるので，民間営利企業としての事業体とは異なったものであるのは言うまでもない。

（6）　厚生労働省HPより（https://www.mhlw.go.jp/stf/seisakunitsuite/bunya/hukushi_kaigo/kaigo_koureisha/chiiki-houkatsu/）2020年10月12日閲覧。

（7）　社会福祉法人全国社会福祉協議会・地域福祉推進委員会資料「市区町村社会福祉協議会における『地域包括支援センター』取組み方針」（平成17年7月26日）より。

参考文献

伊賀市社会福祉協議会，2008，『社協の底力――地域福祉実践を拓く社協の挑戦』中央法規

大橋謙策，2000，「住民参加による福祉のまちづくり――総合支援型社会福祉協議会活動を求めて」内山憲介・高橋伸幸共編『総合支援型社協への挑戦――長崎県鹿町町社協の実践から』中央法規：3-12

川上富雄，2003，「社会福祉協議会とはなにか」山本主税・川上富雄編著『地域福祉新時代の社会福祉協議会』中央法規：3-15

佐甲学，2009，「市区町村社会福祉協議会の経営」『概説社会福祉協議会 2009・2010』全国社会福祉協議会：141-196

渋谷篤男，2009，「市区町村社会福祉協議会の事業　地域福祉活動推進部門」『概説社会福祉協議会 2009・2010』全国社会福祉協議会：65-93

全国社会福祉協議会，2011，『概説社会福祉協議会 2011・2012』全国社会福祉協議会

――――，2018，『改定 概説社会福祉協議会』全国社会福祉協議会

副田義也，1968，『コミュニティ・オーガニゼーション（社会福祉事業シリーズ⑥）』誠信書房

地域包括ケア促進モデル事業検討委員会，2009，『連携が生み出す地域包括ケア――区市町村社協と地域包括支援センターの連携を目指して』社会福祉法人東京都社会福祉協議会

塚口伍喜夫，2010，「序章」『社協再生──社会福祉協議会の現状分析と新たな活路』中央法規出版：5-26

土橋敏孝，2001，「社会福祉基礎構造改革と社会福祉協議会」『新潟青陵大学紀要』第1号：59-72

松澤賢治，2010，「社会福祉協議会の社会的使命と組織自立──財政自立と人材養成の検討をつうじて」『社協再生──社会福祉協議会の現状分析と新たな活路』中央法規出版：113-133

三菱UFJリサーチ＆コンサルティング，2019，『地域包括支援センターの業務実態に関する調査研究事業報告書』

山口稔，2009，「地域福祉の進展と社会福祉協議会のあゆみ」『概説社会福祉協議会 2009・2010』全国社会福祉協議会：37-54

和田敏明，2018，「社会福祉協議会の基礎理解」『改定 概説社会福祉協議会』全国社会福祉協議会：1-28

第11章

社会福祉行政との連携・協働(2)
──社会福祉法人など──

　本書第7章で引用した社会福祉サービスの提供主体の分類のうち，第10章から続けて，公と民の中間的性格の事業体である公共的福祉供給システムのなかの認可型供給組織を扱う。第10章では準行政型供給組織としての色彩の強い組織体を扱ったので，本章ではより民間的な色彩の強い組織体の方を扱う。

　具体的には，民間団体として地域のニーズに合わせた自由な活動を行うが，認可条件を満たすことを求められ公共的性格も確保した団体である社会福祉法人である。第10章で扱った社会福祉協議会も多くは社会福祉法人格を取得した団体ではあるが，設立の経緯からより行政機関としての性格を強く兼ね備えていると考えて，敢えて別の区分として扱った。

1　社会福祉法人とは何か

　社会福祉行政の歴史について扱った本書第3章で記述したように，社会福祉法人とは戦後の措置制度を確立する過程で，「公私分離原則」を確立するために作られた法人制度である。措置制度を円滑に運営するため，民間に措置委託の受け皿となるよう設置された。また，憲法89条の公の支配に属しない事業への公金支出禁止規定を回避する目的もある。厳格な審査のもとに認可を受けた法人であるため，公共的性格が強いと考えられている。そのため，国・地方公共団体（地方自治体）以外では原則的に第一種社会福祉事業を行える唯一の団体であり，公費による助成が容易となっている。しかし，質の向上・透明性の確保といった経営の原則を遵守する必要があるとともに，十分な資産を備えなければならないという要件がある。

　社会福祉法人の法的根拠は次の通りである。社会福祉法人とは，2008（平成20）年11月の民法改正までは民法34条に規定される公益法人から発展した特別法（この場合は社会福祉法）に基づく法人であった。民法が改正され該当条文が

削除されてからは，社会福祉法22条を根拠法とする広義での社団法人となった。[2]

1-1 社会福祉法人の行う事業とその支援

　社会福祉法22条に規定されるように，第一種社会福祉事業を始めとした「社会福祉事業」を行うことを目的として設立される法人ではあるが，同法26条に規定されるようにその他の事業を行ってもよい。その他の事業には，「公益事業」および「収益事業」がある（表11-1）。

　社会福祉事業とは，社会福祉法に第一種社会福祉事業と第二種社会福祉事業として限定列挙される事業である。すなわち，社会福祉法にそれぞれにあたる事業がいちいち記載されているものである（第一種は2条2項，第二種は2条3項）。このうち，第一種社会福祉事業に関しては，本書第4章での解説の通り，国と地方自治体以外では原則として社会福祉法人に限り事業経営が認められる。

　公益事業とは，社会福祉事業ではないが公益を目的として行われ，社会福祉事業の純粋性を損なう恐れのない事業である。通知などによってその要件の詳細は規定される。介護老人保健施設（無料定額老人保健施設利用事業は除く）や有料老人ホームの経営などがこれにあたるとされる。

　収益事業とは，その収益を社会福祉事業または一定の公益事業に充てることを目的として，一定の計画の下に収益を得ることを目的として反復継続して行われる事業である。事業の種類に特別の制限はないが，社会福祉事業の円滑な遂行を妨げるおそれがあってはならないし，法人の社会的信用を傷つけるおそれがあるものや投機的なものは適当ではない。貸しビル，駐車場，施設内の売店の経営などがそれにあたるとされる。

　これら公益事業や収益事業に関する会計は，それぞれ当該社会福祉法人の行う社会福祉事業に関する会計から区分し，特別の会計として経理しなければならない（社会福祉法26条2項）。

　社会福祉事業という公共性の高い事業を営むことを目的とするため，次節で扱う税法上の優遇措置以外にも様々な優遇措置が採られている。社会福祉法人が施設を整備する場合，国は原則としてその整備費の1/2を補助し，都道府県（指定都市・中核市を含む）は整備費の1/4を補助することになっている（表11-2）。また，社会福祉法人が用意しなければならない分の資金に関しても，

表11-1　社会福祉法人の事業

社会福祉事業	・社会福祉法に規定される第一種社会福祉事業と第二種社会福祉事業として限定列挙される事業。
公益事業	・社会福祉事業の要件にはあてはまらないが，社会福祉と関係のある公益を目的とする事業。 （介護老人保健施設の経営や有料老人ホームの経営など。）
収益事業	・一定の計画の下に収益を得ることを目的として反復継続して行われる事業。 ・当該事業から生じた収益は，当該法人が行う社会福祉事業または公益事業の経営に充てなくてはならない。 ・風俗営業や高利貸しなど社会的信用を傷つけたり，社会福祉事業の運営に支障をきたすような事業は行ってはならない。 （貸しビル，駐車場，施設内の売店の経営など。）

（注）　公益事業，収益事業は，社会福祉事業に関する会計から区分し，特別の会計として経理する必要がある。

表11-2　社会福祉法人の施設整備費費用負担の割合

費用負担者／設置主体	国	都道府県，指定都市，中核市	市町村	社会福祉法人等
社会福祉法人等	1／2	1／4	－	1／4

独立行政法人福祉医療機構において，社会福祉事業施設等の設置，整備等に必要な資金の融資が行われている。

とはいえ，近年こうした優遇措置は引き締められているのが現状である。[3] 例えば，2005（平成17）年3月1日開催の厚生労働省社会・援護局関係主管課長会議資料によれば，いくつかの領域の施設整備費は国からの補助負担金（社会福祉施設等施設整備補助負担金）の形式を取りやめ，新たな交付金による措置へと財源の変更がなされている。特に高齢者や児童の福祉施設はほとんどが補助負担金の対象ではなくなっている。補助負担金は法令に国の負担であることが定められているものである。一方で交付金は，法令等に基づき同じく義務的に支弁されるものではあるが，時々の重点事業等に絞って行われる場合もあるものである。[4]

1-2　社会福祉法人の税法上の地位

既述のとおり，社会福祉法人は税法上その地位が優遇されている。例えば，法人税法7条には，「公益法人等」の「非収益事業」には課税しない旨が記されており，これが社会福祉法人にも適用される。まぎらわしいが，ここでいう非

収益事業とは社会福祉法に規定される収益事業ではなく法人税法に規定される
ものである。法人税法上の収益事業がどのようなものかは，法人税法施行令5
条に34業種が限定列挙されている。よって，社会福祉法において公益事業とさ
れているもののすべてが法人税法上の非収益事業にあたる訳ではないが，基本
的に先に説明した社会福祉事業と公益事業からの所得に関しては課税されない
と考えてよいだろう。

　さらに，収益事業に関しても法人税率は19.0％であり，企業や一般社団法
人，NPO法人の収益事業に課される23.2％よりも低く抑えられている（**表11-
3**）。収益事業から生じた収益は，その社会福祉法人が行う社会福祉事業およ
び公益事業以外の目的に使用してはならないとの規定はあるが（社会福祉法57
条），事業の種類に特別の制限がないこの収益事業に対する税率までも優遇さ
れている。

　加えて，同じ収益事業にも社会福祉法人には特例措置が用意されている場合
がある。代表的なものは介護保険事業であろう。法人税法上は，介護保険事業
は列挙されている34業種のうち医療保健業に該当するとされ，課税対象となる
収益事業とされている（大森 2006：108）。そのため，社会福祉法人以外の事業
主体が介護保険事業を行えば一般的な事業と同じく課税されることになる。と
ころが，社会福祉法人はこうした介護保険事業を行ったとしても非収益事業と
みなす特例があるために課税されない。法人税法施行令5条29項ロに「社会福
祉法人が行う医療保健業」は収益事業から除外する旨が記載されているからで
ある。第一種社会福祉事業に分類される介護保険事業は公共団体か社会福祉法
人しか行えないが，第二種社会福祉事業であれば広く様々な事業主体に運営が
開放されている。しかしながら，第二種の事業に関しても社会福祉法人には税
法上の優遇があるということになる。

1-3 社会福祉法人制度の利点

　このように，国は社会福祉法人に対して優遇措置を設けているが，それには
一定の理由がある。少なくとも，次の2点があげられるだろう。すなわち，①
自由競争を行う私的事業よりは相対的に強力な公的規制の必要な事業が存在す
る，②本来は国が責任を持つべき社会福祉事業のナショナル・ミニマム確保に

表11-3　公益法人などの法人税等の取扱い（国税）

	公益社団法人 公益財団法人	学校法人 社会福祉法人 更生保護法人	宗教法人 独立行政法人 日本赤十字社 等	認定NPO法人 特例認定NPO法人	非営利型の 一般社団法人 一般財団法人[1] NPO法人	一般社団法人 一般財団法人
根拠法	公益社団法人及び公益財団法人の認定等に関する法律	私立学校法 更生保護事業法 社会福祉法	宗教法人法 独立行政法人通則法 日本赤十字社法　等	特定非営利活動促進法	一般社団法人及び一般財団法人に関する法律（法人税法）特定非営利活動促進法	一般社団法人及び一般財団法人に関する法律
課税対象	収益事業課税 ただし、公益目的事業に該当するものは、収益事業であっても非課税	収益事業課税	収益事業課税	収益事業課税	収益事業課税	全所得課税
みなし寄附金損金算入限度額[2]	次のいずれか多い金額 ①所得金額の50% ②みなし寄付金額のうち公益目的事業の実施に必要な金額	次のいずれか多い金額 ①所得金額の50% ②年200万円	所得金額の20%	次のいずれか多い金額（特例認定NPO法人は適用なし）①所得金額の50% ②年200万円	なし	なし
法人税率（所得年800万円までの税率[3]）	㉘㉙年　23.4% ㉚年〜　23.2% （15%）	19.0% （15%）	19.0% （15%）	㉘㉙　23.4% ㉚〜　23.2% （15%）	㉘㉙　23.4% ㉚〜　23.2% （15%）	㉘㉙　23.4% ㉚〜　23.2% （15%）
寄附者に対する寄附優遇[4]	あり	あり	あり（宗教法人等を除く）	あり	なし	なし

（注）1 ）　非営利型の一般社団法人・一般財団法人：
　　　　①非営利性が徹底された法人，
　　　　②共益的活動を目的とする法人
　　　2 ）　収益事業に属する資産のうちから収益事業以外の事業（公益社団法人及び公益財団法人にあっては「公益目的事業」，認定NPO法人にあっては「特定非営利活動事業」）のために支出した金額について寄附金の額とみなして、寄附金の損金算入限度額の範囲内で損金算入
　　　3 ）　平成24年 4 月 1 日から平成29年 3 月31日までの間に開始する各事業年度に適用される税率
　　　4 ）　特定公益増進法人に対する寄附金については，一般寄附金の損金算入限度額とは別に，特別損金算入限度額まで損金算入
　　　　一般寄附金の損金算入限度額：（資本金等の額の0.25％＋所得金額の2.5％）× 1 / 4
　　　　特別損金算入限度額：（資本金等の額の0.375％＋所得金額の6.25％）× 1 / 2

（出所）　財務省ホームページより（https://www.mof.go.jp/tax_policy/summary/corporation/c05.htm）。

とって有効な方法が必要とされる，といった点である。

　まずは，①についてである。社会福祉法人を主な担い手とする第一種社会福祉事業は，もともと社会的配慮の必要な人を対象として人格の尊厳に重大な関係を持ち，主に人を収容して生活の大部分をそこで営ませるような施設サービスと考えられていた。現在でも，提供される福祉サービスが利用者に対する影響が特に大きいため，相対的に強い公的規制が必要になる事業は存在している（社会福祉法令研究会 2001：227-228）。例えば，特別養護老人ホームに認知症の利用者を収容してサービスを提供する場合，利用者の判断能力が低下している恐

れがあるため，経営が安定しサービスの質の水準が一定に保たれていなければ重大な結果をもたらす危険性がある。そのため，こうしたサービスの提供者はより公共的性質を高める必要がある。公的な規制のもと，国や地方自治体と同じ体制でサービスを提供する，行政統制の強い影響下にある社会福祉法人は，準行政機関とみなしてもよいほどである。

　次に，②についてである。第3章での説明の通り，1951（昭和26）年の社会福祉事業法制定は，GHQとの協議の結果生まれた6項目提案（1949〔昭和24〕年）を受けたものであった。ここでは，公私分離原則をいかに解釈するかが一つの争点となった。結論としては，公的な責任がその費用負担と業務運営において果たされるならば，民間事業者に委託したとしても責任の転嫁ではないと解釈されることになった。すなわち，社会福祉法人を認可制とし，その費用を措置委託費として支出することで国は公的な事業運営の責任を果たしたことになるということになったのである。この論理を明文化したのが社会福祉事業法の第5条（現在の社会福祉法61条）である。当時，比較的整備されていた生活保護法の救護施設のような社会資源を児童福祉や身体障害者福祉の部門では抱えていなかったため，公的な部門で不足する施設を民間事業者に委託して充足する必要があったという時代的要請があったのである（山田2009：63）。

　実際，社会福祉事業法においても，それを引き継いだ社会福祉法においても，公共性の高さによって区分された第一種社会福祉事業と第二種社会福祉事業の区分がなされているものの，どの事業を国や地方自治体に振り分け，どの事業を民間事業者に振り分けるのかといった公私の明確な区分はない（森田2004：209）。公の責任の範囲に民間事業者である社会福祉法人を含みこむことによって，ナショナル・ミニマムの達成は可能になると言ってもよいだろう。

　国にとって社会福祉法人制度に利点があると同時に民間事業者側にも利点が存在している。例えば，増田雅暢は次の6点をあげている（増田2003：116）。本章のこれまでの記述と重なる部分も多いが，まとめとするために引用しておきたい。①第一種社会福祉事業の経営主体になることができる。②所得税法などに基づき，法人税などの国税・地方税の一部が非課税になるなど，税制上の優遇措置が適用される。③法人に対する寄付金が非課税措置となるなどのため寄付金を受けやすいほか，行政機関からの公的援助，補助金などを受けやす

い。④継続的かつ安定的な事業運営が可能である。⑤市町村などの行政機関からの委託事業を受けやすい。⑥社会的信用が高まるとともに職員の確保がしやすい。以上のような利点があるために，社会福祉法人は盛んに設立されている。

　行政にとっては，民間事業者の効率性を取り入れつつ行政責任を達成できるという利点があり，民間事業者にとっては様々な優遇措置を受けることができるという利点がある。そのため，少なくともある時期までは大変バランスの取れた仕組みであったといえるだろう。とはいえ，時代状況は移り変わっているため，こうした状況も次第に変化を示すようになった。この点については節を改めて詳述したい。

1-4 社会福祉法人数

　北場勉によれば，当初社会福祉事業の主流であった施設福祉サービスでは，許認可に関わる事業が多くなったことと，資金の助成が民間によるものも公的なものも社会福祉法人に集中したことが理由で，社会福祉法人が事業者数において他の事業体に比べて優勢となっていった（北場 1999：241）。繰り返しになるが，第一種社会福祉事業は社会福祉法により社会福祉法人以外の参入は難しい。また，届出でよい第二種社会福祉事業も社会福祉法人には公的助成の規定があるため（児童福祉法56条の2など），その他の事業者の施設の設置には障壁となっている。これは，1953（昭和28）年の社会福祉事業法（現社会福祉法）改正により，従来災害復旧の場合に限定されていた社会福祉法人への公的助成が，国や地方自治体が必要と認めれば可能となるように変更されたからである。さらに，税制に関しても社会福祉法人への寄付金は損金算入が認められるようになったため，船舶振興会や自転車振興会といった民間助成団体による社会福祉法人への助成も増加した。

　近年でもその傾向はなくならずに，**表11-4**にあるように社会福祉法人数は確実に増加し続けている。

1-5 社会福祉法人制度改革①：社会福祉基礎構造改革に伴って

　措置制度が主流である時代は，社会福祉法人制度は国の設定する基準・規制に従い施設を運営し，運営費は措置委託費によって保障されていたので，事業

表11-4 社会福祉法人数の年次推移

（各年度末現在）

	1990 (平成2)	1995 (平成7)	2000 (平成12)	2005 (平成17)	2010 (平成22)	2011 (平成23)	2014 (平成26)	2015 (平成27)	2016 (平成28)	2017 (平成29)	2018 (平成30)
総　数	13,356	15,090	17,002	18,258	18,727	19,246	19,823	19,969	20,625	20,798	20,872
社会福祉協議会	3,074	3,376	3,403	2,077	1,848	1,901	1,901	1,900	1,900	1,900	1,900
共同募金会	47	47	47	47	46	47	47	47	47	47	47
社会福祉事業団	105	138	152	147	132	133	129	129	125	125	126
施設経営法人	10,071	11,455	13,303	15,852	16,408	16,842	17,375	17,482	18,101	18,186	18,417
その他	59	74	97	135	293	323	371	411	452	540	382

（注）　2015（平成27）年度までは二つ以上の都道府県の区域にわたり事業を行っている法人（厚生労働大臣及び地方厚生局長所管分）は含まれていないが，そのうち地方厚生局長所管分については2016（平成28）年度から都道府県に権限移譲されたため，対象となった当該法人が含まれている。
　　　2010（平成22）年度は，東日本大震災の影響により，福島県（郡山市及びいわき市以外）を除いて集計した数値である。ここでは直近を除き5年毎の数値を掲載しているが，経年推移を見るためには統計集計上の要因は省くべきであるため翌年の2011（平成23）年度の数値も載せている。
（出所）　各年度「社会福祉行政業務報告（福祉行政報告例）結果の概況」及び「福祉行政報告例の概況」より著者作成。

　経営という視点がなくとも施設運営は可能であった。いわゆる「運営あって経営なし」という状況である。会計が明朗であり監督が容易であるためにも，措置制度のもとでは一法人一施設という効率性には疑問のある運営形態が推奨された面がある。

　とはいえ，2000（平成12）年に社会福祉事業法が社会福祉法に改正され，社会福祉の基礎構造が措置制度から利用契約制度へと本格的に移行することになると，事情は変わってくる。このときの改正で，社会福祉法24条として「経営の原則」の条文が加わった。この条文によって，社会福祉法人は「自主的にその経営基盤の強化を図る」ことが求められるようになった。

　自主的な経営を行い，法人を維持・拡大するために，契約制度を活用して市場で利益をあげるような体質への変革が求められた。そのため，社会福祉法では，収益事業の収益を社会福祉事業以外の公益事業の経営にも充当できること（第26条）や，請求があった場合には財務諸表を開示すべきこと（現第45条の34第3項，旧第44条4項）が新たに加えられた（森田 2004：216）。

　さらに，「第8章　福祉サービスの適切な利用」の章が新設され，利用者保護の条文も付け加えられた。サービスの利用が行政の責任のもとに割り振られるのではなく，利用者が主体的に契約することになったために，不正な契約から利用者を保護する必要が強まったためである。この規定では，社会福祉法人に限らず社会福祉事業者は，情報の提供（75条），利用契約時の説明（76条），契

約時の書面交付 (77条)，福祉サービスの質の向上のための措置 (78条)，誇大広告の禁止 (79条)，苦情解決 (82条) といった責務に取り組むように定められた (山田 2009：66)。

　あわせて，2000 (平成12) 年 2 月に厚生省より「社会福祉法人会計新基準」が通知され 4 月より適用された。社会福祉法に新たに規定されたように「自主的にその経営基盤の強化を図る」目的で社会福祉法人の財務基盤を強化するためのものである。その内容は，①施設単位の会計から法人単位の会計への転換と，②損益計算の考え方，減価償却制度の導入を図るものであった (伊奈川 2001：42)。また，運営費の使途制限を緩和して自由化することで経営の柔軟性を高めることも目指された。

　このように，社会福祉法人も一般事業者と同じく市場における適正な競争のなかで社会福祉サービスを提供する事業主体となるように促されているといえよう。

1-6　社会福祉法人制度改革②：社会福祉法人の法人ガバナンス強化[6]

　2000 (平成12) 年の社会福祉基礎構造改革後，とりわけ介護保険制度の導入によって，居宅福祉サービス等の第二種社会福祉事業を中心にNPOや営利企業も社会福祉法人と同じ事業者として社会福祉サービスの準市場に参加することになった。すると，社会福祉法人だけを補助金や税制などで優遇することに疑義を呈する，いわゆる「イコール・フッティング」論が唱えられることになった (詳しくは後述)。また，2010年代前半に社会福祉法人の内部留保と不正経理の問題が存在するとの批判も高まった (牧野 2017：111-112；朝木 2019：95-96)。

　こうした状況に対応して，社会福祉法人の公益性を再確認し，内部統制の強化を促す制度改革が行われた。具体的には，2013 (平成25) 年 1 月に内閣総理大臣の諮問機関として設置された規制改革会議と厚生労働省が議論を応酬するなかで進められた。規制改革会議が取りまとめる規制改革実施計画は各年に閣議決定される。2014 (平成26) 年に閣議決定されたこの計画のなかに，イコール・フッティング論が取り上げられ，社会福祉法人制度見直しのきっかけとなった (関川 2019b：30)。第二次安倍政権における経済産業政策のなかで，介護・保育関連事業も成長産業の一つと位置づけられ，民間企業の育成及び振興の観点か

ら，社会福祉法人への各種優遇措置が議論の対象となったのである。介護や保育に様々な事業者の参入が認められる以上は，競争条件は公平でなければならないとの意見は当然生まれるだろう (関川 2019b：35)。ここで検討するべく提示された論点に厚生労働省が対応して，本節で議論している社会福祉法人の法人ガバナンス強化策等が提案されたのである(7)。

　具体的には，①社会福祉法人の法人ガバナンス強化，②情報公開，③財務規律の強化，④地域公益的取組の実施といった項目である (関川 2019a：10-28)。

　①のガバナンス強化は，法人組織内部に法人理事長をはじめとした役員の独断専行を防止するため牽制関係を持つ役職に法人内で明確な位置づけを与えることである。評議員会，理事会，監事等の役割と責任が社会福祉法に明記されることになった。理事会には意思決定，監督，理事長の選定及び解職等を行う権限が持たされた。また，評議員会は，議決機関として，法人運営体制の基本的な仕組みを決定する。

　②の情報公開は，法人運営に関する各種書類 (定款，役員報酬の支給基準，計算書類，役員等の名簿，現況報告書) の公表が義務づけられ，閲覧を請求できる範囲を国民一般に拡大した。

　③の財務規律強化は，批判のあった過剰な内部留保の取扱い改善である。社会福祉法人の保有する財産のうち，事業継続に必要な最低限 (控除対象財産額) を控除した財産額を余裕財産と見て「社会福祉充実財産」として定義した。この社会福祉充実財産に関しては，「地域福祉充実計画」を作成して計画的に次の地域公益的取組を含む社会福祉サービスに再投下することが求められた。

　④の地域公益的取組とは，営利企業等では実施することの難しい市場では安定的・継続的には供給できない生活困窮者等に対する福祉サービス等の地域貢献事業を実施することである。営利企業とは違った公益性を持つことが社会福祉法人の存在意義であるのだから，イコール・フッティング論の批判をかわすためにもこの取組みはぜひとも必要とされるだろう。③の社会福祉充実財産の一部を活用することが見込まれている。

2　社会福祉法人制度の抱える問題点

2-1　社会福祉法人とその他の事業者の関係①：イコール・フッティング論

　措置制度が主流の時代は，行政裁量によって決められた量のサービスを規制に従って供給する事業体が求められたのだから，社会福祉法人に特別の保護が行われるのに合理性があったと言えよう。しかしながら，社会福祉基礎構造が変容し，利用契約制度のなかでそれぞれの事業体が競争することでサービス水準を向上させることが求められるようになると，特定のカテゴリーの事業体だけを優遇することに異論が生まれてもおかしくはない。

　こうした異論のなかで注目されるのが，先にも指摘した，社会福祉法人も営利法人などの他の事業体と対等な競争条件の立場(footing)に置かれなければならないという「イコール・フッティング」論である。これは，2001(平成13)年4月に内閣府に設置された「総合規制改革会議」(後に規制改革・民間開放推進会議)において使われるようになった言葉である。営利法人などが新規に参入して創意工夫と柔軟性を持った福祉サービスを提供するために，社会福祉法人の運営する施設と営利法人が運営する特定施設(有料老人ホームなど)やグループホームとの競争条件を均一化することを求めるものであった(社会福祉法人経営研究会編 2006：54)。

　1997(平成9)年の児童福祉法改正で保育所への入所が「申込み制」(利用契約制度)となり，2000(平成12)年に介護保険制度が始まり，2003(平成15)年に障害者福祉における支援費制度が導入され，2006(平成18)年にそれを引き継いだ障害者自立支援法が施行されてからは，様々な事業主体が福祉サービス事業を担う条件が整備された。とりわけ高齢者在宅介護サービスの分野を中心として，営利法人，生協，農協，NPO法人などの多様な主体が参入している。厚生労働省「平成30年介護サービス施設・事業所調査結果の概況」によれば，**表11-5**に示すように，とりわけ居宅系の介護保険サービスにおいては営利法人やNPO法人の進出が著しい。訪問介護のシェアでは，社会福祉法人が16.8%であるのにたいして営利法人は67.6%，NPO法人が5.3%である。

　このように，社会福祉基礎構造が利用契約に基づく準市場システム(本書第

表11-5　開設（経営）主体別事業所の構成割合

（平成30年10月1日現在）

	総数	地方公共団体	日本赤十字社・社会保険関係団体・独立行政法人	社会福祉法人*	医療法人	社団・財団法人	協同組合	営利法人（会社）	特定非営利活動法人（NPO）	その他
居宅サービス事業所	100.0	0.3	…	16.8	6.0	1.3	2.3	67.6	5.3	0.4
（訪問系）	100.0	0.1	…	32.5	1.6	0.5	0.7	64.1	0.5	-
訪問介護	100.0	2.0	1.9	6.5	26.3	7.9	1.8	51.4	1.5	0.6
訪問入浴介護	100.0	0.4		37.0	7.8	0.6	1.5	51.0	1.5	0.1
訪問看護ステーション	100.0	2.5	1.3	8.2	77.5	2.6	…	0.0	…	7.9
（通所系）	100.0	3.3	1.9	16.0	74.8	3.1	…	…	…	0.9
通所介護	100.0				100.0		…	…	…	
通所リハビリテーション	100.0	1.8	0.7	1.5	79.8	2.2		0.1		13.9
介護老人保健施設	100.0	1.5	…	84.0	3.3	0.1	0.4	10.1	0.4	0.2
介護医療院	100.0	3.6	1.7	12.2	77.6	2.9		…		2.0
医療施設	100.0	3.4	1.7	15.2	75.7	3.1		…		0.9
（その他）	100.0		4.3		91.2		…	…	…	4.4
短期入所生活介護	100.0	4.9	1.2	85.1	0.4	2.2		…		6.2
短期入所療養介護	100.0	0.7	…	23.1	6.3	0.6	0.4	68.0	0.4	0.6
介護老人保健施設	100.0	0.0	…	2.4	1.2	0.5	1.6	93.4	0.5	0.3
介護医療院	100.0	-	…	1.8	1.0	0.5	1.6	94.5	0.5	0.2
医療施設										
特定施設入居者生活介護										
福祉用具貸与										
特定福祉用具販売										
地域密着型サービス事業所	100.0	-	…	28.8	16.2	1.8	4.0	47.2	1.5	0.5
定期巡回・随時対応型訪問介護看護	100.0	0.5	…	37.1	7.1	2.0	3.7	48.7	0.9	-
夜間対応型訪問介護	100.0	0.3	…	12.2	3.8	0.9	1.1	74.9	6.3	0.5
地域密着型通所介護	100.0	0.2	…	43.3	11.6	0.9	1.3	36.9	5.5	0.3
認知症対応型通所介護	100.0	0.1	…	31.8	12.6	0.8	2.2	46.7	5.6	0.3
小規模多機能型居宅介護	100.0	0.1	…	24.3	16.2	0.4	0.6	54.2	4.1	0.2
認知症対応型共同生活介護	100.0	0.1	…	31.1	17.4	0.6	0.6	47.9	1.9	0.4
地域密着型特定施設入居者生活介護	100.0	-	…	19.0	23.5	4.3	2.4	47.2	3.6	-
複合型サービス（看護小規模多機能型居宅介護）	100.0	3.7	…	96.3	・	・	・	・	・	
地域密着型介護老人福祉施設										
介護予防支援事業所（地域包括支援センター）	100.0	24.9	…	54.3	13.5	3.8	1.1	1.6	0.4	0.2
居宅介護支援事業所	100.0	0.7	…	23.8	16.4	2.4	2.4	50.8	3.1	0.4

（注）　訪問看護ステーション，通所リハビリテーション，短期入所療養介護及び地域密着型介護老人福祉施設については，開設主体であり，それ以外は，経営主体である。
　　　＊「社会福祉法人」には社会福祉協議会を含む。

2章を参照）に移行すると，社会福祉法人も「利用者を集める営業が必要になる点では，一般の民間事業者と同じ立場」（八代 2002：22）であり，対等な競争者になる。そうであるなら，社会福祉法人を優遇する意味合いは次第に薄れているとする主張があってもおかしくはないだろう。社会福祉法人の優遇が「多様な民間社会福祉事業の展開を阻害した一因」となってきた側面を改善していく配慮が必要である（増田 1998：34）。

2-2　社会福祉法人とその他の事業者の関係②：イコール・フッティング論への反論

　上記のように競争条件をそろえるイコール・フッティング論が唱えられるようになったが，この主張には反論も多い。厚生労働省と全国社会福祉施設経営者協議会，学識経験者で構成された「社会福祉法人経営研究会」は，その報告書のなかで次のように報告している。すなわち，施設系のサービスには利用者の人格の尊厳にかかわるような細心の配慮が必要となるため，とりわけ事業の公共性の高さが求められるから，営利法人では本質的に行うことが難しい事業分野が存在する，とのことである。

　そうした事業分野の一つ目は，支払い能力が低いものを排除しない，すなわち低所得者対策を実施することである。所得の低い入所者は株主の期待する利益の最大化に貢献しない。現状では，特別養護老人ホームの利用者の8割までが所得区分第3段階まで（4段階中住民税を課税されない段階）の低所得者であることを考えると，営利法人・企業にこうした人々を優先的に支援することを期待するのは難しいであろう。また，へき地でのサービス提供など採算をある程度度外視した経営は望めない。二つ目は，労力・コストのかかる対象者を排除しないことである。重度の障害を抱える利用者の利用を妨げない配慮が必要である。三つ目は，制度外のニーズに対応することである。例えば，学生の実習を受け容れることや地域との交流や講習を開催することなどである（社会福祉法人経営研究会編 2006：60-62）。

　こうしたいわゆる機能別の契約からは漏れ出るサービスの提供が福祉サービスにおいては欠かせない。そうであるなら，公共性を切り詰める危険性のある営利企業との競争条件の均一化といった主張には落とし穴があるのかもしれない。

　芝田英昭が言うように，福祉の市場化が過ぎると国民の生活問題解決にたいして責任を持てない体制となってしまう危険性がある。介護保険制度開始直後において，営利法人事業者であるコムスン（当時）が，利益の目論見が外れたとして事業所統廃合を急速に行い地域に混乱を及ぼしたことがあった。こうした事例は，目の前にサービスを必要とする者がいても「『利益を見込めるだけの顧客が存在しない』場合，いともたやすく撤退する」（芝田 2001：20）営利企業の持つ本質を示している。福祉サービスは，生活問題を抱える利用者を対象

としているために，利潤追求とはなじまない側面を考慮することが常に最大の課題である。そもそも行政が責任を持つべき社会福祉基盤の整備に民間の効率性を導入したのが社会福祉法人制度だったのだから，さらに踏み込んで行政統制からいっそう切り離した体制にするにはそれなりの議論が必要であろう。

とはいえ，先にも引用した北場の主張のように，そもそも社会福祉法人設立の事情には，必ずしも公益性を重視したものではなく，当時の民間社会事業団体の利権保護の側面があったという指摘もある（北場 1999：240）。現在でもこのような側面が残存するのであれば，イコール・フッティング論の主張もあながち的外れではないことになってしまう。社会福祉法人の経営方針は慎重であらねばならないだろう。

2-3 今後の社会福祉法人に求められる経営体制の変革

公の責任でもってナショナル・ミニマムを整備する行政体制を確保する必要が放棄された訳ではないので，現在でも社会福祉法人の存在価値はなくならないし，その優遇措置に合理性がなくなってしまった訳でもなかろう。しかしながら，社会福祉サービスを提供する基礎構造が変化した以上は，旧来のままの姿で存続することもまた無理があるだろう。そのため，社会福祉法人の運営・経営体制改革が求められている。

社会福祉事業においては，他の分野以上にサービスが安定的，継続的，計画的に供給されなければならず，事業の公益性や純粋性を確保することと並んで重要である。伊奈川秀和はこうした安定性・継続性・計画性を総合して永続性と呼んでいる（伊奈川 2001：38）。営利法人が社会福祉事業に参入する場合にも事業の永続性確保は要件となるだろう。

措置制度下の社会福祉法人は，措置委託費を財源に事業を行うために，それで十分だったとも言えるが，その他の資金調達の道が閉ざされていた。株式会社のような株式発行という手段は閉ざされているし，かつては収益事業による資金調達にも制限があった。利用契約制度のもとで多様な事業体との競合関係に立たされている状況となれば，こうした制限は事業の永続性を阻害していることになるだろう。そのため，これからの時代の社会福祉法人は，「法人の創意工夫による法人運営の自律性を確保することが法人の永続性を確保する条

件」(伊奈川 2001：42) となる。同じ永続性といっても，措置制度下におけるものと利用契約制度下におけるものでは，その担保の仕方は相対的に異なる。むしろ，収益事業の強化，第三者事業評価の導入，一施設一法人制の緩和といった手法により経営を安定させることが必要になるだろう。

新しい状況に対応して，先にも指摘したように，2000 (平成12) 年2月に厚生省 (当時) より「社会福祉法人会計新基準」が導入された。この基準では，営利法人の事業経営と同じく損益計算や減価償却の考え方が取り入れられ，創意工夫を支える経営を可能にする会計制度が求められるようになった。さらに，会計単位が施設単位から法人単位となって規模の拡大による経営の安定を求めることが可能になった。

施設単位の経営だと現在行っている事業の維持は可能であっても，経営を安定させる余剰資金・余剰職員の確保，職員の昇進ポストの不足とそれによる職員の意識低下・マンネリ化防止，職員の労働条件の整備，人材育成といった機能を確保することは難しい。これらは法人化し本部を設けることで初めて可能となるものである (本部機能の設置)。そのため，事業を単なる行政の下請けではなく経営の観点を取り入れたものと考えるならば，規模を拡大し法人単位の経営が可能となるようにしなければならない。

社会福祉協議会調査研究委員会の報告書 (『小規模な社会福祉法人における経営の今後の方向性』) では，小規模法人が今後採るべき戦略として次の三つをあげている。すなわち，①事業規模を拡大する，②現状規模を維持し，法人の特徴に磨きをかけるが，他の小規模法人との連携や協働によって補う，③合併または事業譲渡する，である (社会福祉協議会調査研究委員会 2010：10-11)。このうち，厚生労働省職員もメンバーに加わった社会福祉法人経営研究会にて提案されたのは，③の合併または事業譲渡による経営規模拡大であり，それを②の小法人の連携で補完するものであった (社会福祉法人経営研究会編 2006：65-66, 68)。社会福祉法にも48条に社会福祉法人は他の社会福祉法人と合併することができるとの規定がある。この規定を活用し規模を十分なものにして，本部を設けた法人としての経営ができる施設の集合体を構築していくことが，今後の一つの方向性であると言えよう。[10]

新しい民間福祉サービス提供主体

福祉サービスを民間部門が提供する場合でも，従来はいわゆる公共的福祉供給システムのなかに位置づけられた認可型供給組織である社会福祉法人が中心であった。しかし，本章でも取り上げたように，非公共的福祉供給システムである営利型（市場型）供給組織や非営利型供給組織によるものも増えてきた。

●NPO法人

まずは，NPO（Non-profit Organization）である。1998（平成10）年に施行された特定非営利活動促進法（NPO法）は，NPOが法人格を取得するのを容易にする制度を用意した。法人格は非営利活動法人である。

この法人格を取得すれば，NPOが介護保険事業の一部の事業等へ参入することが可能となる。2000（平成12）年より始まった介護保険制度の指定事業者になるためには，原則として法人格が必要である。この法人格は，営利法人（株式会社等），医療法人，NPO法人等と特にその種類は問われない。従来は行政からの措置委託や補助が十分ではない法人では，介護サービスの事業者になることは難しかった。そのため，こうした事業者は社会福祉法人に限定されていたといってよいだろう。しかし，介護保険制度による利用者との契約制度の導入によって，保険制度を利用して事業を運営することも可能となった。つまり，NPOも介護サービス受託業者となれる基盤が整備されたのである。

さらに，保育所や就労継続支援B型等の障害者総合支援法（障害児の場合は児童福祉法も）に基づくサービスの一部への事業参入も法人格の種類は特に問われない。そのため，NPOが児童福祉サービスや障害福祉サービスを提供する条件もある程度整った。

以上のような制度改正は，非営利セクターが独自性を持って活躍する制度的環境を大きく改善したと言ってよいだろう。もちろん，特別養護老人ホームのような施設サービスは，民間部門では原則的に社会福祉法人だけが担えるので，旧来の認可型供給システムが重要でなくなった訳ではない。

●営利企業

介護保険制度や障害者総合支援制度等には，NPOだけではなく民間企業（以下，営利法人）も参入することができる。さらに，保育所の運営においては，営利法人の参入が政策的に強く求められているという側面もある。

保育所の設置主体については，従来は市区町村と社会福祉法人に限定されてきた。これに対して，厚生省の通知「保育所の設置認可等について」（平成12年3月30

日　児発第295号）により，保育所の設置主体規制が緩和され，社会福祉法人以外の民間部門の者が認可保育所を設置することが可能となった。とはいえ，社会福祉法人と比べて審査の基準が厳格であったり，通知の法的性格が市町村への技術的な勧告であるので市町村が及び腰だったりしたために，営利法人の保育所参入は進まなかった。

その後，2012（平成24）年8月に成立した子ども・子育て関連三法では，都道府県に対し，子ども・子育て支援事業支援計画に定める需給調整が必要な場合を除き，保育所設置の申請があれば，営利法人も原則として認可することを求める規定が設けられた。また，営利企業等の様々な設置主体が参入しやすいように，補助金にも新たな形態のものが導入された。これは，「子どものための教育・保育給付」であり，利用者が個々に認定を受け，その認定に応じて支給されるものである。すなわち，施設全体に対して行われるものではなく，保育所の利用者個々人の認定実績に応じて支給されるというものである。こうした形態の補助制度では，社会福祉法人がその他の法人に比べて過剰に有利になることはない。施設全体への補助は，その受け皿が社会福祉法人だったからである。新しい制度が導入され，営利法人が保育所運営に参入する条件が次第に整備されたため，今後は一層営利法人の参入は進んでいくのではなかろうか。

(For Study)

1）　社会福祉法人が優遇される制度項目を，本章で取り上げた内容だけでなく，独自に調査した内容も加えて，事業運営面，税制面，社会環境面などごとにまとめてみよう。
2）　社会福祉法人は行政システムの一部にとどまるべきか，それとも一層民間事業体としての性質を重視していくべきか，自分の立場を明確にして論じてみよう。
3）　社会福祉サービスの提供において，これから行政と民間事業体は全体としてどのような関係を取り持つべきだろうか。あなたの意見を考えてみよう。

注
（1）　ただし，この件に関しては北場勉の反論のように諸説あるため（北場 1999），後の節で改めて検討したい。
（2）　従来の公益法人は，新たに制定された公益法人制度改革三法（一般社団・財団法人法，公益法人認定法，関係法律整備法，2008年12月施行）を根拠法とすることになった。よって，現在の社会福祉法人は，これらの法人とは民法上の規定を共有せず，異なった法的根拠を有する法人ということになる。

（3）　他に，勤務する職員に対して身分保障も行われていたがこうした規定も見直されつつあるのが現状である。かつて，社会福祉法人の経営する社会福祉施設の職員等を対象とした退職手当共済制度が設けられていた。ただし，この退職共済制度は，いわゆるイコール・フッティングの視点から見直され，「2006年4月より介護保険施設に新規に採用された職員については退職共済への国・県の補助廃止」（武居 2006：4）がなされた。また，認可に関する審査基準において職員俸給が「常勤換算一人当たり330万円以上」（社会福祉法人に係る審査基準　平成21年4月1日）にする規定などがあった。

（4）　具体的には，高齢者関連施設に関しては地域介護・福祉空間整備等交付金が充てられ，児童関連施設に関しては次世代育成支援対策施設整備交付金が充てられることになった。障害者関連施設，生活保護関連施設などに関しては従来どおり社会福祉施設等施設整備補助負担金が充てられる。これは，本書第7章で扱った三位一体の改革による財源移譲を受けたものである。

　　これらの交付金は，介護基盤を整備するために用途を特定した国の助成制度である。よって，年次によって助成項目は異なるし，交付税などに税源移譲を行って助成が廃止されることもある。例えば，2006（平成18）年度には，三位一体の改革の一環として都道府県交付金は廃止された。一方で，この年度から導入された地域密着型サービスを整備するために市町村に対する交付金は拡充された（面的整備計画に対する交付金「全国厚生労働関係部局長会議資料」平成18年1月25日　https://www.mhlw.go.jp/topics/2006/bukyoku/rouken/06.html）。この地域密着型サービス拠点などの面的整備は，2010（平成22）年度には，介護保険緊急整備等臨時特例基金での支援に移行した。結果として，地域介護・福祉空間整備等交付金には，地域介護・福祉空間整備推進交付金（ソフト交付金）と先進的事業支援特例交付金が残されることになった（「全国介護保険担当課長会議資料（高齢者支援課／認知症・虐待防止対策推進室関係）」平成22年3月5日　https://www.mhlw.go.jp/shingi/2010/03/dl/s0305-5d_01.pdf）。

（5）　社会福祉法人では社会福祉法と法人税法の規定に混乱はないが，同じ非収益事業非課税といっても，NPO法人においては特定非営利活動法人法によるものと法人税法による非収益事業の規定が解釈によっては異なっており混乱を招く原因となっている。

（6）　本書第4章も参照のこと。

（7）　ここでは，一般的に使われる用語である「ガバナンス強化」とせずに「法人ガバナンス強化」としておいた。ここでの（法人）ガバナンスとはいわゆる組織内部統制をはじめとした組織運営改善策のことである。組織内部統制は，組織内の関係性や財務状況の透明化をはじめとした組織規律強化策を指す用語である。一方で，（法人）ガバナンスは，内部統制の上位概念であり，内部統制に加え，ステークホルダーとの対話など組織外との関係を含めた概念である。地域公益的取組み，情報公開，地域協議会の設置といった対外的取組も重視されている改革であるので，たんなる内部統制を超えた概念が必要とされる。しかし，このガバナンスという用語は，本書第7章で取り上げた地域におけるガバナンスという行政学上の概念として別の意味合いがある。本書では，両者の混同を避けるために，ここでは敢えてたんにガバナンスとせず法人ガバナンスとしている。

（8）　このイコール・フッティング論は，実際の政策にも反映している。例えば，2005（平成17）年6月22日に成立した改正介護保険法では，居住費や食費といったホテルコストには保険適用せず利用者が負担することになった。これは有料老人ホームなどのいわ

ゆる特定施設との競争条件を均等化する意味合いもある。また，先述の社会福祉法人制度改革は，このイコール・フッティング論の直接の帰結である。

（9）　「平成21年介護サービス施設・事業所調査結果の概況」では，訪問介護のシェアでは，社会福祉法人が25.0％であるのにたいして営利法人は59.6％，NPO法人が5.9％であったので，社会福祉法人のシェアはさらに下がっている。

（10）　規模を拡大した法人は経営を安定できたとしても，その経営感覚の延長線上に営利企業化が進み過ぎることがある。大規模化を進めた社会福祉法人のなかには，介護保険制度などの利用契約制度をビジネスチャンスと捉え，利潤動機が進みすぎる法人もある。そのため，規制緩和の制度改革と流れを一にして，職員配置基準の弾力化を図る場合も多い。永和良之助の指摘によれば，常勤換算方式（職員配置基準において常勤職員の配置を適正な人数の非常勤職員で置き換えることができる仕組み）の導入と，人材派遣業者からの労働者派遣を活用し，介護労働者の人件費抑制が行われることが，大きな手段となっている（永和 2008：26）。社会福祉法人が民間性を高めること自体は望ましいことではあるが，利潤追求だけに固執した過度の市場化を招くのであれば，労働者の搾取ともいうべき状況を生みだしてしまうだろう。

参考文献

伊奈川秀和，2001，「社会福祉法人法制についての一考察」『法政研究』（九州大学）第68巻第1号：25-47

大森健，2006，「特定非営利法人における収益事業の問題点」『鹿児島大学法学論集』第40巻第2号：89-110

北場勉，1999，「社会福祉法人制度の成立とその今日的意義」『季刊・社会保障研究』Vol.35 No.3（Winter'99）：236-250

社会福祉法人経営研究会編，2006，『社会福祉法人経営の現状と課題——新たな時代における福祉経営の確立に向けての基礎作業』全社協

社会福祉協議会調査研究委員会，2010，『小規模な社会福祉法人における経営の今度の方向性』東京都社会福祉協議会

社会福祉法令研究会編，2001，『社会福祉法の解説』中央法規出版

関川芳孝，2019a，「社会福祉法人制度改革の視座」関川芳孝編『社会福祉法人制度改革の展望と課題』大阪公立大学共同出版会：5-29

———，2019b，「社会福祉法人制度改革の背景 産業政策からの批判」関川芳孝編『社会福祉法人制度改革の展望と課題』大阪公立大学共同出版会：30-50

武居敏，2006，「基礎構造改革後の変化と社会福祉法人」『社会福祉研究』第95号（鉄道弘済会）：2-10

永和良之助，2008，「介護保険制度下における社会福祉法人の経営変化」『佛教大学　社会福祉学部論集』第4号：19-36

朝木俊介，2019，「社会福祉法人における内部統制の実際と留意点」関川芳孝編『社会福祉法人制度改革の展望と課題』大阪公立大学共同出版会：89-103

牧野恭典，2017，「社会福祉法人制度改革と今後の「福祉法人経営」」『神戸医療福祉大学紀

　要』Vol.18(1)：107-124

増田雅暢，1998，「今日の福祉状況と社会福祉法人の意義」『社会福祉研究』第72号（鉄道弘
　済会）：28-36

─────，2003，「福祉サービスと供給主体」日本社会保障法学会編『講座社会保障法　第3
　巻　社会福祉サービス法』法律文化社：104-129

森田慎二郎，2004，「社会福祉法人の位置づけと福祉の公私関係の変容について──社会福
　祉法の成立過程からの一考察」『社学研論集』（早稲田大学大学院 社会科学研究科）Vol.3
　（2004.3）：207-221

八代尚宏，2002，「社会福祉法人の改革」『社会福祉研究』第85号（鉄道弘済会）：19-26

山田亮一，2009，「高齢者福祉施設と社会福祉の史的展開における一考察」『高田短期大学紀
　要』第27号：59-67

第12章

社会福祉計画とは何か

　本章と次章では社会福祉行政に関する諸計画について扱う。前半部にあたる本章では，社会福祉計画に関する理論の確認を行う。最初に，行政計画一般の考え方について検討し，その延長に社会福祉計画を位置づけて理解したい。また，計画の策定・実施管理・評価といった計画過程に関する理論の確認も行う。最後に，戦後の社会福祉計画の系譜を追いかけ，社会福祉計画の現在の到達点について明らかにする。

1　行政計画とは

　西尾勝によれば，「計画とは，『未来の複数または継起的な人間行動について，一定の連関性のある行動系列を提案する活動』と定義し，かくして作成された提案を『計画』と定義しておくことにしよう」（西尾 1990：196）とされる。

　この定義では，計画の一般的なイメージとは違って，何らかの目標設定を計画の必要条件にはしていない。計画といえば，明確な目標を確立してその達成のための手段の系列を演繹していくと考えがちだが，現実の計画と呼ばれるものには明確な目標がないものも多い。とりわけ，行政計画と呼ばれるものにおいてはこうした色彩が強いと言えよう。そこで，西尾の定義を参考にすると，行政計画に含まれる要素は，①未来の事象に関わること，②行政活動・行動の提案であること，③提案される行動群が一定の連関性のある行動系列になっていること，といった3点だけのこととなる（西尾 1993：292）。

　計画に明確な目標が不可欠であれば，民間の自由な事業を基盤とする平時の自由主義社会・民主主義社会ではなじみの薄い概念となってしまう。戦時計画であれば，いわゆる計画の理念型そのままになり得るだろう。なぜなら，戦勝という究極目的が国民心理を支配し，国民的合意を調達できるから（西尾

1990：230），そのための強権的な手段を持って計画を系統立てることができるからである。しかしながら，平時ではそうした国民的合意形成は無理であるし，強権的な手段も難しい。政府の計画に究極目的を設定できるとしても，それは「公共の福祉」といった形でしか表現しようがなく（西尾 1990：210），いかようにも解釈可能な抽象的なものにせざるを得ない。社会福祉行政においても，地域の福祉の増進とか最低生活の保障といった幾分は明確でありながらも，解釈の余地は大きなものしか設定できないであろう。

　それでは，なにゆえに自由主義・民主主義社会において行政計画なるものが必要になってくるのだろうか。直井優は，その理由を次のように示している。行政計画がそのなかに含まれる上位概念である社会計画には，次の二つの種類があるという。すなわち，中央計画当局によって立案され強制的に実施される計画である「命令的計画」と，政治的妥協の産物として立案し，強制によらずに説得や誘因によって実施する計画である「指示的計画」である。このうち，自由主義・民主主義社会では，先に述べた通り，利用可能なのは「指示的計画」のみであろう。この指示的計画は強制力によらないために，計画の実現可能性は低いものである。しかしながら，次の三つの機能があるために，指示的計画であっても計画立案は重要性を持つ。

　すなわち，①行政間のばらばらの政策を体系化，整合化する機能，②将来の経済や社会の状態について予測を提示し，人々の活動の指針として提示する予測的機能，③計画の策定過程において，社会の諸集団の利害を調整し，合意形成を促進する機能，である（直井 1980：256-257）。とりわけ，自由主義・民主主義の政治体制では，立てた計画を実施に移すにあたって様々な利害をもつ団体からの干渉があり，駆け引きのなかで妥協が行われなければならない。ここでの駆け引きとは，国会での政党間の争いもあろうし，国と地方の政府間関係もあろう。そのために，場当たり的な政策実施を避ける調整機能を発揮させるために，計画立案が重要となってくるのである。

2　行政計画の類型

　ひとえに行政計画といってもそれには様々な分類がある。例えば，松村岐夫

は，手島孝の著書を参考に次のような分類を紹介している。すなわち，期間別の分類（短期〔単年度が典型〕・中期〔3年前後〕・長期計画），対象領域別の分類（総合計画・経済計画・社会計画・福祉計画・文化計画・教育計画など），管理の諸側面に注目した分類（組織計画・人事計画・財政計画〔予算〕など），目標形態別の分類（有形目標か無形目標か），効果別の分類（命令的計画と指示的計画〔誘導的計画〕。本章第1節を参照）である（村松 2001：210-211）。このように，行政計画は観点により様々に分けられ，様々な種類があるので，いちいち詳細に解説してもあまり意味はない。むしろ，社会福祉計画の特徴をつかむのに特に重要な分類だけを取り出して説明した方がよいだろう。

　取り上げるのは計画の段階別の分類である。一般的に行政計画は，「**構想計画**」→「**課題計画**」→「**実施計画**」といったステップを踏んで作成される。「構想計画」とは，目下のところは制度的・財政的裏づけは存在しないが，望ましいと構想される状態を将来において実現するために目標として掲げられるものである。理念型計画とも呼ばれる。目標実現のために，比較的長い期間をかけて徐々に資源を蓄積することが，この計画を立てる目的である。「課題計画」とは，目標を掲げるだけでなく，具体的に解決すべき問題を掲げる計画である。組織や団体のレベルでは，一般方針と日常業務の中間にあって，両者を調整するためのものである。最後の「実施計画」とは，具体的・現実的な個別事業の計画であり，数値目標が掲げられることが多い。社会福祉計画に事例をとるなら，住民の福祉ニーズの実態を把握した上でサービスの整備目標を設定したり，福祉サービス事業を実施する組織や団体を可能な範囲で設置するための供給体制整備方針を決めたりして，実際に実現可能な事業の内容を設計するものである。よって，この計画は手続き型計画とも呼ばれる。

　行政計画にこうした段階がなければ，具体的な問題解決のための計画とはならない。なぜなら，行政は様々な部署を抱えた組織体であるし，行政庁外の各機関とも連携をとりつつ運営されるので，組織内・組織間の調整が必要となるからである。ニクラス・ルーマンが言うように，個人的なものなら目的であれ手段であれそのつど勝手に変更可能だが，「社会的・協同的な決定の場合には，（…略…）ある人がすばらしいアイデアを思いついたとしても，一人でそれを実行することはできない」（Luhmann 1968＝1990：221）から，段階を踏まえた

計画を利用することが必要になる。

　さらに，うまく実施計画の策定にこぎつけたとしても，行政機関において，計画を作る企画部門と財政を預かる財政部門は異なっていることも多い。計画の実現のためには，別部門で策定している毎年度の予算との調整が必要になってくる。例えば，国であれば，厚生労働省主導で社会福祉計画を立てたとしても，財務省が予算査定を行い計画に予算を付けない場合もあるだろう。地方自治体では，総務・企画課・福祉課で企画した計画と財政課の予算策定では齟齬をきたすことがあるだろう。

　構想計画→課題計画→実施計画といった展開は，大きな社会福祉計画の歴史を整理する際にも有用である。次の節ではこの視点を利用しつつ，社会福祉計画の歴史について考える。

3　社会福祉計画の歴史

3-1 戦後社会福祉計画の展開①：構想計画→課題計画→実施計画

　戦後の行政計画の歴史において，経済計画や国土計画は盛んに作られてきた。経済計画では，1955（昭和30）年の「経済自立五か年計画」（鳩山内閣）にはじまり，1957（昭和32）年「長期経済計画」（岸内閣）を経て，高度経済成長を導いた1960（昭和35）年の「国民所得倍増計画」（池田内閣）が作成されたことは有名である。また，国土計画では，1962（昭和37）年の「全国総合開発計画」により国土開発がはじまり，以降1998（平成10）年の第五次までこの計画は作られ続けた。

　社会福祉計画は，経済計画に付随するような位置づけしか与えられない時代がしばらく続いた。とはいえ，その間に社会福祉計画も成熟していった。和気康太は，この成熟過程を先の構想計画→課題計画→実施計画の展開にあてはめて発展段階として区分することを提案している（和気 1996：39）。この和気の枠組みを参考にして，表12-1 に掲げた年表を参照しながら，以下にそれぞれの時期の社会福祉計画を整理してみたい。

　1950年代までの社会保障計画作成が本格化する以前の時期を第Ⅰ期として「構想計画の段階」としたい。この構想計画の段階では，社会福祉に関する体

表12-1　社会福祉計画の歴史

	経済・国土計画	福祉計画	
第Ⅰ期	萌芽期（1945〜59年）		**（構想計画）**
1950		「社会保障制度に関する勧告」（社会保障制度審議会）	経済計画優先の時代 福祉計画は「構想」の段階。
1955	経済自立5か年計画 →	社会保障5か年計画	経済計画の一部門として作成。
第Ⅱ期	試行期（1960〜73年）		**（課題計画）**
1960	国民所得倍増計画		
1961		厚生行政長期計画基本構想 ：国民所得倍増計画に対応	やはり経済計画に対応した 福祉計画
1962	全国総合開発計画	社会福祉協議会基本要綱（全国社会福祉協議会）	東京都の革新都政などが対抗的計画を提出。地方自治
1964		厚生行政の課題：1963年の国民所得倍増計画中間検討報告に対応	の時代。
1967	経済社会発展計画		
1968		東京都中期計画：シビル・ミニマム概念・革新都政 →1969年地方自治法改正へ（第2条第5項）	
1969	新全国総合開発計画（二全総）		
1970	新経済社会発展計画：1967年経済社会発展計画の見直し	厚生行政の長期構想 ：新経済社会発展計画に対応	
1971		社会福祉施設緊急整備5か年計画（〜1975年） →ゴールドプランへ	
第Ⅲ期	展開期（1974〜89年）		**（実施計画への過渡期）**
1973	経済社会基本計画		オイル・ショックの後の不
1975		今後の社会保障のあり方について：福祉社会	景気で社会保障は拡大から 縮小へ
1977	第三次全国総合開発計画		国レベルの社会福祉の単独
1979	新経済社会7か年計画：日本型福祉社会	→新経済社会7か年計画：日本型福祉社会	計画はない。
1980		国際障害者年行動計画	
1982		障害者対策に関する長期計画 高齢者問題国際行動計画	
1883	1980年代経済社会の展望と指針		
1984		『地域福祉計画』刊行（全社協）	
1988	世界とともに生きる日本——経済運営5か年計画		
1989		「東京都における地域福祉推進計画の基本的あり方について」（東京都地域福祉計画等検討委員会）：三相計画（役割分担の明確化） 「今後の社会福祉のあり方について」（福祉関係3審議会合同企画分科会） 高齢者保健福祉推進10か年戦略（ゴールドプラン）	

第Ⅳ期	確立期（1990〜1996年）	（実施計画）
	福祉計画のみ記載	
1990	地方老人保健福祉計画の法制化（社会福祉関係8法の改正）	計画行政の確立
	：社会福祉計画の法制化	福祉計画の自立
1992	新・社会福祉協議会基本要項（全国社会福祉協議会）	
	障害者対策に関する新長期計画→障害者プランへ	
1993	障害者基本計画・障害者計画の法制化（障害者基本法の制定）	
1994	21世紀福祉ビジョン（高齢化社会福祉ビジョン懇談会）→介護保険法へ	
	新ゴールドプラン・エンゼルプランの策定	
1995	障害者プラン	
第Ⅴ期	転換期（地方分権化）（1997年〜）	
1997	介護保険事業計画の法制化（介護保険法）	国ではなく地方や住民が主体
1999	新エンゼルプラン	となった計画作成へ転換？
	ゴールドプラン21	
2000	地域福祉計画の法制化（社会福祉法）	
2002	新障害者基本計画	
2003	次世代育成支援行動計画	
2005	障害福祉計画の法制化（障害者自立支援法）	
2012	子ども子育て支援計画法制化（子ども子育て支援法）	
	※2015年度を第1期	
2018	障害福祉計画と障害児福祉計画の一体的作成の開始	

（出所）　和気（1996：31-32）及び坂田（2007：207）を参考に著者作成。

系的な制度が確立していなかったために，まずは社会保障制度のなかでのその位置づけを確立することが目指された。もっと言えば，社会保障制度すら確立されておらず，その仕組みが構想されなければならなかった。1950（昭和25）年に出された社会保障審議会の勧告（「社会保障制度に関する勧告」）で，わが国の社会保障制度は社会保険，公的扶助，社会福祉，公衆衛生からなるとする制度体系の基本的な定義がなされたように，制度体系の基本設計が構想された段階であった。この時期には，経済計画である1955（昭和30）年の「経済自立5か年計画」に対応して，同年に「社会保障5か年計画」が出されるなど，経済計画と連動して社会保障・社会福祉計画が策定されるというパターンに落ち着く次の段階での展開を用意したという意味でも基本構想の時期であった。

　1960年代に入ると，より具体的に社会保障に関する課題を探る**第Ⅱ期**の「課題計画の段階」に入っていった。この時期は高度経済成長も本格化し，政府も本格的な経済計画を立案していくことになる。池田内閣での「所得倍増計画」立案に際しては，政権の掲げた減税，公共投資，社会保障という三大政策目標に従って，今後の社会保障の規模についての推計も行われた。この推計に対応

して，当時の厚生省は1961 (昭和36) 年に「厚生行政長期計画基本構想」を作成した。経済計画とセットとなることによって，社会保障に関する計画にもいっそう具体的な議論が巻き起こされたと言えよう。高度経済成長を導く経済計画と同じく，こうした社会保障計画も当時の先進国へと追いつくことを目標としたキャッチアップ論に基づくものであった (栃本 2002：99)。

　以降，経済計画に対応して，社会保障計画が作成されることになる。1963 (昭和38) 年の「国民所得倍増計画中間検討報告」に対応して1964 (昭和39) 年に「厚生行政の課題」が，1970 (昭和45) 年の「新経済社会発展計画」に対応して同年に「厚生行政の長期構想」が，それぞれ作成された (和気 1996：34) (栃本 2002：100)。

　また，この第Ⅱ期は，地方自治体が国に先行して社会福祉の課題を発掘し，政策の充実を目指す計画を策定することがあった。1968 (昭和43) 年の「東京都中期計画」は，松下圭一のシビル・ミニマム論を基盤に，「都民生活にとって必要最低限の水準であり，現代の大都市が当然に備えていなければならない最小限度の物的施設・設備」(大杉 2010：2) を定め，その実現のための計画として策定された。この最小限度 (ミニマム) には福祉の指標も多く，経済計画とは独立した福祉計画を策定する先駆けとなった。また，後述するローリング・システムを取り入れたことでも有名である。

　この時期の終わりを締めくくる1970 (昭和45) 年には1971 (昭和46) 年を初年度とする「社会福祉施設緊急整備5か年計画」が策定された。これは，緊急に必要な老人 (高齢者) や重度の心身障害者のための施設などの数量と整備費とを明示したものであり，実施計画の段階へ一歩踏み出したものと言えよう。

　1974 (昭和49) 年からの**第Ⅲ期**は，「実施計画作成段階への過渡期」と言えるだろう。とはいえ，1973 (昭和48) 年のオイル・ショックによって高度経済成長期が終わりを告げ安定成長期に入ったために，社会福祉計画にとっては抑制的な時期となってしまった。そのため，先の社会福祉施設緊急整備5か年計画のような国が策定した単独の社会福祉計画は策定されていない。第二臨調に先行して策定された1979 (昭和54) 年の「新経済社会7カ年計画」では，いわゆる「日本型福祉社会」論が唱えられ，社会福祉全体にとっても抑制的な潮流が強まっていく。この日本型福祉社会論は，家庭や地域といったコミュニティでの相互

扶助を強調して，公的保障を責任回避する福祉削減の便法であったと見られることが多い[1]。

　こうした抑制基調の第Ⅲ期でも，いくつかの成果はあった。例えば，1982（昭和57）年には障害者施策としては初の長期計画である「障害者対策に関する長期計画」が策定された。これは，国際連合で採択された1981（昭和56）年の「国際障害者年」とその理念を実現するために設定された「国連障害者の10年」（1983年から92年まで）のための国内行動計画として策定されたものである。また，1989（平成元）年には，東京都において「東京都地域福祉推進計画」が，区市町村が策定する「地域福祉計画」，社協などの民間セクターが策定する「地域福祉活動計画」とともに三相計画として策定された。これは後の地域福祉の重点化や社会福祉法における地域福祉計画策定へとつながっていくものである。

3-2　戦後社会福祉計画の展開②：実施計画の達成と社会福祉計画の転換

　第Ⅲ期までは，行政計画とは銘打っていたとはいえ，計画としては未成熟な状態のものであったと言えよう。本来の行政計画であれば，課題を解決するためのステップが示され，数値的な目標がある程度明確化されている必要があるだろう。そうした意味では，本格的な行政計画として社会福祉計画が作成されたのは，次の第Ⅳ期からということになる[2]。

　第Ⅳ期は，今記したように本格的な「実施計画が作られ出した時期」であった。この時期の始まりを告げるのは，1989（平成元）年12月に策定された「高齢者保健福祉推進10か年戦略」（ゴールドプラン）である。これは，消費税導入論議が行われるなかで作られたものであり，高齢者保健福祉サービスの整備目標値が予算の裏付けを伴って示された初めての本格的な社会福祉計画であった。栃本一三郎によれば，「大蔵省と自治省の合意のもとで財政的な裏づけと実施体制の整備が現実に行われる『計画化』が社会福祉の領域で実現」（栃本 2002：113）する画期的なものであった。

　また，1989（平成元）年3月に福祉関係3審議会合同企画分科会が答申した「今後の社会福祉のあり方について」を受ける形で，1990（平成2）年に社会福祉関係八法の改正が行われた。八法のなかの老人保健法及び老人福祉法が改正されることにより，「老人保健福祉計画」（老人保健計画と老人福祉計画を一体的に

策定したもの）の策定が，都道府県と市区町村に義務づけられた。これは，わが国初の市町村が主体となって策定する本格的な社会福祉の実施計画となった（森1998：244：山本2002：108）。市町村老人保健福祉計画は，地方自治法2条4項に規定される基本構想に即して策定するものとされており（老人福祉法20条の8），市町村で独自に作る地域のマスタープランに従って「区域において確保すべき老人福祉事業の量の目標」を設定することが可能になった画期的なものである。

　この老人保健福祉計画は，本書第7章で解説した1986（昭和61）年の第二次機関委任事務整理法制定と歩調を合わせたものとも言えよう。機関委任事務の一部が団体事務化され，他の分野と同じく，社会福祉分野でもある程度地方の自治裁量が高められたのである。さらに，先に記したゴールドプランにより財政的な裏づけもできており，地方自治体が主体的に活動できる体制がある程度は確保されていた。

　その他にも，この時期には前掲表12-1に記したように次々と数値目標と財源が明記された社会福祉計画が策定されていくことになる。1993（平成5）年に身体障害者対策基本法を改称して制定された障害者基本法に，国の障害者基本計画（障害者対策に関する新長期計画）とそれに合わせた都道府県・市町村障害者計画の制定が義務づけられた。この時策定された国の障害者基本計画に対応して，1995（平成2）年には，数値目標を掲げる重点施策実施計画「ノーマライゼーション7か年戦略」が策定された。1994（平成6）年には，市町村老人保健福祉計画で積み上げた福祉サービスの整備目標量が，1989（平成元）年のゴールドプランでの目標量を上回ったために，このプランを修正し「新・高齢者保健福祉推進10か年戦略」（新ゴールドプラン）が策定されることになった。また，数値目標は盛り込めなかったが，子育て支援に関して，「今後の子育て支援のための施策の基本的方向について」（エンゼルプラン）が策定されている。このように，多くは最終的に具体的な数値を掲げたものとなり，この期間が「実施計画」策定段階である特徴をよく示している。

　1994（平成6）年の「21世紀福祉ビジョン」がそのきっかけとなるが，1997（平成9）年の介護保険法制定から本格的に始まる**第Ⅴ期**は，福祉計画の「転換期」と言うことができるだろう。福祉計画策定の主体が国ではなく地方に移行する

ことで，その性質が大きく変わった時期である。国主導で成熟してきた計画手
法が，策定主体が国から地方に移管することにより，この第Ⅴ期になってから
はまったく異なったステージに移ったのである。

　「21世紀福祉ビジョン」とは，厚生大臣（当時）の懇談会が出した報告書であ
り，年金，医療，福祉等の給付を5：4：1から5：3：2程度の比率に転換す
ることを掲げたものである。福祉の比重を上げるのは，介護保険制度を導入す
るということであった。また，個人の自立を基礎とした上で，「自助・共助・
公助」からなる地域福祉システムの構築を提唱した。1997（平成9）年には，介
護保険法が制定され，そのなかで「市町村介護保険事業計画」と「都道府県介
護保険事業支援計画」の作成が義務づけられることになった。介護保険の保険
者は市町村であり，この制度を利用しながら地域の高齢者福祉サービス整備目
標量をそれぞれに定め，その達成を目指すことになった。従来のように，ゴー
ルドプラン・新ゴールドプランといった国が主体となって策定した計画で定め
られた整備目標量を達成するために，国から地方に補助するといった仕組みか
らは大きく転換している。また，障害者福祉の分野でも，2005（平成17）年に障
害者自立支援法（現 障害者総合支援法）が制定され，厚生労働大臣の示す「基本
指針」にのっとって，市町村障害福祉計画（障害者総合支援法88条）と都道府県障
害福祉計画（同法89条）をそれぞれの地方自治体が主体となって策定することが
義務づけられた。

　とはいえ，1999（平成11）年には介護保険法制定を受けた全国プランとして
「ゴールドプラン21」が国で策定されており，国が主導する計画策定が完全に
解消された訳ではなかった。この年には，新エンゼルプランも策定されている。

　2000（平成12）年には，社会福祉事業法を改称し社会福祉法が制定された。内
容が大きく改定され，地域福祉を推進する旨の条文が新たに盛り込まれた。そ
のうち，107条に市町村地域福祉計画が，108条に都道府県地域福祉支援計画の
策定を求める条文が定められている（ただし，必ずしも策定義務はない）。地域福
祉計画は，住民に最も身近な地方自治体である市町村と地域住民が協働して策
定するものであり，地域に必要な福祉サービスや地域の各機関・団体や活動主
体の連携について総合的に取り決めを行うものである。策定主体は国ではな
く，あくまで地方であり，地域のことを地域自ら計画する時代を象徴するもの

であると言えよう。このように，まだまだ萌芽期ではあるが，社会福祉計画策定の思想は新たな段階を迎えているのである。

4　計画間の連携

　近年立てつづけに社会福祉計画を策定することを求める条文を含んだ法律が制定されている。また，社会福祉基礎構造改革の以前と以後では，福祉サービスを整備する思想が大きく変わったために，この変化に対応して社会福祉計画を新たに策定することを求める趣旨の条文も多くなった。一度法律によって策定が規定された計画は，廃止する場合にも国会の議決を経る必要がある。新たな制度ができて別の角度からの計画化が必要となれば，その状況に対応した計画が新たに法律に規定されることになる。とはいえ，以前に同じ領域で規定されていた計画も即座には廃止できないから，多くの共通点をもった計画が複数共存するという事態が生まれてしまうのである。すでに策定された計画を途中で廃止すると混乱も大きいので，国会の議決は簡単ではない。

　そのため，新たに生まれた計画を定める条文には，以前の計画と「一体」的に作成するとか，「調和」のとれたものにするといった文言を含めることが多い。以前の計画は廃止せずとも，新たな計画と連携が取れたものにすることで，両者を共存可能とするのである。この節では，法律に根拠をもった社会福祉計画で，こうした連携について配慮されたものについて見ていきたい。

【高齢者福祉関連計画】

　高齢者福祉関係の計画では，老人福祉法に規定された老人福祉計画と老人保健法に規定された老人保健計画は，両計画が法律に規定された当初から両者は「一体のものとして作成されなければならない」(老人福祉法旧20条の８第５項及び老人保健法旧46条の18第５項) とされ，併せて「老人保健福祉計画」として作成されることになっていた(村川 1996：26-27)。とはいえ，老人保健計画は，2008(平成20) 年に「老人保健法」が全面改正され，「高齢者の医療の確保に関する法律」に名称変更されたのに伴い，市町村の作成義務がなくなったことは既述の通りである。

　介護保険法が制定され，市町村ごとに整備する福祉サービス量を計画するた

めに「市町村介護保険事業計画」及び「都道府県介護保険事業支援計画」を定めることになった。以前の「市町村・都道府県老人福祉計画」も市町村が主体となって地域の福祉サービス量を計画するものだったので，内容が重複する部分が多い。よって，両計画は「一体」のものとして作成することがそれぞれの法律に定められている。

　地域の社会福祉を全体的に調整する地域福祉計画も，その趣旨から考えて介護保険事業計画とは内容が重複する。よって，「市町村介護保険事業計画」と「市町村地域福祉計画」，「都道府県介護保険事業支援計画」と「都道府県地域福祉支援計画」はそれぞれ「調和」のとれたものとしなければならないと規定されている。地域福祉計画は必ずしも策定が義務づけられている訳ではない計画のため，一体のものと踏み込んで規定できないからである。また，「市町村介護保険事業計画」と「市町村高齢者居住安定確保計画」，「都道府県介護保険事業支援計画」と「都道府県高齢者居住安定確保計画」も「調和」が取れたものでなければならないとされる。

　「市町村介護保険事業計画」と「医療介護総合確保推進法市町村計画」，「都道府県介護保険支援事業計画」と「医療介護総合確保推進法都道府県計画」・「医療計画」は，「整合性の確保」が必要とされている。「調和」よりも一歩踏み込んで関係性を強めるとの規定である。医療と介護の連携を図ることが政府の方針であるため，このような規定になっているのだろう。以上の点は**表12-2**にまとめている。

【障害者福祉関連計画】

　高齢者福祉関連計画と同じ論理が障害者福祉関連計画についてもあてはまる。1993（平成5）年に制定された障害者基本法によって作成を義務づけられる市町村及び都道府県障害者計画と，2005（平成17）年に制定された障害者自立支援法（現 障害者総合支援法）で作成が義務づけられた市町村及び都道府県障害福祉計画は「調和」が保たれなければならないとされている。また，社会福祉法に規定される市町村地域福祉計画及び都道府県地域福祉支援計画ともそれぞれに「調和」が保たれなければならないことになっている。さらに，都道府県障害福祉計画は医療法に規定される医療計画とも「調和」が取れたものでなければならないとされる。以上の点は**表12-3**にまとめている。また，障害者計画

表12-2　高齢者福祉関連計画の連携

連携が求められる二つの計画		両計画の関係	法的根拠
市町村介護保険事業計画	市町村老人福祉計画	一体	介護保険法117条6項
			老人福祉法20条の8第7項[3]
	医療介護総合確保推進法市町村計画[1]	整合性の確保	介護保険法117条9項
			医療介護総合確保推進法5条3項
	市町村地域福祉計画	調和	介護保険法117条10項
	市町村高齢者居住安定確保計画	調和	介護保険法117条10項
都道府県介護保険事業支援計画	都道府県老人福祉計画	一体	介護保険法118条6項
			老人福祉法20条の9第5項[3]
	医療介護総合確保推進法都道府県計画[2]	整合性の確保	介護保険法118条9項
			医療介護総合確保推進法4条3項
	医療計画	整合性の確保	介護保険法118条9項
			医療法30条の4第13項
	都道府県地域福祉支援計画	調和	介護保険法118条10項
	都道府県高齢者居住安定確保計画	調和	介護保険法118条10項

（注）1）　地域における医療及び介護の総合的な確保の促進に関する法律5条1項に規定する市町村計画
　　　2）　地域における医療及び介護の総合的な確保の促進に関する法律4条1項に規定する都道府県計画
　　　3）　老人福祉法第20条の8第1項に規定する市町村老人福祉計画は，社会福祉法107条1項に規定する市町村地域福祉計画と調和が保たれたものでなければならない。また，老人福祉法20条の9第1項に規定する都道府県老人福祉計画は，社会福祉法108条1項に規定する市町村地域福祉支援計画と調和が保たれたものでなければならない。

表12-3　障害者福祉関連計画の連携

連携が求められる二つの計画		両計画の関係	法的根拠
市町村障害福祉計画（障害者総合支援法）	市町村障害児福祉計画	一体（できる）	障害者総合支援法88条6項 児童福祉法33条の20第6項
	市町村障害者計画（障害者基本法）	調和	障害者総合支援法88条7項
	市町村地域福祉計画	調和	障害者総合支援法88条7項
都道府県障害福祉計画（障害者総合支援法）	都道府県障害児福祉計画	一体（できる）	障害者総合支援法89条4項 児童福祉法33条の22第4項
	都道府県障害者計画（障害者基本法）	調和	障害者総合支援法89条5項
	都道府県地域福祉支援計画	調和	障害者総合支援法89条5項
	医療計画	相まって精神障害者の退院を促進	障害者総合支援法88条6項

（注）　児童福祉法33条の20第1項に規定する市町村障害児福祉計画は，障害者基本法11条3項に規定する市町村障害者計画，社会福祉法107条1項に規定する市町村地域福祉計画と調和が保たれたものでなければならない。また，児童福祉法33条の22第1項に規定する都道府県障害児福祉計画は，障害者基本法11条2項に規定する都道府県障害者計画，社会福祉法108条1項に規定する都道府県地域福祉支援計画と調和が保たれたものでなければならない。

○障害者計画は，「障害者基本法」に基づく障害者のための施策に関する基本的な事項を定める中長期の計画。
○障害福祉計画は，障害者計画の中の「生活支援」に関わる事項中，障害福祉サービスに関する3年間の実施計画的な位置づけ。

例①	例②	例③
障害者計画の生活支援に関する部分と一体的にその実施計画と位置づけて障害福祉計画が策定される場合	障害者計画とは別途に障害者計画の生活支援に関する部分の実施計画と位置づけて障害福祉計画が策定される場合	障害者計画の実施計画の一部と位置づけて障害福祉計画が策定される場合

例①
障害者基本法に基づく障害者計画
- 啓発・広報
- 生活支援（障害者基本法に基づく障害者計画）
- 生活環境
- 教育・育成
- 雇用・就業
- 保健・医療
- 情報・コミュニケーション
- 国際協力

例②
障害者基本法に基づく障害者計画
- 啓発・広報
- 生活支援
- 生活環境
- 教育・育成
- 雇用・就業
- 保健・医療
- 情報・コミュニケーション
- 国際協力

（障害者基本法に基づく障害者計画）

例③
障害者基本法に基づく障害者計画
- 啓発・広報
- 生活支援
- 生活環境
- 教育・育成
- 雇用・就業
- 保健・医療
- 情報・コミュニケーション
- 国際協力

実施計画
- 啓発・広報
- 生活支援（障害者基本法に基づく障害者計画）
- 生活環境
- 教育・育成
- 雇用・就業
- 保健・医療
- 情報・コミュニケーション
- 国際協力

（注）　基本計画及び実施計画の項目立ては，国にならった場合。
（出所）　『平成24年版　障害者白書』図表1-45より

と障害福祉計画の関係について**図12−1**も参照していただきたい。

【児童福祉関連計画】

　障害児福祉計画は，2018（平成30）年度から2020（平成32）年度の第五期障害福祉計画と一体的に策定されることになった新たな計画である。改正障害者総合支援法及び改正児童福祉法が2016（平成28）年5月25日に成立したことで（同年6月3日公布），市町村及び都道府県に作成義務が課されることになった。そのため，障害者総合支援法に規定される市町村障害福祉計画及び都道府県障害福祉計画と「一体のものとして作成することができる」規定となっている。

　また，市町村・都道府県障害者計画及び市町村地域福祉計画・都道府県地域福祉支援計画とは「調和が保たれたものでなければならない」とされている（**表12−4**）。

表12-4　児童福祉関連計画の連携

連携が求められる二つの計画		両計画の関係	法的根拠
児童福祉計画 市町村障害	市町村障害福祉計画 (障害者総合支援法)	一体 (できる)	障害者総合支援法88条6項 児童福祉法33条の20第6項
	市町村障害者計画 (障害者基本法)	調和	児童福祉法33条の20第7項
	市町村地域福祉計画	調和	児童福祉法33条の20第7項
児童福祉計画 都道府県障害	都道府県障害福祉計画 (障害者総合支援法)	一体 (できる)	障害者総合支援法89条4項 児童福祉法33条の22第4項
	都道府県障害者計画 (障害者基本法)	調和	児童福祉法33条の22第5項
	都道府県地域福祉支援計画	調和	児童福祉法33条の22第5項

(注) 1：地域における医療及び介護の総合的な確保の促進に関する法律5条1項に規定する市町村計画
　　 2：地域における医療及び介護の総合的な確保の促進に関する法律4条1項に規定する都道府県計画

【地域福祉関連計画】

　以上の三つの領域の計画は，それぞれ社会福祉法107条と108条に規定される市町村地域福祉計画及び都道府県地域福祉支援計画と「調和」が保たれなければならないことになっていることは確認した通りである。

　さらに，市町村地域福祉計画は，従来社会福祉協議会が民間計画として策定してきた地域福祉活動計画と「一体的に」策定されたり，「連携」を図って内容を一部共有することが望まれている。このことについては，本書第13章でも見ていきたい。

5　計画の実施と評価

5-1 評価手法について

　合理的な実施と評価を行う前提には計画の目標が明確になっていなければならないが，行政計画においてそれは難しい場合も多い。とはいえ，計画策定のための技術の洗練は必要になってくるだろう。本章の最後に計画策定のこうした技術的問題について触れておきたい。

　もちろん，理想的な計画は，「目標を操作化，細分化し，その目標達成のための基本戦略，ブルー・プリントを示したもの」(三重野 1984：229) である。とはいえ，先に記したように，行政計画においては抽象的な表現以上の目標を明確化することは困難であることが多い。明確な目標が全体を統制してくれない

以上は，計画が目標だけによって正当化されることはない。そのため，計画は，暫定的な目標を基準として将来を構想するものや，技術的な目標数値を取り決める形式のものとならざるを得ない。よって，重要になるのは，計画策定とその実施を一連のプロセスに組み込み，適宜「評価」を実施することで計画の有効性や合理性を確保することである。このプロセスの中で計画目標も柔軟に変更されていくことになる。すなわち，計画の**策定**（plan）→**実施**（do）→**評価**（see）→〈フィードバック〉→**計画の再策定**といったプロセス（plan – do – see モデル）のなかに計画を組みこみ（和気 2005：189），計画の実施をダイナミズムのもとに置く必要があるのである。もしくは，評価を評価とその評価を受けた改善策の提示に分割して，PDCA サイクル（plan→do→check〔評価〕→action〔改善〕）としてこのプロセスを構築することも流行している。こうした手法を用いた計画改善策として有名なのは，すでに取り上げた1968（昭和43）年の東京都中期計画において採用されたローリング・システムである。

　計画評価の手法は様々に開発されているが，近年では，社会福祉行政プログラムが実施されたことにより全体として利用者にいかなる効果を及ぼしたかを評価する「プログラム評価」が望ましいとされている。これは，計画実施プログラムを「①投入資源」が「②実施過程」を経て，どのような「③効果」を及ぼすかを「④効率性」に着目しながら分析するプログラム全体を評価対象とする手法である。①から④にプログラム過程を分解した諸側面について評価が行われる。それぞれの個々の部分の評価には，プロセス（実施）評価，アウトカム評価，インパクト評価，費用便益分析または費用効果分析などが用いられる（**表12-5**）。このうち最後の費用便益分析および費用効果分析は，どちらも効率性という基準に基づいて政策評価を行う手法である。費用便益分析は，費用と便益（結果）の両方を貨幣に換算して効果を表示・測定する。一方，費用効果分析では，費用に関しては貨幣に換算するが，効果に関しては必ずしも換算しない。そのため，費用効果分析では統一した測定指標が存在しないので，複数の選択肢の間での比較をすることで初めて意味がある（平岡 1996：196）。

[5-2] 近年の社会福祉関連法への評価規定追加について
近年，社会福祉計画に対して評価の実施を行うことが法律に規定されるよう

表12-5　プログラム評価で用いられるそれぞれの手法

プロセス（実施）評価	施策が当初意図されたとおりに実施されたかを評価。通常，施策に関する活動が，法令や規制の要求，施策の設計，専門家としての基準，または顧客の期待に適合しているかを評価。
アウトカム評価	施策がアウトカム志向の目標をどの程度達成したかを評価。施策の有効性を判定するためにアウトプットやアウトカム（意図されていなかった効果も含む）に焦点を合わせるが，どのようにアウトカムが生み出されたかを理解するために，施策過程の評価も行う。
インパクト評価	アウトカム評価の一種で，施策が存在する場合と存在しない場合の予想とを比較することで施策の正味の効果を評価する。外部要因が施策のアウトカムに影響を与えることが分かっているときに，施策の目標達成への貢献を抽出するために実施。
費用便益分析または費用効果分析	施策のアウトプットかアウトカムを，それにかかった費用（支出された資源）と比較。既存の施策に適用されるとき，これらはプログラム評価の形態と考えられる。

（出所）　政策評価研究会（1999：40-41）。

になってきた。

　まずは，障害者自立支援法が障害者総合支援法（障害者の日常生活及び社会生活を総合的に支援するための法律）に改称された際に88条の２及び89条の２が追加され「障害福祉計画の調査，分析及び評価の実施」の規定が生まれた（2012〔平成24〕年改正障害者自立支援法，2013〔平成25〕年施行）。これを嚆矢として，「地域福祉計画」（2017〔平成29〕年改正社会福祉法，2018〔平成30〕年施行〔107条３項，108条３項〕），「介護保険事業計画」（2017〔平成29〕年改正介護保険法，2018〔平成30〕年施行〔117条７項，同条８項，118条７項，同条８項〕）にもその後評価規定が追加されている。

　これらの評価規定は，社会福祉計画策定とその実施を上記のPDCAサイクルのなかに組み込み，そのサイクルの一部として評価を行うという発想によるものである。各社会福祉計画の達成状況等について市町村が自ら実績評価を行い，新たな取組みにつなげることが目指される。また，その評価の結果は公表するように努めなければならないとされる。

(For Study)

1)　社会福祉において行政計画がなぜ必要なのだろうか。本文を参考に考えをまとめよう。

2） 戦後の社会福祉計画の資料を複数の時期にわたって手に入れ，本文の記述を参考にしながら，それぞれの特徴を比較してみよう。

3） 社会福祉計画は乱立していると言われるが，できれば同領域の自分の住む地域の社会福祉計画をいくつか手に入れ，どのようにして整合性を確保しているのか確認してみよう。

注

（1） 堀は，日本型福祉社会論への批判をまとめて，①公的責任の曖昧化に対する警戒，②福祉財源の削減に対する警戒，③日本社会優越論に堕することに対する警戒，④自助努力重視批判，⑤家庭福祉重視批判，⑥企業福祉重視批判，その他をあげている（堀1981：42-43）。

（2） 必ずしも時期が重なるものではないが，近年の傾向として，社会福祉計画以外の領域でも計画や政策目標の策定において実施計画としての思想が反映されることが多くなってきた。例えば，国政選挙において各党のマニフェスト（政権公約）が提示され，従来の選挙公約と違って，達成すべき課題の数値目標が示されたり，その検証方法についてあらかじめ明記されたりする手法が提案されることもあった。このように，行政全般が実施計画やそれに準ずるものを立案することで運営されるのが時代の潮流だと言えるだろう。

（3） 老人保健計画は，2008（平成20）年に「老人保健法」が全面改正され，「高齢者の医療の確保に関する法律」に名称変更されたのに伴い，市町村の策定義務がなくなった。

（4） 例えば，厚生労働省の全国介護保険担当課長会議（2017〔平成29〕年7月3日開催）の資料（https://www.mhlw.go.jp/stf/shingi2/0000170090.html　介護保険計画課資料，2020年12月14日閲覧）によれば，以下のような記述がある。

「1　介護保険制度改正における保険者機能に関する事項等について
　（5）計画に位置付けられた目標の達成状況についての公表及び報告
　〇PDCAの一環として，市町村や都道府県においては，介護保険事業（支援）計画の達成状況等について，自ら実績評価を行い，新たな取組につなげていくことが重要である。」

参考文献

大杉栄，2010，『分野別自治制度及びその運用に関する説明資料No.15　日本の自治体計画』財団法人自治体国際化協会（CLAIR），政策研究大学院大学 比較地方自治研究センター（COSLOG）

坂田周一，2007，『社会福祉政策（改訂版）』有斐閣

政策評価研究会，1999，『政策評価の現状と課題——新たな行政システムを目指して』通商産業省

栃本一三郎，2002，「社会福祉計画と政府間関係」三浦文夫他編『講座　戦後社会福祉の総括と二一世紀への展望　Ⅲ政策と制度』ドメス出版：95-152

直井優，1980，「社会体制と社会計画」青井和夫・直井優編『福祉と計画の社会学』東京大学

　出版会：249-270

西尾勝，1990，『行政学の基礎概念』東京大学出版会

───，1993，『行政学［新版］』有斐閣

平岡公一，1996，「費用－効果分析」坂田周一他編『社会福祉計画』有斐閣；195-208

堀勝洋，1981，「日本型社会福祉論」『季刊・社会保障研究』（Vol.17 No.1）：37-50

松村岐夫，2001，『行政学教科書──現代行政の政治分析　第2版』有斐閣

三重野卓，1984，『福祉と社会計画の理論──指標・モデル構築の視点から』白桃書房

村川浩一，1996，『高齢者保健福祉計画研究』中央法規出版

森克己，1998，「社会福祉行政における地方自治──八〇年代改革から地方分権推進委員会
　の勧告まで」『早稲田法学会誌』（第48巻）：237-284

山本隆，2002，『福祉行財政論──国と地方からみた福祉の制度・政策』中央法規

和気康太，1996，「社会福祉計画の歴史」定藤丈弘・坂田周一・小林良二編集『社会福祉計
　画』有斐閣：29-44

───，2005，「地域福祉計画における評価」武川正吾編『地域福祉計画──ガバナンス時
　代の社会福祉計画』有斐閣アルマ：189-209

Luhmann, N., 1968, Zweckbegriff und Systemrationalität Über die Function von Zwecken
　in sozialen Systemen, J.C.B.Mohr＝馬場靖雄他訳，1990，『目的概念とシステム合理
　性──社会システムにおける目的の機能について』勁草書房

第13章

各領域の社会福祉計画

　前章では，行政計画としての社会福祉計画についての理念や概念について考え，その歴史的展開の概略を扱った。本章では，個別領域の社会福祉計画について取り上げる。特に高齢者福祉の行政計画について重点的に取り上げる。高齢者福祉の行政計画は社会福祉基礎構造改革の主要対象領域であったし，地方分権改革などの行政環境の変化を最もよく反映するものだからである。その他の領域の計画についてはポイントを絞って本章の後半で取り上げたい。

1　高齢者福祉の計画

1-1　高齢者福祉の計画の展開①：ゴールドプランの策定まで

　前章で取り上げたとおり，高齢者福祉の計画は，国が中心に計画行政を担った時代から計画策定主体が地方自治体へと移行していく時代の流れを最も典型的に反映する計画の領域である。まずは，国主導で策定された整備計画である一連のゴールドプランと，その地方自治体版である老人福祉計画について説明する。その後，介護保険制度のもとで地方自治体が作成することになっている介護保険事業計画を扱う。地方分権改革が展開するなかで，地方中心の計画行政が形成されていく様相が表れているのがこの計画であり，計画の考え方の変遷を理解するのに役立つだろう。

　日本における戦後の高齢者福祉政策は，1963（昭和38）年に制定された老人福祉法に始まるとされる。この法律の制定までは，高齢者のみを対象とした単独福祉施策はなく，ほとんどは生活保護法による救貧施策のなかで高齢者保護も行われていた。老人福祉法制定は，こうした「従来の救貧的な政策とは異なり，所得の多寡に関わらず，精神的もしくは身体的障害により社会的支援が必

要な高齢者に対して，福祉サービスを提供する政策へと転換」(山本惠子 2002：17) を図るものであった。この法律により，低所得の高齢者のための養護老人ホームと常時介護を必要とする高齢者のための特別養護老人ホームが生まれることになり，その後の高齢者福祉の在り方を方向づけた。

　その後の1970 (昭和45) 年には，社会福祉計画の先駆けとなる，1971 (昭和46) 年を初年度とする「社会福祉施設緊急整備5か年計画」が策定されるなどの成果はあった。しかしながら，高齢者福祉の基盤整備は十分ではなく，高齢者を弱者と捉える救貧的な性格を完全に払拭するものではなかった (佐々木 2005：8-9)。また，在宅福祉サービスには法律による明確な規定はなく，困窮した高齢者に限定して施設に入所措置をとるということが基本的な行政手法であった。こうした高齢者福祉施設への入所措置は「機関委任事務」であった。施設整備が十分でない状況を脱し，ナショナル・ミニマムの達成を目指すために国が中央集権的に社会福祉行政を行うことが必要とされていたからである。

　オイルショックに始まる70年代と安定成長期の80年代の福祉見直し期には，高齢者福祉の計画策定の機運は抑制される。予算の裏づけのある本格的な高齢者福祉施策が充実するのは90年代を待たねばならない。

　第12章でも述べたように，1989 (平成元) 年12月に策定された**ゴールドプラン**（**「高齢者保健福祉推進10か年戦略」**）は，消費税導入論議と並行して，高齢者保健福祉サービスの整備目標値が予算の裏付づけを伴って示された初めての本格的な社会福祉計画であった。厚生省・大蔵省・自治省 (当時) の三省が合意することで，高齢者の社会福祉計画は具体性を持った実施計画としての体裁を整える段階になった。佐々木寿美は，この段階で初めて高齢者福祉政策は救貧的な段階を脱して，措置行政でありながらも国の重要施策として位置づけられたとしている (佐々木 2005：10-11)。また，第7章でも述べたように，1986 (昭和61) 年に第二次機関委任事務整理法 (事務事業整理合理化法) が制定され，高齢者福祉施設への入所措置は「団体事務」へと変更されている。事務を執行する地方自治体の裁量が増加したのである。さらに，1990 (平成2) 年の福祉関係8法改正では，老人福祉法も改正され，団体事務化された入所措置の権限は，都道府県にあったものもすべて福祉事務所の設置の有無に関わらず市町村に移譲された。以降，このゴールドプランは改定を重ね，新ゴールドプラン，ゴールドプ

表13-1　ゴールドプラン等の目標値

区　分	ゴールドプラン目標 1999（平成11）年	新ゴールドプラン目標 1999（平成11）年度	ゴールドプラン21目標 2004（平成16）年度
訪問系サービス			
訪問介護 （ホームヘルプサービス）	10万人	－ 17万人	225百万時間 （35万人）＊
訪問看護 訪問看護ステーション	－ －	－ 5,000か所	44百万時間 （9,900か所）＊
通所系サービス			
通所介護（デイサービス）／ 通所リハビリテーション（デ イ・ケア）	1万か所	－ 1.7万か所	105百万回 （2.6万か所）＊
（短期入所〔ショートステイ〕系サービス）			
短期入所生活介護／ 短期入所療養介護	5万人分	－ 6万人分 （ショートステイ専用床）	4,785千週 9.6万人分 （短期入所生活介護専用床）
施設系サービス			
介護老人福祉施設 （特別養護老人ホーム）	24万人分	29万人分	36万人分
介護老人保健施設	28万人分	28万人分	29.7万人分
生活支援系サービス			
痴呆対応型共同生活介護 （痴呆性老人グループホーム）			3,200か所
介護利用型軽費老人ホーム （ケアハウス）	10万人	10万人分	10.5万人分
高齢者生活福祉センター	400か所	400か所	1,800か所

(注)　1：2004年度（　）＊の数値については，一定の前提条件の下で試算した参考値である。
　　　2：介護療養型医療施設については，療養型病床群等の中から申請を受けて，都道府県知事が指定を行うこと
　　　　となる。
(出所)　『平成元年版　厚生白書』及び厚生労働省ホームページを参考に著者作成。

ラン21が策定されていくことになる。それぞれについてより詳細に見ていきた
い。

　ゴールドプランでは，それぞれの福祉事業について1990（平成2）年度から
1999（平成11）年度までに実現を図るべき目標が掲げられた。具体的には，訪問
介護員（ホームヘルパー）を10万人（従来の約3倍）にし，特別養護老人ホームを
24万床（従来の約1.5倍）にするというものであった（**表13-1**）。施設福祉に加え
て，在宅福祉が重視されるようになったことがこのプランの特徴であり，「寝
たきり老人ゼロ」の標語が掲げられた。

　ゴールドプランは，目標数値を掲げて中央主導で社会福祉事業を整備するも
のであったが，地方自治体にこの目標数値を達成させるための独自の計画作成
を義務化したことも大きな特徴である。これが地方「**老人保健福祉計画**」であ

る。この老人保健福祉計画については後述する。

　1994（平成6）年12月に策定された**新ゴールドプラン**（「**新・高齢者保健福祉推進10か年戦略**」）は，地方老人保健福祉計画で積み上げられた整備目標数値がゴールドプランで想定されていたものを上回ったために，ゴールドプランの計画期間中であったのを前倒しして新たに計画を策定しなおしたものである。そのため，目標年次はゴールドプランと同じ1999（平成11）年度となっている。この新ゴールドプランも厚生省・大蔵省・自治省（当時）の三省が合意して権限と財源の裏づけが明確になっていた。地方で積み上げたニーズに対応するために，ホームヘルパーを17万人増員，特別養護老人ホームを29万床増床，訪問看護ステーションを5,000か所設置することなどを整備目標にするなど，目標値の上方修正がなされた（表13－1）。

　また，この新ゴールドプランでは，高齢者福祉各種サービスの整備における施策の枠組みが明確に打ち出された。それは，①利用者本位・自立支援，②普遍主義，③総合的サービスの提供，④地域主義の基本理念である。

　その次の**ゴールドプラン21**（「**今後5か年間の高齢者保健福祉施策の方向**」）は，新ゴールドプランの終了を受けて，やはり厚生省・大蔵省・自治省（当時）の三省が合意して1999（平成11）年12月に策定された。計画期間は，2000（平成12）年度から目標年次2004（平成16）年度までとなっていた。2000（平成12）年4月より介護保険制度が始まることになり，従来の措置制度に残っていた慈恵的な色彩が一新され，権利としての社会福祉サービスの制度体制が形成されることになった。介護保険制度では，住民が地域のなかで，権利として普遍的に社会福祉サービスを受給できるように，最も身近な地方自治体である市町村が主体となって介護サービス基盤の整備を行うことになった。それに加え，介護予防，生活支援などのより一般的なニーズを充実させることにも力を入れることになった（表13－1）。国が中心となってサービスを整備してきた時期のゴールドプランという名称を受け継いだ一連の計画もここで最後となる。

1-2 高齢者福祉の計画の展開②：老人保健福祉計画

　第12章でも触れたように，ゴールドプランの整備目標を達成するために，地方自治体は地方版ゴールドプランとも言える老人保健福祉計画を作成すること

になった。1990（平成2）年の社会福祉関係八法改正のなかで，老人保健法及び老人福祉法も改正され，「老人保健福祉計画」（老人保健計画と老人福祉計画を一体的に作成したもの）の作成が，都道府県と市区町村に義務づけられたのである。これは，我が国初の市町村が主体となって独自に作成する本格的な社会福祉の実施計画となった。市町村老人保健福祉計画は，地方自治法2条4項に規定される基本構想に即して作成するものとされ（老人福祉法20条の8），市町村で独自に作る地域のマスタープランに従って「区域において確保すべき老人福祉事業の量の目標」を設定することが可能になった画期的なものであった。

　市町村が独自に地域におけるニーズ調査を行い，整備目標値を積み上げていった結果，ゴールドプランでの想定を超えることになり，国は全体の計画を変更せざるを得なくなった。結果として新ゴールドプランが前倒して策定されたように，この計画において地方は一定の主導権を確保することができたと言えよう。こうした経験が，次の段階の介護保険事業計画作成に活かされたのは言うまでもない。藤村正之は，この計画を「老人保健福祉計画」という名の〈運動〉と呼び，計画策定という活動そのものが分権化へ向けた体制整備の一部を担っていたとしている。すなわち，「老人保健福祉計画の策定という『計画化』を通して，はじめて自らが『分権化』の主体であることを強く自覚させられた」（藤村 1999：149）経験となったのである。高齢者福祉は，地方主権確立の先駆けとなる分野であるとよく言われるが，老人保健福祉計画はまさにその具体的なプロセスとなっていた。田辺国昭が指摘するように，保険と福祉の垣根を取り払ってルーティンとして固定化した縦割り行政をある程度乗り越えたり，市町村の責任が強調され国－都道府県－市町村の政府間関係の変容につながったり，コミュニティのニーズを中心とした行政体制への組み換えが行われる傾向が生まれるなど，社会福祉を始めとする行政の考え方の質的な転換をもたらした（田辺 1997）。

　とはいえ，課題がなかったわけではない。この段階では，国の画一的な基準をもとに地方で社会福祉施策が展開されていたために，地域ごとのニーズの多様性を反映しない政策が非効率的に実施されたということは否めない。佐々木寿美が指摘するように，農村部においてはニーズを抱える住民が点在するためにサービス提供のための移動距離が長くなり，移動コストが増えすぎてしま

う。よって，在宅サービスが計画と比べて十分に整備されなかった。一方，都市部においては，核家族化が進み独居高齢者も増えているために，施設サービスの需要が高くなる。しかし，施設建設の敷地が確保できずに施設サービスが不足してしまった（佐々木 2005：32-34）。地域ごとにそれぞれのサービス基準を組みかえて，臨機応変に社会福祉サービス提供体制を確立することはできなかったのである。こうした農村と都市のそれぞれの傾向は現在でもそのまま引き続いているものであり，社会福祉サービス整備の主体が住民に身近な市町村を中心とした地方自治体でなければならない必然性をもたらしている。

　また，老人保健福祉計画は予算の裏づけが十分ではなかったとの指摘もある。山本隆によれば，ゴールドプランのために国は「実施に要する経費は約6兆円，うち地方自治体の負担は約2兆円で，地方自治体の経費は各年度，地方債と地方交付税により全額措置されてきた」（山本隆 2002：105）。とはいえ，かかった経費が地方交付税によって補填されるとしても，「実際，高齢者保健福祉関係予算への充当率は40％～60％程度にとどまっていた」（山本隆 2002：109）。すなわち，実際に地方が負担した額を国が保障しなかったのである。このように，地方が主体的に地域の福祉サービスを整備するとしても，交付税では費用の地方の持ち出しを生み，財政力の弱い地方自治体は疲弊する。地方分権と言いながら，国の抱える負債を地方に付け回しただけの皮肉な政策であると穿った見方をされても仕方がないであろう。三位一体の改革や税と社会保障の一体改革をいっそう進めて，地方自治体に必要な財政基盤を確立することが求められる。

1-3　高齢者福祉の計画の展開③：介護保険事業計画

　1997（平成9）年に制定された介護保険法により，市町村は**市町村介護保険事業計画**（介護保険法117条）を，都道府県は**介護保険事業支援計画**（介護保険法118条）を作成することが義務づけられた。

　これまでの説明のように介護保険制度とは，社会福祉サービス提供体制が措置制度から利用契約制度へと移行する社会福祉基礎構造改革で最も注目される制度である。社会保険の仕組みを導入することで，保険料を支払った利用者の権利性を明確にし，利用者の選択によるサービスの利用を確保した制度となっ

た（利用契約制度による権利性の確保）。また，保険を運営する保険者は住民の
ニーズを最も的確に把握できる市町村とされ，独自に保険料を決定することに
なった。さらに，この市町村が3年を1期とする介護保険事業計画を作成する
ことで，地域に最適な社会福祉サービスの整備を行うこととなった。都道府県
は，3年を1期とする介護保険事業支援計画を作成することで，広域調整など
を行うことになった。[3]

　介護保険事業計画は，介護保険制度という社会保険制度の計画である。わが
国の社会保障制度は社会保険・公的扶助・社会福祉・公衆衛生といった下位区
分から成り立っており，介護保険制度は，措置制度下では社会福祉の領域で
あった高齢者福祉を社会保険の領域として再編するという意味合いも持つ（本
書第8章を参照のこと）。よって，従来の社会福祉行政計画と同列に扱えないだ
ろう。とはいえ，介護保険法117条6項に，「市町村介護保険事業計画は，老人
福祉法第20条の8第1項に規定する市町村老人福祉計画と「一体」のものとし
て作成されなければならない」との規定があり，社会福祉計画である老人福祉
計画と内容が重なっている。すなわち，制度区分上は社会保険であっても，実
態としては社会福祉行政の計画と考えてよいだろう（詳しくは第12章を参照のこ
と）。

　地域に密着した利用契約制度を法制化した介護保険制度，及びこの制度内で
の社会福祉計画である介護保険事業計画であるが，課題も多く残っている。

　第一の課題は，介護保険事業計画が指示的計画（第12章第1節参照）の色彩を
強めたことである。こうした変化は，市場活力を活かす自由・民主主義におけ
る行政計画としては望ましいものとなったと言えるが，事業者が参入しなけれ
ば計画が達成できないということでもある。

　2009（平成21）年6月9日の朝日新聞の記事では，独自の集計により全国の自
治体が2006（平成18）年度から2008（平成20）年度にかけて計画していた介護保険
施設の整備量が，計画の約15万2,000人分の半分以下の7万5,000人分にとど
まったと報道している（表13-2）。施設整備費が，三位一体の改革により2004
（平成16）年からは国からの補助金ではなく交付税交付金のなかで工面する性質
のものになって以来，財政状況の厳しい都道府県はこの費用を抑制しがちであ
る。また，先に指摘したように国が取り決める介護報酬単価が抑制されるよう

表13-2　介護保険施設の整備率（2006～08年）

（単位：%）

北海道	-10	石　川	13	岡　山	51
青　森	121	福　井	79	広　島	-45
岩　手	73	山　梨	62	山　口	-12
宮　城	68	長　野	54	徳　島	-143
秋　田	93	岐　阜	55	香　川	-118
山　形	63	静　岡	55	愛　媛	-302
福　島	64	愛　知	66	高　知	20
茨　城	76	三　重	29	福　岡	88
栃　木	62	滋　賀	25	佐　賀	35
群　馬	79	京　都	24	長　崎	0
埼　玉	83	大　阪	15	熊　本	7
千　葉	35	兵　庫	93	大　分	23
東　京	31	奈　良	79	宮　崎	43
神奈川	50	和歌山	54	鹿児島	116
新　潟	71	鳥　取	-64	沖　縄	61
富　山	68	島　根	53	平　均	49

（注）　2006～08年度に計画されていた施設定員増に対し，実際に整備された割合。マイナスは，既存施設の定員減
少分が新設分を上回ったのが理由。
（出所）　『朝日新聞』2009（平成21）年6月9日朝刊より。

になってからは，事業者の参入意欲も抑えられがちとなっている。措置委託費
によって施設経営を考慮せずに運営ができた時代とは社会福祉の運営基盤が変
わってしまい，こうした各種の要因が計画達成にダイレクトに影響するように
なった。準市場によるある程度の競争を前提とした介護保険制度は，民間事業
者の自由な判断により事業量が増減するリスクを抱える以上，必要なサービス
が必ず整備できるとは限らないのである。

　第二の課題は，地方の裁量の範囲についての課題である。地域の社会福祉の
計画を住民に身近な市町村が主体的に作成することになっているが，完全に地
方の裁量で計画が作成できる訳ではない。介護保険制度は自治事務であるた
め，国に包括的指揮監督権がある訳ではないが，介護保険法117条1項に規定
されるように，市町村は国の定める「基本指針に即して」介護保険事業計画を
定めることになっている。これは，「介護給付等対象サービスの種類ごとの量
の見込みを定めるに当たって参酌すべき標準（基準）」，すなわち介護サービス

の整備量の標準量などの規定である。長岩嘉文が述べるように，この「基本方針は，いわば国が示すマニュアルであり，概ねマニュアルに沿った計画策定が求められているのである。(…略…) 一度標準として示された数値の持つインパクトは大きい」(長岩 2005：148-149)。

　2011 (平成23) 年までを計画期間として定められた第四期介護保険事業計画までの参酌標準に定められていたものであり，よく参照されたものとして，次の二つがあった。すなわち，①2014 (平成26) 年度において，施設サービス (介護老人福祉施設 (特別養護老人ホーム)，介護老人保健施設，介護療養型医療施設)，認知症対応型共同生活介護 (グループホーム) の利用者数及び介護専用型特定施設における特定施設入居者生活介護の利用者数の合計の割合を，要介護2以上の認定者数の37%以下とする，②2014 (平成26) 年度の施設サービスの利用者数は，要介護2以上の者について見込むものとし，その利用者数全体に対する要介護4及び5の割合を70%以上とする，といったものである。こうした参酌標準は，特別養護老人ホーム，老人保健施設，介護療養型医療施設及び特定施設 (介護付き有料老人ホーム，ケアハウスなど) について，都道府県との調整により利用者数や施設の指定を制限する場合の根拠，いわゆる「総量規制」の根拠として機能してきた。

　この参酌標準 (基準) 自体は，①に関しては，2010 (平成22) 年6月18日の閣議決定により廃止された。しかし，本書第11章第1節でも取り上げたように，施設サービスの施設整備費が国からの補助負担金 (社会福祉施設等施設整備補助負担金) の形式を取りやめ，新たに地域介護・福祉空間整備等交付金等による措置へと財源変更がなされた。この交付金では，先進的事業等に関して厚労省の示した重点項目等に対してだけの財政支援になってしまっている。当初，地域密着型サービス整備はこの交付金の対象となっていたので整備が進んだが，その他の施設サービス等は整備しようにも整備する財源が存在しないことになった。参酌標準ではなく財源の面で政府によるコントロールが行われていたと言えるだろう。

　②に関しては，2015 (平成26) 年に改正された介護保険法に伴う基本指針において特別養護老人ホームへの新規入所者を原則要介護3以上の高齢者に限定したことにより (既入所者は除く)，いっそう厳格なものになってしまった。

表13-3 高齢者福祉に関する計画

計画名	老人福祉計画		介護保険事業計画	
	市町村老人福祉計画	都道府県老人福祉計画	市町村介護保険事業計画	都道府県介護保険事業支援計画
根拠法	老人福祉法20条の8	老人福祉法20条の9	介護保険法117条	介護保険法118条
策定義務など	義務 ・市町村介護保険事業計画と一体 ・市町村地域福祉計画と調和	義務 ・都道府県介護保険事業支援計画と一体 ・都道府県地域福祉支援計画と調和	義務 ・市町村老人福祉計画と一体 ・市町村地域福祉計画市町村・高齢者居住安定確保計画と調和 ・医療介護総合確保推進法市町村計画と整合性の確保	義務 ・都道府県老人福祉計画と一体 ・医療介護総合確保推進法都道府県計画・医療計画と整合性の確保 ・都道府県地域福祉支援計画・高齢者居住安定確保計画と調和
参酌標準など	厚生労働大臣が定める基準を参酌する。	規定なし	国の定める「基本指針」に即して作成。	国の定める「基本指針」に即して作成。
計画期間	規定なし	規定なし	3年を1期	3年を1期
住民参加	規定なし	規定なし	被保険者の意見を反映させるために必要な措置	規定なし
国及び都道府県の関与	・計画を定め，変更するときはあらかじめ都道府県の意見を聞かなければならない。 ・都道府県知事は計画作成に関する技術事項について助言できる。	・厚生労働大臣は計画作成などに関する技術的事項について必要な助言をすることができる。	・計画を定め，変更するときはあらかじめ都道府県の意見を聞かなければならない。 ・都道府県知事は計画策定上の技術的事項について助言できる。	・厚生労働大臣は，計画の作成などに関する技術的事項について必要な助言をすることができる。
調査，分析及び評価			117条7項・8項 結果を公表するよう努めるとともに，これを都道府県知事に報告する。	118条7項・8項 結果を公表するよう努めるとともに，厚生労働大臣に報告するものとする。
計画の主な内容	・市町村において確保すべき老人福祉事業の量の目標 ・上記の量の確保のための方策	・養護老人ホーム及び特別養護老人ホームの必要入所定員総数やその他の老人福祉事業の量の目標 ・老人福祉施設の整備及びその相互間の連携のために講ずる措置 ・事業に従事する者の確保または質の向上のための措置	・介護給付等対象サービスの種類ごとの量・地域支援事業の量の見込み ・上記の見込み量確保のための方策 ・介護給付・介護予防サービスの円滑な実施を図るための事業など	・介護給付等対象サービスの種類ごとの量の見込み ・施設における生活環境改善のための事業 ・介護サービス情報の公表 ・事業に従事する者の確保または質の向上のための事項 ・市町村相互間の連絡調整を行う事業 ・施設の連携，サービスの円滑な提供に関する事業

　他にも，各種の介護サービスが利用された場合の給付費は「厚生労働大臣が定める基準により算定した費用の額」とされており，国が介護報酬単価を地域区分ごとに定めることになっている。介護保険の仕組みの基本設計は国が一元的に取り決めている状況であるため，地方分権といいながら地方自治体の裁量が十分に発揮されていないという現状もある。完全な地方分権までには改善すべき課題が多いようである。

　以上に記述してきたように，高齢者福祉政策とその計画は措置制度から利用契約制度への移行に強い影響を受けてきた。近年の社会福祉行政と社会福祉計画の変化を理解するのに最も適切な領域であると言えるだろう（表13-3）。

2　社会福祉計画の動向

2-1　各個別領域の社会福祉計画①：児童福祉の計画

　社会福祉領域に関する法定計画は数を増している。この節では，まずは，高齢者福祉分野以外の社会福祉計画における代表的な分野として児童福祉及び障害者福祉の計画について確認する。その後，それらを総合する地域福祉計画を取り上げ，最後に近年になって新しく法定計画として作られることになった各種社会福祉計画について確認したい。

　まずは児童福祉分野の社会福祉計画である。1994（平成6）年12月に，政府は「今後の子育て支援のための施策の基本的方向について」（エンゼルプラン）を策定した。国の策定するエンゼルプランの初年度にあたる1995（平成7）年に，厚生省は全国の都道府県及び市町村に対して，「児童育成計画策定指針について」（厚生省通知〔平成7年児発634号〕）との名称の通知を出した。これはいわゆる地方版エンゼルプランとも言える「児童育成計画」の策定を推奨するものであった。とはいえ，法律上義務づけられたものではなかったため，この計画はすべての地方自治体で策定された訳ではなかった。また，この計画に掲げる目標事業量が保育関連サービス事業に絞られていたため，地方自治体によっては積極的に計画を策定する意味を見出し難かったことも理由のようである（『平成17年版　少子化社会白書』）。

　2003（平成15）年7月には，二つの地方社会福祉行政計画が法定計画として義

務化された。一つは，次世代育成支援・少子化対策のために10年間にわたって集中的・計画的な取組みを行うための「次世代育成支援対策推進法」に基づく「**市町村行動計画**」(第8条) 及び「**都道府県行動計画**」(第9条) である。地方自治体以外にも，国及び一定規模以上の企業にも同時に計画策定義務が課された。また，ほぼ同時に制定された改正児童福祉法では，一定の条件を満たす市町村及び都道府県は「保育計画」を策定することが義務づけられた。改正法により法定計画として義務化され，保育の実施への需要が増大している市町村及び都道府県 (一定の要件の定めがあり，該当するものは特定市町村及び特定都道府県と呼ぶ) は，保育の実施の事業や子育て支援事業などの供給体制の確保に関する計画を定めるものとする (法第56条の8及び9〔当時。現在は廃止され市町村整備計画 (同法56条の4の2) 等に移行〕)，とされた。具体的には，2004 (平成16) 年4月1日における待機児童数が50人以上の市区町村などは2005 (平成17) 年度を始まりとする保育計画 (待機児童解消計画) を策定することを義務づけるものであった。

少子化対策や育児支援策は大きな政策課題であり続けているため，その後も矢継ぎ早に様々な法律が制定され，各種の政策が実施されている。2012 (平成24) 年に，子ども・子育て支援法をはじめとしたいわゆる子ども・子育て関連三法が成立し，2015 (平成27) 年4月より子ども・子育て支援新制度がはじまった。①認定こども園制度の改善，②認定こども園，幼稚園，保育所を通じた共通の給付等の創設，③地域の実情に応じた子ども・子育て支援の充実等の施策を行うものである。①の認定子ども園制度は従来大変複雑で利用しづらいものであったので，認定こども園のうち幼保連携型を改善し，認定こども園法に基づく学校及び児童福祉施設としての法的位置づけを明確化し，認可・指導監督を一本化することにした。②は，認定こども園，幼稚園，保育所を通じた共通の給付として「施設型給付」を創設したものである。これは，子ども・子育て支援法8条による「子ども・子育て支援給付」のうちの一つである。それぞれの教育・保育施設は，この給付を財源として施設を運営するという選択が可能となった (給付は法定代理受領による)。③は利用者支援事業，地域子育て支援拠点事業，妊婦健康診査など様々な施策を市町村が地域の実情に応じて実施するものである。

　この三法のうち，子ども・子育て支援法61条１項に基づいて，市町村は，国の定める基本指針に即して，５年を１期とする「**市町村子ども・子育て支援事業計画**」（教育・保育及び地域子ども・子育て支援事業の提供体制の確保その他この法律に基づく業務の円滑な実施に関する計画）を定めることになった。また，都道府県は，国の定める基本指針に即して，５年を１期とする「**都道府県子ども・子育て支援事業支援計画**」（教育・保育及び地域子ども・子育て支援事業の提供体制の確保その他この法律に基づく業務の円滑な実施に関する計画）を定めることになった。幼稚園（教育）・保育所（保育・福祉）・認定子ども園を通じた一体的なサービスの提供が目指されている（表13－４）。

2-2 各個別領域の社会福祉計画②：障害者福祉の計画

　1993（平成５）年12月に改正された「障害者基本法」により**障害者基本計画**の策定が国に義務づけられ，都道府県や市町村にも**障害者計画**策定の努力義務が課された（現在は策定義務になったことは後述）。[10]

　障害者基本計画である「障害者対策に関する新長期計画」を具体化させた重点施策実施計画として，1995（平成７）年12月「**障害者プラン（ノーマライゼーション７か年戦略）**」（平成８年度から14年度）が策定された。この「障害者対策に関する新長期計画」が終了するのを受けて，2002（平成14）年12月に新たに2003（平成15）年度から2012（平成24）年度の10年間のための「**障害者基本計画**」が策定された。[11] この新たな障害者基本計画の実施計画として，2002（平成14）年12月には，前期にあたる2003（平成15）年度から2007（平成19）年度の５年間のために「**重点施策実施５か年計画（新障害者プラン）**」が策定された。60の施策項目を作り，34の数値目標とその達成期間が掲げられた。また，2007（平成19）年12月には，後期にあたる2008（平成20）年度から2012（平成24）年度の５年間のために「**重点施策実施５か年計画（障害の有無にかかわらず国民誰もが互いに支え合い共に生きる社会へのさらなる取組）**」が策定された。120の施策項目を作り，57の数値目標及びその達成期間を掲げ，前期の計画をより具体化したものであった。

　2000（平成12）年５月に社会福祉事業法を改正した社会福祉法が成立し，社会福祉基礎構造改革が行われた。この改革に対応して，障害者福祉分野でも，事業者との対等な関係に基づき，障害者自らがサービスを選択し，契約により

表13‐4　児童福祉に関する計画

計画名	保育所及び幼保連携型認定こども園の整備に関する計画（旧保育計画）	障害児福祉計画		子ども・子育て
	市町村整備計画	市町村障害児福祉計画	都道府県障害児福祉計画	市町村子ども・子育て支援事業計画
根拠法	児童福祉法56条の4の2	児童福祉法33条の20	児童福祉法33条の22	子ども・子育て支援法61条
策定義務など	なし（できる） ・子ども・子育て支援法61条1項に規定する市町村子ども・子育て支援事業計画と調和	義務 ・市町村障害福祉計画と一体にできる。 ・市町村障害者計画，市町村地域福祉計画と調和	義務	義務 ・市町村地域福祉計画，教育振興基本計画と調和
参酌標準など	規定なし	厚生労働大臣の定める基本指針に即して	厚生労働大臣の定める基本指針に即して	内閣総理大臣の定める基本方針に即して作成
計画期間	規定なし	規定なし	規定なし	5年を1期
住民参加		・あらかじめ住民の意見を反映させるために必要な措置		・インターネットの利用その他の内閣府令で定める方法により住民の意見を反映させるために必要な措置
調査，分析及び評価		第33条の21	第33条の23	
国及び都道府県の関与	・作成・変更の場合は厚生労働大臣に提出，都道府県知事に写しを送付	・作成・変更の際は都道府県の意見を聴き，提出。 ・都道府県知事は技術的事項について必要な助言をすることができる。	・作成・変更の際は厚生労働大臣に提出。 ・厚生労働大臣は技術的事項について必要な助言をすることができる。	・定め，又は変更しようとするときは，あらかじめ，都道府県に協議，また提出 ・都道府県知事は計画策定上の技術的事項について助言できる。
計画の主な内容	一　保育提供区域ごとの当該保育提供区域における保育所等の整備に関する目標及び計画期間 二　前号の目標を達成するために必要な保育所等を整備する事業に関する事項 三　その他厚生労働省令で定める事項	一　障害児通所支援及び障害児相談支援の提供体制の確保に係る目標に関する事項 二　各年度における指定通所支援又は指定障害児相談支援の種類ごとの必要な見込量	一　障害児通所支援等の提供体制の確保に係る目標に関する事項 二　当該都道府県が定める区域ごとの各年度の指定通所支援又は指定障害児相談支援の種類ごとの必要な見込量 三　各年度の指定障害児入所施設等の必要入所定員総数	一　教育・保育提供区域における各年度の特定教育・保育施設に係る必要利用定員総数ごとの教育・保育の量の見込み並びにその提供体制の確保の内容及びその実施時期など

244

支援事業計画	次世代育成支援行動計画		
都道府県子ども・子育て支援事業計画	市町村行動計画	都道府県行動計画	一般事業主行動計画
子ども・子育て支援法62条	次世代育成支援対策推進法8条	次世代育成支援対策推進法9条	次世代育成支援対策推進法12条
義務 ・都道府県地域福祉支援計画，教育振興基本計画と調和	努力義務	努力義務	・常時雇用する労働者が101人以上の企業は義務（2011年4月までは301人以上） ・常時雇用する労働者が100人以下の企業は努力義務（2011年4月までは300人以下）
内閣総理大臣の定める基本方針に即して作成	厚生労働大臣の定める「行動計画策定指針」に即して作成	厚生労働大臣の定める「行動計画策定指針」に即して作成	厚生労働大臣の定める「行動計画策定指針」に即して作成
5年を1期	5年を1期	5年を1期	計画期間を自ら策定
	・住民の意見を反映させるために必要な措置 ・事業主，労働者その他の関係者の意見を反映させるために必要な措置	・住民の意見を反映させるために必要な措置 ・事業主，労働者その他の関係者の意見を反映させるために必要な措置	規定なし
・定め，又は変更しようとするときは，あらかじめ，内閣総理大臣に協議，また提出 ・内閣総理大臣は計画策定上の技術的事項について助言できる。	・都道府県知事は計画策定上の技術的事項について助言できる。	・国は，計画の作成などに関する技術的事項について必要な助言をすることができる。	・厚生労働大臣は基準に適合する一般事業主を認定する。
一　都道府県が当該都道府県内の市町村が定める教育・保育提供区域を勘案して定める区域ごとの当該区域における各年度の特定教育・保育施設に係る必要利用定員総数等の教育・保育の量の見込み並びにその教育・保育の提供体制の確保の内容及びその実施時期など	・次世代育成支援対策の実施により達成しようとする目標 ・実施しようとする次世代育成支援対策の内容及びその実施時期	・次世代育成支援対策の実施により達成しようとする目標 ・実施しようとする次世代育成支援対策の内容及びその実施時期 ・次世代育成支援対策を実施する市町村を支援するための措置の内容及びその実施時期	・計画期間 ・次世代育成支援対策の実施により達成しようとする目標 ・実施しようとする次世代育成支援対策の内容及びその実施時期

サービスを利用する仕組みである「支援費制度」が，2003（平成15）年4月より始まった。支援費制度が開始されるのに伴い，障害者の地域での自立生活を確保し，契約における利用者保護のための権利擁護を推進することを主な目的として，障害者基本法も改正されている。この年の改正では，それまで法的な規定はあったが策定義務のなかった「**都道府県・市町村障害者計画**」の策定が，都道府県及び指定都市については改正法の公布の日である2004（平成16）年6月から，市町村については2007（平成19）年4月から義務化されることになった。

　とはいえ，支援費制度はすぐに行き詰まりを見せるようになる。措置ではなく自由にサービスの給付を選択できるようになれば，新たな利用者が急増し，サービス提供体制とその財源が破綻してしまう懸念が出たからである。高木邦明によれば，破たん懸念が生まれた原因の一つとして，支援費制度に伴う地方障害者計画には数値目標を掲げることが義務化されておらず，地方自治体で必要なニーズの積み上げが行われなかったことがあげられる（高木 2006：6-8）。(12)

　こうした問題を改善するため，2005（平成17）年10月に「障害者自立支援法」（現 障害者総合支援法）が成立した。この法律においては，障害種別ごとに提供されていた福祉サービスについて一元的に市町村が提供する仕組みに改められるとともに，利用者負担の見直しや国の財政責任の強化を通じて安定的な制度の構築が図られた。

　また，国の定める「基本指針」に即して「**市町村・都道府県障害福祉計画**」を策定することが義務づけられた。これは，各種サービスの必要量の見込みに関する事項を定めることになっており，必要なニーズに対応する数値目標を掲げることが必須となっている。そのため，サービス提供体制とその財源が破たんする懸念があったことに適切に対処した計画であるといえるだろう（表13-5）。

2-3 地域福祉計画

　2000（平成12）年に制定された社会福祉法には，107条に，地域福祉の推進に関する事項を一体的に定めるために市町村が策定する市町村地域福祉計画についての条文が盛り込まれた。また，108条には，市町村の地域福祉計画の達成を支援するために都道府県が策定する都道府県地域福祉支援計画についての条文が盛り込まれた。

表13-5　障害者福祉に関する計画

計画名	障害者（基本）計画		障害福祉計画	
	市町村障害者計画	都道府県障害者計画	市町村障害福祉計画	都道府県障害福祉計画
根拠法	障害者基本法11条3項	障害者基本法11条2項	障害者総合支援法88条	障害者総合支援法89条
策定義務など	義務	義務	義務 ・市町村障害者計画・市町村地域福祉計画と調和	義務 ・都道府県障害者計画・都道府県地域福祉支援計画と調和 ・医療計画と相まって精神障害者の退院を促進
参酌標準など	国の障害者基本計画・都道府県障害者計画を基本とする。	国の障害者基本計画を基本とする。	国の定める「基本指針」に即して作成。	国の定める「基本指針」に即して作成。
計画期間	規定なし	規定なし	規定なし	規定なし
住民参加	（障害者施策推進協議会を設置している場合は意見を聴取）	・地方障害者施策推進協議会の意見の聴取	・住民の意見を反映させるために必要な措置 ・地方障害者施策推進協議会の意見聴取 ・合議制の機関の意見聴取	・地方障害者施策推進協議会の意見の聴取 ・合議制の機関の意見聴取
国及び都道府県の関与	・国の作成する障害者基本計画及び都道府県障害者計画を基本とする。	・国の作成する障害者基本計画を基本とする。	・計画を定め，変更するときはあらかじめ都道府県の意見を聞かなければならない。 ・都道府県知事は計画策定上の技術的事項について助言できる。	・厚生労働大臣は，計画の作成などに関する技術的事項について必要な助言をすることができる。
調査，分析及び評価			88条の2	89条の2
計画の主な内容	規定なし	規定なし	一　障害福祉サービス，相談支援及び地域生活支援事業の提供体制の確保に係る目標に関する事項 二　各年度における指定障害福祉サービス，指定地域相談支援又は指定計画相談支援の種類ごとの必要な量の見込み 三　地域生活支援事業の種類ごとの実施に関する事項など	一　障害福祉サービス，相談支援及び地域生活支援事業の提供体制の確保に係る目標に関する事項 二　当該都道府県が定める区域ごとに当該区域における各年度の指定障害福祉サービス，指定地域相談支援又は指定計画相談支援の種類ごとの必要な量の見込み 三　各年度の指定障害者支援施設の必要入所定員総数四地域生活支援事業の種類ごとの実施に関する事項

この地域福祉計画は，「これまで高齢，児童，障害など対象別に整備されて
きた福祉制度を横断させて，問題の発見解決のための公私協働の仕組みをつく
ること，多岐にわたる課題に対し各分野に共通する基盤を整備・開発する仕組
みをつくる計画である」（白戸 2005：72）。大橋謙策によれば，この地域福祉
計画には，各分野を包含した「総合性」と地域コミュニティを形作るための「住
民参加」が求められた（大橋 2001：24-29）。

　行政全体の地方分権改革の展開に沿って，措置権限が市町村へ移譲された
り，契約制度の保険者や運営主体が市町村となるなど，社会福祉行政では，最
も身近な地方自治体が福祉サービス運営の責任を持つ体制が確立しつつある。
そうであるなら，個々の地域ごとのニーズに応じて，市町村が中心となって各
領域の福祉サービスの供給体制や供給量などを調整していくことが求められる
だろう。そのために，「地域住民が参加」して「総合的」に取捨選択を行い，整
備目標を定める計画である地域福祉計画が必要になるのである。⁽¹³⁾

　行政計画である地域福祉計画が策定されることになる前から，社会福祉協議
会は地域の福祉サービス等の調整を行う**地域福祉活動計画**を策定してきた。地
域福祉活動計画とは，地域において福祉活動を担う地域住民やボランティア団
体，NPO等の民間団体の自主的・自発的な福祉活動を調整する目的を持つ計
画である。地域住民や地域の各種団体・組織が策定に参加することが求められ
ているとはいえ，地域福祉計画は行政計画である。一方で，地域福祉活動計画
はあくまで民間の活動・行動計画である。とはいえ，両計画ともに地域福祉を
推進する計画であるため，行政と社会福祉協議会の双方から両計画の連携，も
しくは一体的策定が求められている。⁽¹⁴⁾

　なお，もともと地域福祉計画は任意に策定するとの規定であったが，2018（平
成30）年4月の社会福祉法（昭和26年法律第45号）の一部改正により策定が努力義
務とされた。また，「地域における高齢者の福祉，障害者の福祉，児童の福祉
その他の福祉の各分野における共通的な事項」を記載する，いわゆる「上位計
画」との位置づけが明示された。

2-4 社会福祉関連諸領域の計画

近年社会福祉に関連する様々な社会問題が深刻化する状況を受けて，いわゆ

る社会福祉の主要領域以外の隣接領域に関する行政計画，及び社会福祉計画と
隣接領域を連携させるための行政計画が，様々に策定されるようになっている。

【医療介護総合確保推進法市町村・都道府県計画】

2014（平成26）年に改正された医療介護総合確保推進法（地域における医療及び
介護の総合的な確保を推進するための関係法律の整備等に関する法律（〔平成元年法律第
64号〕）に基づき作成される計画である。この法律は，「地域包括ケアシステム」
を構築することを通じ，地域における医療及び介護の総合的な確保を推進する
ため，医療法，介護保険法等の関連法規について所要の整備等を行うものであ
る。

厚生労働大臣は，地域における医療及び介護を総合的に確保するための基本
的な方針（総合確保方針）を定める。都道府県は，総合確保方針に即して，地域
の実情に応じた当該都道府県の地域における実施計画である「都道府県計画」
を作成することができる。医療計画及び都道府県介護保険事業支援計画との
「整合性の確保」を図らなければならない。

市町村（特別区含む）は，総合確保方針に即して，地域の実情に応じた当該市
町村の地域における実施計画である「市町村計画」を作成することができる。
市町村介護保険事業計画との「整合性の確保」を図らなければならない。

【高齢者居住安定確保計画】

2001（平成13）年 4 月に制定された高齢者住まい法（高齢者の居住の安定確保に
関する法律〔平成13年法律第26号〕）に基づき定められる計画である。

国土交通大臣及び厚生労働大臣は，高齢者の居住の安定の確保に関する基本
的な方針（基本方針）を定める。都道府県は，基本方針に基づき，都道府県高齢
者居住安定確保計画を定めることができる（策定義務はない）。また，市町村は，
基本方針や都道府県計画に基づき市町村高齢者居住安定確保計画を定めること
ができる。これは，都道府県や市町村の福祉部局と住宅部局が共同で定めるも
ので，高齢者に対する賃貸住宅及び老人ホームの供給目標や高齢者居宅生活支
援事業（老人デイサービス事業等高齢者が居宅において日常生活を営むために必要な保
健医療サービスや福祉サービスを提供する事業）の整備・促進に関する事項を定め
る。厚労省と国交省が共同して整備を進める「サ高住」（サービス付き高齢者向け
住宅）の整備を進めるための計画であると考えてよいだろう。

【都道府県自殺対策計画】

2006（平成18）年に制定された自殺対策基本法（平成18年法律第85号）に基づき定められる計画である。政府が定める自殺総合対策大綱及び地域の実情を勘案して「都道府県自殺対策計画」を定める。市町村は，自殺総合対策大綱及び都道府県自殺対策計画に地域の実情を勘案して「市町村自殺対策計画」を定める。これらの計画に基づいて自殺対策のために必要な事業等を実施するための経費に充てる交付金が国から交付されることになっている（自殺対策基本法14条）。

1998（平成10）年に自殺者数が3万人を超えた状況に対応して自殺の防止を図り，あわせて自殺者の親族などに対する支援の充実を図るためにこの法律は施行された。2007（平成19）年6月に初めての大綱が策定された後，数次の見直しが行われ，最新のものは2017（平成29）年7月に閣議決定された「自殺総合対策大綱～誰も自殺に追い込まれることのない社会の実現を目指して～」である。自殺死亡率が先進諸国の現在の水準まで減少することを目指し，2026（平成38・令和8）年までに2015（平成27）年比で30％以上減少させることを目標として掲げた。

【成年後見制度利用促進基本計画】

2000（平成12）年4月の民法改正により，それまでの禁治産制度・準禁治産制度にかわって成年後見制度が設けられた（民法7条等）。この成年後見制度は，認知症，知的障害その他の精神上の障害があるために財産の管理や日常生活等に支障がある人々を社会全体で支え合う制度である。しかし，その利用はなかなか進まない。そのため，成年後見制度利用促進法（成年後見制度の利用の促進に関する法律）が，2016（平成28）年4月15日に公布され，同年5月13日に施行された。同法では，成年後見制度の利用の促進に関して市町村の講ずる措置等が規定されており（第14条），市町村は，国が定める成年後見制度利用促進基本計画（国基本計画）を勘案して，当該市町村の区域における成年後見制度の利用の促進に関する施策についての基本的な市町村計画（市町村成年後見制度利用促進基本計画）を定めるよう努めるとされた。都道府県は，市町村が講ずる措置を広域的な見地から支援するように努めることになっている。

上記以外にも，近年になって様々な社会福祉関連計画が策定されるように

なっている。

　2016（平成28）年制定の再犯の防止等の推進に関する法律（再犯防止推進法）には，都道府県及び市町村に策定努力義務がある地方再犯防止推進計画が規定された。これは国の定める就労・住宅の確保や保健医療・福祉サービスの利用の促進等の7つの重点課題を勘案して定められるものである。

　2017（平成29）年制定の住宅確保要配慮者に対する賃貸住宅の供給の促進に関する法律（住宅セーフティネット法）には，都道府県賃貸住宅供給促進計画及び市町村賃貸住宅供給促進計画を作成できると規定された。これは，公営賃貸住宅の供給が縮小する一方で民間賃貸住宅の空き家が拡大する状況に対応し，住宅確保要配慮者に対する公営賃貸住宅の供給だけでなく，民間賃貸住宅への円滑な入居の促進や賃貸住宅の管理の適正化に関する事項を記載するものとされている。

　これらの計画と1961（昭和36）年に制定された災害対策基本法に規定される市町村地域防災計画や先に取り上げた市町村成年後見制度利用促進基本計画，市町村自殺対策計画は，市町村地域福祉計画・都道府県地域福祉支援計画と一体的に策定・展開したり，一部を共通化することが望まれている（「地域共生社会の実現に向けた地域福祉の推進について」平成29年12月12日　子発1212第1号・社援発1212第2号・老発1212第1号）。

(For Study)

1） 老人福祉計画と介護保険事業計画，障害者計画と障害福祉計画が，自らの住んでいる地域ではどのような関係に位置づけられているのか調べてみよう。

2） 高齢者や障害者の各種計画の数値目標はきちんと達成されているのか，自らの住んでいる地域の状況を調べてみよう。

3） 地域福祉計画を策定するために，地域ではどのような取り組みがなされ住民参加が促されているかを，市町村の広報等を手に入れて確認してみよう。

注
（1） 老人保健計画は，2008（平成20）年に「老人保健法」が全面改正され，「高齢者の医療の確保に関する法律」に名称変更されたのに伴い，市町村の策定義務がなくなった。
（2） 福祉関連八法の改正において，町村部にとっては措置権自体が移譲されたのであるが，市部にとっては措置権そのものは従来通りであったので，藤村は措置権の移譲より

も計画策定の義務づけこそ地方分権にとって画期的なことであったとしている（藤村1999：149）。

（３）　都道府県は，介護保険の財政安定化を図るための事業を行うため，財政安定化基金を設け（財源は国，都道府県，市町村のそれぞれが３分の１を負担）（介護保険法147条），市町村の脆弱な保険基盤を補う役目を負うことになっている。

（４）　介護老人福祉施設（特別養護老人ホーム）及び介護専用型特定施設には，地域密着型施設を含む。

（５）　施設サービスには，地域密着型介護老人福祉施設を含む。

（６）　また，2003（平成15）年７月に「次世代育成支援対策推進法」が制定された。これは10年間にわたって集中的・計画的な少子化対策を行うため，地方自治体だけではなく，一定規模以上の企業（301人以上の労働者を雇用する事業主は義務づけ，300人以下は努力義務。2011〔平成23〕年４月からは101人以上）にも行動計画の策定を義務づけたことに特徴がある。地方自治体及び事業主の行動計画策定に関する規定は，2005（平成17）年４月から施行されている。同法はその後延長され現在も存続している。

（７）　子ども・子育て支援法，認定こども園法の一部改正法，子ども・子育て支援法及び認定こども園法の一部改正法の施行に伴う関係法律の整備等に関する法律の三法である。

（８）　認定こども園は，2006（平成18）年に，就学前の教育・保育を一体として捉え一貫して提供する新たな制度枠組みとして創設された。幼保連携型，幼稚園型，保育所型，地方裁量型といった四つのタイプからなる。

（９）　具体的には，利用者支援事業，地域子育て支援拠点事業，妊婦健康診査，乳児家庭全戸訪問事業，養育支援訪問事業，子どもを守る地域ネットワーク機能強化事業，子育て短期支援事業，ファミリー・サポート・センター事業，一時預かり事業，延長保育事業，病児保育事業，放課後児童クラブ，実費徴収に係る補足給付を行う事業，多様な主体が本制度に参入することを促進するための事業等が行われる。

（10）　1992（平成４）年の国連アジア太平洋経済社会委員会（ESCAP）総会で決議された「アジア太平洋障害者の10年」（1993〔平成５〕年から2002〔平成14〕年）を推進するために，1993（平成５）年３月にその年からおおむね10年間を計画期間とする「障害者対策に関する新長期計画」が策定された。これが障害者基本計画に位置づけられた。

（11）　これは，2002（平成14）年５月のESCAP総会においてわが国の主唱によりさらに10年延長された「アジア太平洋障害者の10年」（新10年）に歩調を合わせたものでもある。

（12）　他にも，サービスが身体，知的，精神といった障害種別ごとに縦割りで使いづらいこと，サービスの提供体制を十分に整えられない自治体があったこと，就労支援が十分でないこと，支給決定のプロセスが不透明であり全国共通の基準がなかったことも理由にあげられている。

（13）　しかし，地域福祉計画が担うべき各分野を包含した総合化は進展することがなかったとの評価がある（永田 2017：33）。そのため，社会福祉法が改正され，あらためてこのことが確認された。2017（平成29）年５月に地域包括ケアシステムの強化のための介護保険などの一部を改正する法律（平成29年法律第52号平成29年６月２日公布）が可決成立し，それによって改正社会福祉法が2018（平成30）年４月から施行された。この改正法では，６条２項が新設され「地域住民等が地域生活課題を把握し，支援関係機関との連携等によりその解決を図ることを促進する施策」が市町村の責務となった。また，106条の３では，市町村は包括的な支援体制の整備に努めなければならないことになっ

た（永田 2017：30）。

(14)　2002（平成14）年1月に出された審議会報告『市町村地域福祉計画及び都道府県地域
　　福祉支援計画策定指針の在り方について——一人ひとりの地域住民への訴え』（岩田正
　　美部会長）では，「なお，社会福祉協議会が中心となって策定している地域福祉活動計
　　画は，住民等の福祉活動計画として地域福祉の推進を目指すものであることから，地域
　　福祉計画とその内容を一部共有したり，地域福祉計画の実現を支援するための施策を盛
　　り込んだりする等，相互に連携を図ることは当然である」（白戸〔2005：73-74〕よりの
　　再引用）との記述がある。行政の側からの提案である。また，全国社会福祉協議会が，
　　2003（平成15）年11月に示した地域福祉活動計画策定方針である『地域福祉計画策定へ
　　の協力ならびに地域福祉活動計画推進における社会福祉協議会の取り組み方針』には
　　「行政と社協の協働による計画づくりを一歩進め，計画策定過程やその内容を一部共有
　　化するなど，市町村自治体と市区町村社協による市町村地域福祉計画および地域福祉活
　　動計画の一体的策定を提案したい」との記述がある。社協の側からの提案である。

参考文献

大橋謙策，2001，「地域福祉計画の基本枠組み及び策定の視点と地域福祉実践」大橋謙策・
　原田正樹編『地域福祉計画と地域福祉実践』万葉舎：11-33

佐々木寿美，2005，『現代日本の政策形成と住民意識——高齢者福祉の展開過程』慶應義塾
　大学出版会

白戸一秀，2005，「地域福祉計画と社会福祉協議会——参加と協働による社会福祉を拓く」
　島津淳・鈴木真理子編著『地域福祉計画の理論と実践——先進地域に学ぶ住民参加とパー
　トナーシップ』ミネルヴァ書房：68-86

高木邦明，2006，「障害者の自立支援と『市町村障害福祉計画』」『鹿児島国際大学福祉社会
　学部論集』第24巻第3号：1-18

田辺国昭，1997，「老人保健計画の策定過程と行政モデルの転換」『季刊・社会保障研究』
　Vol.33 No.3：252-259

長岩嘉文，2005，「都市部における介護保険事業計画策定の取り組み——名古屋市での策定
　作業を通して」島津淳・鈴木眞理子編『地域福祉計画の理論と実践』ミネルヴァ書房：
　146-164

永田祐，2017，「地域福祉計画による他計画の総合化——包括的な支援体制の構築に焦点を
　当てて」『月刊福祉』（September 2017）：30-35

藤村正之，1999，『福祉国家の再編成——「分権化」と「民営化」をめぐる日本的動態』東京
　大学出版会

山本惠子，2002，『行財政からみた高齢者福祉——措置制度から介護保険へ』法律文化社

山本隆，2002，『福祉行財政論——国と地方からみた福祉の制度・政策』中央法規

第**14**章

社会福祉行政のこれから

　最終章である本章では，これまでの各章で述べてきた社会福祉行政の様々な説明を踏まえて，社会福祉行政はどのように変容していくのか今後の展望を示し，予想される課題について確認したい。

　ここで取り上げるのは四つの課題である。①ナショナル・ミニマムか地方分権か，②相談支援業務の主流化と挫折，③庁内外の連携・協働の推進，④第一線職員と社会福祉行政権力の関係の変化といったものである。それぞれは独立した問題だが，本書での前章までの考察を前提とするものであるからそれぞれが関連している。まずは，最もマクロな行政全体の置かれた状況の課題である①からはじめ，社会福祉行政全体の流れである②の問題へと進む。やや社会福祉行政領域内部の個別の問題である③を取り上げた後，将来への希望と懸念の両方を示す④の課題へと進みまとめとしたい。

1　ナショナル・ミニマムか地方分権か⁽¹⁾

1-1　社会福祉行政と地方分権

　ナショナル・ミニマムとは，藤澤益夫の定義に従えば，「国民生活の諸過程における最低基準の設定と確保の政策」(藤澤 1997：5) のことである。社会福祉行政は，このナショナル・ミニマム実現の追求から始まった。具体的には，1946 (昭和21) 年に制定された生活保護法による生活保護基準の設定であり，1951 (昭和26) 年に制定された社会福祉事業法によって確立した措置制度である。このことは，本書の第3章にて確認した。

　一方で本書の第7章では，地方行政へと権限を委譲する地方分権改革が行われていく制度の変化を追いかけ，社会福祉行政の置かれた環境の変化とした。すなわち，1999 (平成11) 年の地方分権一括法やその後の三位一体の改革，2011 (平成23) 年から順次制定されていった地域主権一括法等による一連の地方分権

の展開である。

　ナショナル・ミニマムと地方分権は対立する概念である。各種最低水準や最低基準を設定し，それを中央集権的に地方に遵守させるような政治手法がナショナル・ミニマムの実現である。反対に，中央集権的な行政システムを改めるのが地方分権である。中央政府から地方自治体への上意下達の指揮命令系統を撤廃し，地方の自律性を高めていくことになる。こうなると，中央政府が決めた最低水準や最低基準を押し付けることはできなくなる。

　近年の行政改革とは，もっぱら地方分権改革の方に軸足を置いたものであった。しかしながら，十分な声を上げられない人々に手を差し伸べ支援を行う社会福祉にとっては，地方分権は逆風となってしまう可能性もある。中央政府でナショナル・ミニマムとして最低限の水準・基準を決めないと，地方によっては不当に社会福祉制度の予算が引き締められたり，必要なサービスを拡充することを躊躇したりする行政運営に陥ってしまう恐れもあるからである。

　もちろん，社会福祉サービス供給システムが整備されはじめた直後の戦後しばらくの時代と現代では状況が大きく異なっているため，中央集権的に地方自治体を統制する時代ではないだろう。かつてよりも行政サービスの水準は向上し，地方による多様性が認められるようになった現代では，地方分権は避けて通ることができない。よって，ナショナル・ミニマムはあくまで地方分権とバランスさせる概念なのである。どのあたりが最適バランスであるかを今後の社会福祉行政では探っていくことが必要となるだろう。以下には，日本におけるナショナル・ミニマム概念の歴史を概観し，今後の指針を考える際に参考となる知識を確認したい。

1-2 ナショナル・ミニマムと戦後日本の社会福祉行政の萌芽

　日本の戦後社会福祉行政は，占領下日本国政府へGHQ（連合軍最高司令官総司令部）から1946（昭和21）年に出された指令であるSCAPIN775（連合国最高司令官覚書）「社会救済」が出発点であると第3章にて確認した。この指令には，無差別平等，最低生活（費）保障，公私分離の「三原則」が示されていた。この三原則は，その後制定される生活保護法の原理・原則のなかで明示される（制定1946〔昭和21〕年，改定1950〔昭和25〕年）。ここに，日本における最低生活費保障

という意味でのナショナル・ミニマムが確立した。最低生活費保障は，生活の最低限を定める貧困線・貧困閾値以下の生活を送る人々に保護を提供するための基準であり，日本では生活保護基準の中に具体化される（ナショナル・ミニマム研究会 2010：3）。狭義においては，日本におけるナショナル・ミニマムとは基本的にこの最低生活費保障を指すものと考えてよいだろう（三浦 1987：204）。

とはいえ，ナショナル・ミニマムは最低生活費保障に必ずしも限定されてこなかったことも確認する必要がある。例えば，本書でも繰り返し取り上げている措置制度の成立である。三原則を具体化させる目的でGHQとの協議の結果生まれたいわゆる六項目提案（1949〔昭和24〕年）を経て，社会福祉行政の共通的基本事項（基礎構造）であった措置制度を根拠づける社会福祉事業法が1951（昭和25）年に制定された。第3章で解説したとおり，これは国家責任を明確にするという意味合いがあった（山本 1989：147-151）。国家責任を明確にするとは，社会福祉施設設置の諸基準を国が定め，地方自治体や社会福祉法人等の施設運営団体にその基準の適用を求める側面も含む。この基準は，全国に最低基準として適用されるものであるから，日本におけるナショナル・ミニマムの一つの側面となっていった。

社会福祉施設設置の最低基準という考え方は戦前にはなく，1947（昭和22）年に制定された児童福祉法45条に基づいて翌1948（昭和23）年に出された児童福祉施設最低基準（厚生省令昭和23年12月第63号）において最初に規定された（河野 1985：3）。その後，1949（昭和24）年公布の身体障害者福祉法（28条），1950（昭和25）年の新生活保護法（39条），1951（昭和26）年の社会福祉事業法（60条）においても社会福祉施設の最低基準の設定が義務づけられた。さらに，生活保護法からの分離単法化に伴って，救護施設から老人福祉施設や精神薄弱者福祉施設の分離がなされた際にも基準設定が明記された（老人福祉法17条，精神薄弱者福祉法21条）。このように，最低基準は次々に追加され，ナショナル・ミニマムの一分野として拡大していった。

1-3　ナショナル・ミニマム概念の展開と地方分権

その後，ナショナル・ミニマム概念は形を変えながら，社会福祉行政のなかに生き残っていく。例えば，地方自治体から発信した「シビル・ミニマム」概

念がある。これは1960年代の前半に松下圭一によって造語された和製英語であった[5]。その後，1968（昭和43）年に策定された東京都中期計画において政策のなかで本格的に利用され，1970（昭和45）年に提出された全国革新市長会による「革新都市づくり綱領：シビル・ミニマムの策定のために」のなかでテーマとして取り上げられたことで全国の自治体でも多用されるようになっていった（池上 1974：1）。地方において独自に基準を設定し，国のナショナル・ミニマムの改定を要求することが一つの趣旨であった。すなわち，地方分権が始まるよりも前の時代の地方からの自立要求・異議申し立てであったと言えよう。時期尚早だったのか，このシビル・ミニマム構想はとん挫してしまうが，後に地方が自立していくための伝統を作ったと言ってよいだろう。この時代の地方分権的な動きは，中央集権的なナショナル・ミニマムを構築するという歴史のなかの一種のパラドックスだったのかもしれない。この時代に限りミニマムという言葉が地方分権を象徴していたのである。

その後，時は流れ，地方分権改革の時代となっていく。先に記したように，本来の地方分権改革はナショナル・ミニマムの設定とは対立する政策の方向性である。

地方分権改革を主導した西尾勝は，ナショナル・ミニマムが最低生活費保障を超えた各分野へと拡散することには批判的であり，「ミニマムのミニマム化」を提案した（西尾 2005：28；2007：262）。社会福祉行政の領域に限っても，先に示した社会福祉施設設置における各種最低基準の設定のように，最低生活費保障以外の非貨幣的福祉ニーズにまでナショナル・ミニマムの概念が適用されてきた。「定員基準，施設設置基準，職員配置基準，専門職資格基準，処遇基準などが定められる」（西尾 2005：27）と，これらがナショナル・ミニマムとなり，それを保証するために国から地方自治体への財政移転の規模は膨張した。すると，「みずからの取捨選択と優先順位」に基づいた自治体の自律性は阻害され，分権型社会は不可能になってしまう。一度基準が国により設定されれば，「その途端に全国の市区町村と都道府県のこの基準の達成度について格付けがなされ公表されるようになる」から，こうした地域差を解消しようと全国の自治体が動き出す。こうした動きは，自治体の「貴重な個性差まで駆逐」（西尾 2005：28）してしまうから，ミニマムは限定的に利用すべき（ミニマム化す

べき）との見解であった。⁽⁶⁾

　ナショナル・ミニマムと地方分権は相対立する面が強い概念であるため，両者の最適バランスを図ることは大きな政策課題となり続けるだろう。その際に，地方分権を言い訳にして，社会福祉に関する行政責任を矮小化したり，社会福祉サービスを縮小する手段にはしないよう警戒する必要がある。

2　相談支援業務の主流化と挫折⁽⁷⁾

2-1　地域包括支援センターと相談業務の主流化

　社会福祉行政の機能は金銭・サービス支給決定事務を中心としていたが，現在は相談支援（ソーシャルワーク）業務へとその業務の比重を移しつつある。これを社会福祉研究の伝統に準じて「相談支援業務の主流化」と呼んでおこう。とりわけ，住民に最も身近な自治体である市町村ではその傾向が強い。第 8 章でも取り上げた1990（平成 2）年の福祉関係八法改正では，在宅福祉を推進するために福祉サービスを市町村で一元的に提供できるようにする「市町村中心主義」（『平成 8 年版　厚生白書』）の確立が目指された。これは相談業務に最も適した自治体の強化という文脈でもあった。

　相談支援業務の主流化にとって，地域包括支援センターの設置は画期的な機構改革であったと言ってよいだろう。地域包括支援センターは，老人福祉法に基づいて設置されていた在宅介護支援センター（老人福祉法20条の 7 の 2）を実質的に引き継ぐ形で，2005（平成17）年の介護保険法の改正によって，市町村が設置することになった機関である（介護保険法115条の46第 2 項）。高齢者の地域包括ケアの中核機関として，高齢者の多様なニーズや課題に対して，地域の社会資源のネットワークを構築し，ワンストップで対応することを目的している。⁽⁹⁾

　この地域包括支援センターの組織を見ると，相談支援業務の強化には次の二つの特徴があることが分かる。第一に，介護保険法の理念の通り，高齢者の福祉サービス提供のワンストップ機関となることである。これは，地域包括支援センターが介護保険法に「包括的支援事業」を行う機関として設置されると規定されるように（介護保険法115条の46第 1 項），1 か所で介護支援を受けることが

できる窓口となる機関であることは明確である。⁽¹⁰⁾ワンストップ化は，ニーズが意識化されていない支援対象者への相談支援には必須の機能である。また，ワンストップ機能のためには，窓口職員とその担当課が相談に訪れた利用者を各部局にスムーズにつないでいくための総合的な機関調整も担当しなければならない。

第二に，ソーシャルワーク機能を社会福祉行政窓口に持たせることで，包括的相談支援を可能にすることである。介護保険法施行規則に掲げられるように，センター職員には，原則的に社会福祉士，保健師及び主任介護支援専門員を配置することになっている（介護保険法施行規則140条の66第1項）。このうち，社会福祉士は，主に総合的な相談支援業務及び権利擁護業務を担うことになる（厚生労働省老健局 2005：84-85）。社会福祉士は，ソーシャルワークの専門性を活かして地域の社会福祉資源の調整や開拓を行い，相談支援を充実させる。

窓口のワンストップ化は，行政機関のほうを相談しやすいようにまとめて支援対象者が必要な社会福祉資源に繋がりやすくなるように機構再編することである。それに対して，ソーシャルワーク機能は，支援対象者個々人に担当職員が一貫して対応することで必要な資源に繋ぐ。すなわち，人のほうを行政機関に繋いでいくことを目指すものである。

2-2 福祉部局への相談業務の専門職員の配置とその挫折

歴史的に，相談支援業務は，福祉事務所の現業員がいわゆるケースワーカーと呼ばれる専門職として位置づけられる形で担ってきたものである。⁽¹¹⁾また，社会福祉専門職ではなく医療職ではあるが，保健所には保健師が専門職として雇用されており，社会福祉部局での人員が不足している時代には，地域の社会福祉的な相談支援を代替する局面も多かった。

時代の変遷とともに，相談支援業務を担う専門職員は次第に拡充された。例えば，市町村の福祉事務所には，身体障害者相談員・知的障害者相談員，母子・父子自立支援員，就労支援員が配置されるようになった。さらに，2015（平成27）年からは，生活困窮者自立支援法の相談員（厚生労働省「新たな生活困窮者自立支援制度に関する質疑応答集」では兼務可能）が設置される場合もある。その後も，こうした専門職は次第に増員され，現代では各行政機関に多種多様な専門

職が配置されるようになった（第6章に詳述）。役所での仕事が，いわゆる書類仕事を専らとするというイメージは大きく変わっている。

　しかしながら，こうした相談業務の専門職は社会福祉行政のなかに正当に位置づけられているかといえば，必ずしもそうではない。そもそも，最も基礎となる社会福祉主事資格及びその実践であるケースワークが正当な評価を受けてきたわけではなかった（武田 2007：56）（第6章・第9章を参照のこと）。

　現在でも，平成28年福祉事務所人員体制調査によれば，相談業務の専門性を持つものとされる社会福祉主事の配置は，現業員（ケースワーカー）の71.7％（実数17,760人），査察指導員（スーパーバイザー）の72.8％（実数2,738人）に過ぎない。[12] 現業員には取得義務のある資格であるはずの社会福祉主事の資格取得率がこのように低いことは，ある意味で脱法状態であり，相談支援業務が実務において重視されてこなかったことを端的に示していると言える。

　こうした事情は，近年増えてきた各種相談支援専門職に関しても同じである。第9章でも取り上げたように，「会計年度任用職員」制度等を利用して，非正規雇用・臨時雇用の行政職員を雇用することで相談支援に携わる専門職員を補充することが常態化している。これは第6章でも述べたように，公権力の行使ではない業務（事実行為）であるからという理由づけによって正当化されることも多い。しかしながら，社会福祉行政の本旨ともいえる相談業務の重要性を鑑みると，正規職としての雇用を確保し相談業務の専門性や技術の習得と継承のルートをきちんと整備していく必要があるのは当然だろう。[13]

2-3　福祉部局への相談業務の専門職員配置の意義

　とはいえ，歴史のなかで社会福祉行政における相談業務の重要性は常に再確認され続けてきたのも確かである。古くは，1967（昭和42）年に，東京都社会福祉審議会が「東京都における社会福祉専門職制度のあり方に関する中間答申」において，いわゆる「センター化構想」の先鞭をつけ（六波羅 1994：72），「社会資源を駆使して人間関係の調整にあたることを特色とするソーシャル・ワーカー」の必要性を提言した。また，社会福祉行政機関における相談業務（ソーシャルワーク機能）を強化するため，政令指定都市を中心とした多くの自治体では積極的に福祉専門職を採用してきた実績もある（横浜市保険福祉局 2006）。

近年においては，さらに相談支援業務を重視するように，社会福祉行政における認識が大きく変化している。その要因として，一つには，①利用契約制度を導入する制度改革であり，もう一つには，②包括的支援に向けた制度的対応の進化があげられるだろう。

　まずは①である。2000（平成12）年の社会福祉法制定で一応の形ができあがった社会福祉基礎構造改革は，社会福祉の提供体制として利用契約制度を中心にしていくものであり，措置制度は後退した。利用契約制度では，サービスが単位化され，その組み合わせと提供事業者を福祉サービス利用者が自ら選択する。利用者は必ずしもサービスの種類や仕組みに知識がある訳ではないので，利用するサービスを選択する利用支援の専門職が必要となる。これは，介護保険制度における介護支援専門員であり，障害者総合支援制度における障害者相談支援専門員である。こうした相談員はケアマネジャーと呼ばれている。ケアマネージメントによる相談需要の制度的増大は，相談支援業務への注目を高めている。

　次に②である。包括的なケアシステムの構築は，まさにナショナルポリシーとなっている（高橋他 2013：vi）。介護保険制度においては，先にも記した通り，2005（平成17）年の介護保険法改正によって，地域包括支援センターが介護保険制度のなかに正式に位置づけられた。このセンターでは，社会福祉士が主に担うとされる権利擁護と総合相談支援が業務の一部として実施される。これらは介護に関する包括的支援を進める相談支援である。権利擁護は，虐待防止や成年後見人制度の申し立て支援が主な業務として想定されるが，介護サービスの情報提供や苦情受付なども視野に入る（高橋 2008：94-95）。総合相談は，単位化されたサービスの提供だけでは制度の谷間となってしまう課題を支援するものである（高橋 2008：98-99）。

　複合的な問題の解決も当然の課題として取り組むことが求められるようになった。例えば，「引きこもりから孤立死にいたる単身男性，消費者被害に遭っても自覚がない認知症の一人暮らし高齢者，一つの世帯で要介護の親と障害の子がいるとか，ドメスティックバイオレンスの被害にあっている母親と非行を行う子どもがいるといった複合的な問題のある家庭への支援」（大阪府社会福祉協議会 2013：3）などの複数の要因が重なって制度の谷間となりやすい問題

への対応が考えられる。そのために，介護保険法には，2012（平成24）年の改正によって，第5条3項に地域包括ケアの法的規定が盛り込まれた。また，準公的機関としての社会福祉法人には，2016（平成28）年の社会福祉法改正により，個別サービスの提供を超えた地域における公益的な活動を推進する「地域公益事業」を実施するために「社会福祉充実計画」を作成することが義務づけられた（社会福祉法55条の2）。

　また，前の節で指摘した生活保護のケースワーク業務はもともと法律で規定することが困難であるとされたため長らく根拠規定がなかった。しかし，2000（平成12）年の生活保護法改正においてケースワークの位置づけを明確にするため根拠となる条文が追加された（生活保護法27条の2　相談及び助言）。[14]

　以上のように，相談支援業務は制度的に十分な評価を受けていないながらも，その重要性の認識は進んでいる。「対象者一人ひとりの福祉課題は個別的・具体的であり即自的なものとなるが，制度はその性質上，普遍的かつ定型的であるため，そこにミスマッチが生まれる」（平野 2015：21）。ここに福祉的支援の狭間が生まれるが，こうした狭間を埋めることが相談支援の役割であり，現代的なニーズであると言えよう。

3　庁内外の連携の推進

　第7章にて行政の運営形態がガバメントからガバナンスへと移行しつつあると確認した。もう一度確認しておくと，ガバナンスとは，行政と行政外のアクターが連携・協働することで，従来の行政（ガバメント）と同じかそれを越えた問題に対処する仕組みが構築される政治・行政状況のことである。社会福祉行政においては，今後このガバナンスが進展していくだろう。ここでは，行政庁内連携についても触れるが，主に庁外との連携について考えたい。

3-1　庁内連携

　社会福祉行政に限らず行政部局は法律や制度ごとにいわゆる縦割りで運営されてきたと言われている。社会福祉行政においても，生活保護，障害者福祉，介護保険（高齢者福祉），保育（児童福祉）等がばらばらに運営されてきた。また，

保健行政部局や国民健康保険部局，徴収部局（税務・社会保険）等との部局を超えた連携はなおさら不十分であった。

　しかしながら，近年の社会福祉行政においては，部局間の連携が必要性を増している（庁内連携）。ここでは福祉サービスの利用に関しての事例をとり上げたい。近年では，たんに窓口で制度の申請者を受動的に受け付けるだけではなく，申請数や申請前の相談の件数を増やし業務を実質化することも必要とされるようになってきた。とりわけ，新たに創設された制度においては，その制度の必要性を証明するためにも申請件数・相談件数を増やしていくことが求められている。

　例えば，2015（平成27）年4月より始まった，生活困窮者自立支援制度においてはこの相談件数増加は課題となっている。第2章で取り上げた「経済・財政再生アクションプログラム」（経済財政諮問会議 2015年12月）の改革工程表に示されたKPIにも「自立生活のためのプラン作成件数」や「自立相談支援事業における生活困窮者の年間新規相談件数」といった指標が取り上げられている。そのため，ニーズの掘り起こしのために潜在的申請者のもとへ出向いたり（アウトリーチ），庁内各機関と連携し他機関の窓口に訪れた相談者を生活困窮者自立支援制度の窓口へと繋いでもらったりする（庁内連携）といった活動が求められている。[15]

3-2 庁外連携①：外部事業者との連携

　各種行政機関の事業を行政庁外の事業者に委託することが多くなっている。第9章で取り上げた各種相談所・センターのうち，比較的新しい地域包括支援センター，児童家庭支援センター，母子家庭等就業・自立支援センター，基幹相談支援センター，発達障害者支援センター，ひきこもり地域支援センター，子育て世代包括支援センター及び地域子育て支援拠点は，直営でもいいが全て行政庁外の事業者に委託することもできる。

　外部事業者へと委託するのは，①新しい施策・事業を実施するための専門性・ノウハウが行政庁内に存在しない場合，庁外の事業者の持つ専門性・ノウハウを活用することができる（専門性の確保），②民間事業者の事業効率を導入することによって直接庁内機関が実施するよりもコストを効率化できる（運営

効率化）, ひいては庁内における職員不足の対応をすることができる, といった理由によるものだろう。①について, とりわけ就労支援事業などにおいては, 外部の事業者の専門性を活用しなければ事業実施自体が難しい場合も多い。働くための心構えやソフトスキルなどを身に付けさせる「就労準備支援」, 働くための具体的なスキルを身に付けさせ就職先へつないだり就職先を開拓したりする「就労訓練」, 総合的な相談に応じる「自立相談支援」といった事業は庁内の公務員ではなかなか難しい職務である。

　しかしながら, 外部事業者への委託（外部委託）は, ①の専門性の確保を隠れ蓑に②の運営効率化の手段として利用される場合があるため, 慎重になるべきものである。また, 本来外部委託できない性質の業務もあるため, 何が可能で何が不可能か丁寧に業務を切り分ける必要があるだろう。

　現在では, 国家責任の最たる制度である生活保護制度にまつわる相談支援業務であるケースワークの外部委託が検討されるまでとなっている。ケースワークの外部委託の話は2000年代に入っても繰り返し提案されてきた。[16]しかし, もともと厚生労働省は, 自治体の人員確保の観点からケースワーカーの配置基準に非常勤職員や外部委託を充てることには反対していた（桜井 2020：9）。しかし, 地方自治体との協議を繰り返すうちにその態度は軟化し, ついには, 「令和元年の地方からの提案などに関する対応方針」（2019〔令和元〕年12月23日）として, ケースワーク業務の外部委託について閣議決定がなされた。これは, 外部委託が可能な業務は必要な措置を講じ, 現行制度では困難な業務は検討し結論を得る（2021〔令和3〕年度中を想定）とするものである。

　この外部委託の理由として, 先に記した①だけではなく, ②を求めて正規職員を増やさないで業務担当のための人材を増やしたいからではないかという懸念を示す論者も存在する（桜井 2020：18）。

　また, ケースワークは高度に権力的な行為であり, 外部委託が可能として切り分けられえるものではないとの主張もある。2019（令和元）年の閣議決定に従うと, ケースワークのうち, 場合によっては権力性のある行政行為（保護費の決定や支給）以外の行為は, 事実行為である指導指示に過ぎないとして, 外部委託が活用されるようになってしまうかもしれない（吉永 2020：30-32）。しかし, ケースワークのなかの相談支援業務と保護費の決定という処分行為は一体

化して運営するものである（吉永 2020：28）。生活保護の給付は，被保護者との相談の経過に応じて，八つの通常の扶助だけではなく様々な加算や一時扶助を適宜組み合わせながら給付を臨機応変に行っていくのが実態だからである。このように，ケースワークから公権力の行使ではない業務を切り分けることは困難であり現実的ではないとの指摘もある。

3-3 庁外連携②：地域の各アクターとの連携・協働

(1) 地域共生社会構想

庁外連携には，庁内業務を外部の事業者に委託するためのものではなく，地域の各アクターと連携・協働しより高度なガバナンスを目指すものもある。介護保険制度とその関連領域の「地域包括ケアシステム」構想や，それを拡大して社会保障全体をカバーする「地域共生社会」構想は，こうした行政と地域の各アクターが地域社会と地域の福祉を支えるために結びつくこれからの在り方を指し示すものだろう。

地域包括ケアシステムとは，「医療，介護，介護予防，住まい及び生活支援が包括的に提供されるネットワークを作る」ことである。これは，2013（平成25）年12月に成立した「社会保障改革プログラム法」4条4項に規定された。わが国は高齢化が進むが，高齢者が在宅で生活するシステム整備が十分であるとは言えない。そのため，自立した日常生活のためには必要だが不足していた①医療，②介護，③介護予防，④住まい，⑤生活支援の5要素を整備し，包括的に確保されるということが目的とされた。包括的であるためには，医療・福祉，施設・在宅，高齢・障害・児童といった福祉の個別分野の垣根を超えて連携・協働が進められなければならないと考えられたのである。

ここからさらに踏み込んで，包括的支援体制を強化しようと提唱されたのが地域共生社会の理念である。この理念は，2016（平成28）年6月に閣議決定された「ニッポン一億総活躍プラン」において取り上げられた。社会保障の文脈での理念の実現のため，同年7月に厚生労働省「我が事・丸ごと」地域共生社会実現本部が設置された。ここでの報告書「『地域共生社会』の実現に向けて（当面の改革工程）」（2017〔平成29〕年2月7日）では，これからの公的支援システムの課題として，①「縦割り」の限界を克服する必要性，②「つながり」の再構築

の必要性，を取り上げている。

　①は，社会福祉行政による公的支援は，個別課題に対応するだけでなく，個人や世帯が抱える様々な課題に包括的に対応していくことが必要だとするものである。地域生活を送るために，社会福祉と保健医療や就労などの分野を超えた連携による支援を必要とする人々が増えたことが理由である。また，急速な人口減少のため利用者数が減少し，地域によっては個々の分野ごとに専門人材を確保することが困難になったため，個々の縦割りでは，公的支援の提供機関を安定的に維持することが難しくなったことも理由である。

　②は，日常の様々な場面における「つながり」の弱まりを背景にした課題が表面化していることに対応するものである。人々の暮らしにおいては，社会的孤立の問題や，制度が対象としないような身近な生活課題（例：電球の取り換え，ごみ出し，買い物や通院のための移動）への支援の必要性の高まりといった課題が顕在化している。また，軽度の認知症や精神障害が疑われ様々な問題を抱えているが公的支援制度の受給要件を満たさない人々のような行政「制度の狭間」の問題も存在している。こうしたニーズに対応するには，社会福祉行政庁内部を超えた地域の各種団体の連携・協働が必要とされる。

　こうした包括的な支援体制を確保するため，2017（平成29）年に社会福祉法が改正され，包括的な支援体制を構築することが市町村の努力義務とされた（社会福祉法106条の3　包括的な支援体制の整備）。その手段として，地域ケア会議（高齢者福祉），地域自立支援協議会（障害者福祉），要保護児童対策地域協議会（児童福祉）などの多様な関係者が協議する場が整備されるようになった（永田 2019：85）。また，前章までで考察してきた社会福祉行政における相談支援のための相談所やセンターの整備，社会福祉計画の策定も支援体制構築のための手段となる。

　改正法の附則では，2020（令和2）年を目途として，包括的な支援体制の整備の方策について検討を加え所要の措置を講ずることとされた。この検討のために，「地域共生社会に向けた包括的支援と多様な参加・協働の推進に関する検討会（地域共生社会推進検討会）」が開催され，その最終とりまとめが2019（令和元）年12月26日に出された。この報告書は，「自助・互助・共助・公助」（次節に確認）の組み合わせという従来の考え方も継承しつつ，以下の要素の連携が求め

られた。すなわち，①行政により確保される機能を通じた保障（現金給付や現物給付，伴走型支援を含む手続的給付など），②市場及び準市場の機能を通じた保障（福祉サービス，就労機会の提供など），③共同体・コミュニティ（人と人との関係性）の機能を通じた保障（地域における支え合いなど）である。やはり，一層行政庁外との連携・協働を進めることが強調されている。

この地域共生社会推進検討会の最終とりまとめやモデル事業の成果等も踏まえ，2020（令和2）年に社会福祉法が改正された（令和2年法律第52号）。この改正では，新たに第106条の4として「重層的支援体制整備事業」の条文が追加された。これは，属性を問わず広く地域住民を対象としたものであり，①相談支援（属性を問わない相談支援，多機関協働による支援，アウトリーチ等を通じた継続的支援），②参加支援，③地域づくりに向けた支援を一体的に実施することが目指されている。

(2)　自助・互助・共助・公助

地域包括ケアシステム・地域共生社会を支える負担の在り方の分類においてよく利用される言葉として「自助・互助・共助・公助」という言葉がある。この言葉が今日的な意味合いで最初に政府の文書で使われたのは，厚生省・高齢社会福祉ビジョン懇談会報告「21世紀福祉ビジョン～少子・高齢社会に向けて」（1994〔平成6〕年）からである。ただし，このときには，互助の表現はなく，「自助・共助・公助」であった。

厚生労働省の委託事業である地域包括ケア研究会（2008年度〔第3期〕）では，これに互助を加えて議論を整理した。前節で示した「地域包括ケアシステム」の五つの構成要素に対する負担を誰が担うのかという視点から，「自助・互助・共助・公助」の区分を提案したのである。「自助」は，「自らの負担」により市場からサービスを購入すること等である。「互助」は，費用負担が制度的に裏づけられていない自発的なものであり，地域の住民の自発的支援やボランティアという形で，支援の提供が物心両面の支援によって支えられていることが多いものである。「共助」は介護保険や医療保険に見られるように，リスクを共有する被保険者の間で負担されるものである。「公助」は公の負担，すなわち税による負担である（地域包括ケア研究会2017：50）。この研究会は，地域包括ケアシステムは，これらの地域資源のバランスのなかで構築されるとの予測

を示した。

　地域包括ケアシステム，そして地域共生社会が，ここでの自助や互助を強調し，公的責任である公助を後退させむやみな財政緊縮路線につなげるものなら，批判されて当然であろう（福地 2020：7-12）。とはいえ，自助や互助は，社会福祉サービスへの当事者意識を高めサービス向上を求める声を上げやすくさせる参加の在り方でもある（福地 2020：10）。住民やサービスを利用する当事者が社会福祉行政に参加し，ときには行政の在り方に抵抗して，サービスの在り方などの決定に影響力を持つことが地域包括ケアシステム・地域共生社会を適切な軌道に乗せる決め手となっていくだろう。

4　第一線職員と社会福祉行政権力の関係の変化[18]

　最後は，今後に懸念を抱かせるが希望も持たせてくれるテーマである。社会福祉行政に携わる第一線職員とその持てる権力についての考察である。

　行政機関ではなくとも，そもそも社会福祉の現場は，権力関係を形成しやすい場である。社会福祉の現場は，支援者が支援を提供しクライエントはそれを受け取るという非対称的な関係となることが一般的であり，容易に権力関係を形成しやすい。

　そのため，専門職団体の掲げる倫理綱領においては，特に手厚く社会福祉の対象者に対して権力関係となることを諌める項目が設けられている。例えば，公益財団法人日本社会福祉士会の倫理綱領では，社会福祉士の行動規範として，いわゆるバイスティックの 7 原則を踏まえ[19]，「3 - 2．社会福祉士は，利用者を非難し，審判することがあってはならない」（受容）や，「6 - 2．社会福祉士は，自分の価値観や援助観を利用者に押しつけてはならない」（利用者の意思決定能力への対応）といった項目が掲げられている。社会福祉の現場ひいては社会福祉行政機関においての権力関係は，わざわざ諌めなければならないほどの確率で頻発するものである。

4 - 1　リプスキーのストリート・レベルの官僚制論[20]

　行政と支援・サービス対象者との直接の関係性のなかで発生するミクロな権

力関係の研究を切り開いたのは，M.リプスキーの『行政サービスのディレンマ』(1980年) であろう。リプスキーは，行政機関におけるいわゆる現業職員の裁量 (discretion) の在り方に特に注目してその研究を行った。こうした現業職員をリプスキーは，「ストリート・レベルの官僚」(street-level bureaucracy：SLB) という呼称を用いているが，ここではより日本の現場での呼称に近い第一線職員と呼んでおきたい。ここでいう第一線職員とは，「仕事を通して市民と直接相互作用し，職務の遂行について実質上裁量を任されている行政サービス従事者」(Lipsky 1980=1986：17) のことである。

　リプスキーは，行政の実施過程の独自性を学問的対象として確立させた。M. ウェーバーが特徴づけたように，現代の行政機関につながる19世紀末から始まる近代官僚制は，立法された法令が政策過程に効率的かつ公正に受容されていく，合理的な装置であると考えられてきた。しかしながら，現場における政策の実施過程に目を向けると，違った姿が見えてくる。第一線職員は多くの裁量をもっており，この裁量行使の状況によっては，政策の実施過程は大きな権力性を帯びるようになる。それは法制度の公正な実施などではなく，公共政策の実施が極めて恣意的に遂行されている姿であるとされた。とりわけ，社会経済的に不利な立場にある人種や階級，性差によって生み出されるマイノリティ・グループや剥奪状況にある集団への不平等な取り扱いとして，ミクロな権力行使が引き続く場合は大きな問題である (Bartels 2013：471)。

4-2　日本における第一線職員の権力性

　わが国の社会福祉行政の分野でこの第一線職員の裁量から発生する権力行使はどのように論じられてきただろうか。最もよくとり上げられるのは，数次の厚生労働省による生活保護「適正化」(適正実施) 政策と，それに伴ういわゆる「水際作戦」と呼ばれる現場裁量での行政対応についてであろう。いわゆる適正化政策とは，字義のままの意味で解するなら，保護の実施過程に濫給も漏給もない適正な運営を目指すということになるだろう。しかしながら，いわゆる生活保護行政の適正化政策は，不正受給防止を唱えることによる濫給の防止が先行し，漏給への配慮は後回しとなる政策の在り方を指している (大友 2000：229)。

　適正化政策は，主なものだけでも戦後3次にわたって展開されたと言われている。第一次は，1954（昭和29）年からのものであり，財政緊縮を根拠として，医療扶助削減と外国人の適用除外を進めたものである。第二次は，1964（昭和39）年からのものであり，稼動世帯に対する自立助長を強く求めたものである。第三次は，1981（昭和56）年からのものであり，保護受給者に各種申告書の提出を求めることで不正受給の防止と自立助長の強化を図ったものである（内田 2014：3-4）。第一次と第二次は，実施機関で生活保護事務にあたるケースワーカー（福祉事務所現業員）の職務遂行を徹底することを求めたものであったが，第三次はさらに踏み込んで，生活保護の受給者および申請者に義務の履行を徹底させるものであった（内田 2014：4）。[22]

　第三次適正化は，厚生省社会局保護課長・監査指導課長通知「生活保護の適正実施の推進について」（1981年11月17日　社保第123号）を直接的な契機としてはじめられたものであった。この通知は文書番号が特徴的なので，その部分のみを取り出して123号通知と呼ぶことも多い。暴力団関係者による不正受給へ対策するための措置を取るものとして導入されたが，さらに拡大され，被保護者全体を対象とする大規模なものとなった。大きな特徴として，申請や受給のための各種手続きや書類が新たに用意されたことがある。これは，「すべての生活保護申請と受給者に保護の決定に必要な挙証事務資料の提出を求め，事実に相違ないことを署名捺印させ，実施機関の関係先照会への同意書の提出と署名捺印させる手続き改正」（大友 2000：254）であった。つまり，ケースワーカーの職務引き締めということに留まらず，申請者・受給者に保護の対象となるために大きなハードルを課したものであった。

　ここで導入された各種の手続きや書類は，第一線職員たるケースワーカーの裁量をいっそう高めることになった。手続きのための煩雑な書類の作成自体が，生活に困窮する保護申請者にとっては申請意欲をそぐ結果を生む。しかし，それだけではなく，多くなった手続きや書類は，ケースワーカーが申請者とのやり取りにおいて権力関係を発揮する手段にも転用される場合がある。すなわち，保護申請に至る前の段階で各種書類の記載内容を根拠に面接相談を行い，申請自体を取り下げるように導くという行政窓口における技法を裁量として用いることがいっそう容易になったと言えよう。こうした技法を用いて申請

を抑制することは，監査方針においても推奨され，俗称として「水際作戦」と呼ばれるようになった（大友 2000：277）。

　以上のような適正化政策の議論は，まさに第一線職員論が日本において説得力ある分析となることを示すよい事例であろう。適正化政策は，厚生労働省の通知に基づくものであり，国の政策と社会福祉行政の現場の対応が結びついて権力性を帯びたものである⁽²³⁾。

　わが国の社会福祉行政及びその隣接領域の政策体系において，第一線職員としてその権力性が告発される可能性のある場面は他にいくつもありうる。例えば，市町村国民健康保険行政における短期被保険者証及び資格証明書の交付や，生活保護制度・生活困窮者自立支援制度・障害者総合支援制度における就労支援事業の運営に伴う就労指導の場面等が考えられるだろう。

[4-3] 第一線職員像の変化

　しかしながら，現代の社会福祉行政の職員像は変化し続けているのも確かである。例えば，C.デュロースは，時代とともに第一線職員像は変化してきたと主張している。彼女によれば，現代の第一線職員は，行政と地域の諸機関・団体，市民との協働を進めるガバナンスの課題に取り組む責任を持つ。そのため，資源の制約のもと形式主義にこだわって権力をふりかざすリプスキー流の第一線職員像とは異なっており，いわば市民起業家（civic entrepreneurship）に例えられるような姿となっている（Durose 2011：979）。

　こうした公務員像の変化を，**表14-1**にまとめている。この表のように，リプスキーのSLBという第一線職員像は，その在り方が歴史的に変遷していくなかの一つの場面を指すものに過ぎないとの見方もある。

　社会福祉行政の職員像として考えるなら，こうした変化はかなり妥当性のあるものではなかろうか。なぜなら，次のような三つの要因のために，現業職員が第一線職員として否定的で権力的な裁量行使をする場面もかなり限定されてきたからである。すなわち，①外部団体の監視等により社会において行政に対する批判的な態度が増大したこと，②ガバナンス改革により行政業務へNPOなどの外部セクターが参画したことによる行政監視体制が確立してきたこと，③福祉専門資格の整備や福祉部門が拡大したことによって行政内部に福祉マイ

表14-1　地方自治体における第一線職務のテーマの変遷

	⇒　時代の推移　⇒		
政治と行政の関係	政治と行政の分離	行政の実施過程において政策形成	コミュニティへの参加による政策形成
主な組織メカニズム	ヒエラルキーを前提とした単線的な縦割り行政	ヒエラルキーを前提とした単線的な縦割り行政	官僚制，市場，ネットワーク・メカニズムそれぞれの利用
第一線業務の役割	ウェーバー的官僚	ストリート・レベルの官僚	市民起業家
第一線業務の内容	政策の実施に責任を持ち，ルール遵守を確認・モニタリングする。	裁量行使のための一連のテクニックを利用する。：形式化，目標の変更，サービス合理化，クライエントの範囲の制限。	ローカルな知の活用　市民起業家精神：現場に出向き，活性化し，定着化する。

（出所）　Durose (2011：992).

ンドが定着してきたこと，である。

　まずは，①の要因である。一般的な社会全体の変化であるいわゆるリスク社会化の進展と関係している。インターネットの普及や情報公開への圧力などで行政への信頼が低下し，従来の社会福祉行政にリスクが認識されるようになった（Edwards & Glover 2001：4-6）。そのため，行政はいっそうの説明責任を求められるようになり，第一線職員による裁量的な行為も大きく制限されるようになった。それだけではなく，社会福祉専門の行政監視組織や地域において行政の相談業務を代替する組織が登場したことにより，行政活動に逸脱や不正があれば容易に告発される状況が生れたことも大きな理由といえるだろう。第一線職員の逸脱や不正は，黙認されるものではなく糾弾されるものとなった。

　次に②である。従来の行政サービスの多くは，委託制度（わが国の社会福祉領域では指定管理者制度等）や保険制度（同じく介護保険等）等の利用による民間事業者の参入によって，その担い手が多様化している。そのため，行政は閉じた存在ではなくなり，従来行政内部にあったサービス運営は外部化されて監視の目を向けられやすくなった。また，新規参入する民間事業者はサービス利用者に複数の選択肢を提供する形となるため，サービス改善競争が生まれ，不正や非効率性が是正されやすくなった。[24]

　最後は③である。社会福祉行政においては，わが国では社会福祉士や精神保

健福祉士などの専門資格が整備され，そうした資格保有者が行政職員として一定数雇用されるようになった。また，委託のことも多いが，地域包括支援センター等の社会福祉関係資格を保有する職員を設置する行政機関を直営で抱えることも多くなった。こうした資格保有者は専門職としての倫理観や専門知識を行政機関に持ち込むことになる。よって，以前よりは抑圧的な権力構造が行政によって形成されることは少なくなったと言えるのではなかろうか。

とはいえ，第一線職員の行政行為は常に権力性を帯びる危険性があることは常に確認しておかなければならないのは言うまでもないことである。

(For Study)

1） 今求められるのは，中央主導で全体の水準向上を求めることだろうか（ナショナル・ミニマムの追及），それとも地方自治体の職員がそれぞれ自立して地域ごとの福祉の在り方を考えていくことであろうか，考えてみよう。

2） 社会福祉行政において，外部事業者に行政事務の一部を委託することのメリットとデメリットについて考えてみよう。

3） 現代の公務員は裁量を悪用する悪漢だろうか，それとも能動的に住民のための施策を考え実行する奉仕者（ナイト）だろうか。現代の公務員はどのようにイメージされているかについて考えてみよう。

注
（1） この項目は，畑本（2016）により詳しく論じている。
（2） この社会福祉事業法の第1条には，社会福祉事業の「共通的基本事項を定める」と記されており，ここに戦後救済型福祉の基礎構造となる措置制度が創設された。
（3） 新藤宗幸は，措置制度のナショナル・ミニマム維持のための機能の重要性を一定程度認めるが（新藤 1996：112），入所における選択性の欠如，行政における強制の存在，措置委託費に沿った運営の硬直化といった問題点を指摘する（新藤 1996：102-112）。こうした批判は，後の地方分権論議へと繋がっていく。
（4） こうした社会福祉施設設置の最低基準はナショナル・ミニマムとして定着し，地方交付税の算定における基準財政需要額に算定されるようになった。また，さらに一歩進んで，この算定の対象となっている事業であればこそ，それをナショナル・ミニマム事業と呼ばれるようにもなっていた（高橋 1985：226-227）。
（5） とはいえ，松下自身は，「1965年前後に地域民主主義を訴えていた自治体専門家のあいだでつくられた言葉である」（松下 1971：272）としている。
（6） とはいえ，財政硬直化等により地方自治体の個性がなくなるとの指摘に対しては，「財政的余裕のある地方自治体は，国の基準以上の施設設置基準，職員配置基準などを定めており，ナショナルミニマムの拡大を先導している」のであり，むしろ「ナショナ

ルミニマムが自治体の自主決定を奪っているというのは，財政移転が不十分なことに原因がある」（横川 2014：87）との指摘もある。

（7）　この項目は，畑本（2018）により詳しく論じている。

（8）　当初は社会福祉行政の中心機関は福祉事務所と考えられてきた。その運営のために出された1971（昭和46）年の新福祉事務所運営方針では，「事業の性格上，保護金品の給付を第一義的なものとするから，この事業の過程においては，それほど［相談援助の］専門性を意識しなくてもすんできた」（小林〔1980：142〕よりの再引用。［ ］内は著者による補足）との記述がある。また，「単なる所得保障にとどまらず」との記述もあるが（平野〔2005：101〕よりの再引用），逆に言うと，福祉事務所の主な業務として所得保障が念頭に置かれていたことがうかがえるものである。このように，当初の社会福祉行政は，その中心機関である福祉事務所による所得保障を中心業務としてきたのである。

（9）　厚生労働省ホームページに掲載された社会保障審議会介護給付費分科会（第37回）配布資料を参考に記述した。（http://www.mhlw.go.jp/shingi/2005/12/dl/s1213-4c1.pdf）

（10）　地域包括支援センター業務マニュアルにも，期待される機能として，「ワンストップ窓口機能」があげられている（長寿社会開発センター 2011：6）。

（11）　とはいえ，周知の通り，ケースワーカーは必ずしも相談業務に特化した専門職ではなく，役所の人事ローテーションの中で他部署に移動することも常態化しており，むしろ社会福祉行政の金銭・サービス支給決定事務を代表する職員であったと言ってよい。

（12）　現業員の社会福祉主事取得率（総数）は，前回調査（平成21年10月）時では67.5％（実数13,090人），前々回調査（平成16年10月）時では61.4％（実数12,020人）であった。査察指導員の社会福祉主事取得率（総数）は，前回調査（平成21年10月）時では69.7％（実数2,246人），前々回調査（平成16年10月）時では77.3％（実数2,343人）であった。社会福祉士に至っては，現業員の13.1％（前回4.9％），査察指導員の7.5％（前回3.2％）に過ぎない。

（13）　以上のような相談専門職員の配置は，行政裁量が認められる「できる」規定に根拠をもったり（身体障害者相談員・知的障害者相談員），通知に基づくもの（生活保護就労支援員）も多く（母子・父子自立支援員には義務規定あり），必ずしも全ての市や福祉事務所設置町村に配置されているものではない。自治体の予算配分の考え方によっては，配置されていない場合も見受けられる。とはいえ，そうした場合も，行政窓口において相談業務の比重が下がる訳ではない。また，高齢者福祉の分野では地域包括支援センターを直営ではなく委託したり，障害者福祉の分野では指定一般相談支援事業者（都道府県），指定特定相談支援事業者及び指定障害児相談支援事業者（市町村）に委託して相談支援専門員を配置させることで対応するように，民間事業者を活用することで対応することも多いようである。

（14）　条文は以下の通り。「（相談及び助言）第27条の2　保護の実施機関は，第55条の7第1項に規定する被保護者就労支援事業を行うほか，要保護者から求めがあつたときは，要保護者の自立を助長するために，要保護者からの相談に応じ，必要な助言をすることができる。」

（15）　庁内連携のためには，健康保険課との連携を促す「生活困窮者自立支援制度と国民健康保険制度及び後期高齢者医療制度との連携について」（平成 28 年 5 月 13 日　社援地発 0513 第 1 号，保国発 0513 第 2 号，保高発 0513 第 1 号）をはじめとしたいくつかの制度間の連携を明確化させるための通知が出されている。

（16）　桜井は，2000年代以降にケースワークの外部委託の提案がなされた事例として次のも

のをあげている。「行政サービスの民間開放等に係る論点について」（第二次小泉内閣2003年11月），「規制改革・民間開放推進会議　福祉・保育ワーキンググループ」（2006年11月），「構造改革特区提案」（鳩山由紀夫内閣2010年），「国と地方の協議」（2011年，2017年），「自民党マニフェスト」（2012年）である（桜井2020）。

(17)　「地域包括ケアシステムの強化のための介護保険法等の一部を改正する法律」（平成29年法律第52号。平成29年6月2日公布）

(18)　この項目は，畑本（2020）により詳しく論じている。

(19)　1995年1月20日に社会福祉士会の倫理綱領として採択された「ソーシャルワーカーの倫理綱領」を改訂し，2005年6月3日に開催された社会福祉士会第10回通常総会にて採択されたものである（社会福祉士会ホームページより）。

(20)　この項は，高橋（2014）を大変に参考にさせていただいた。リプスキー評価やその後の研究展開に関して詳細に検討した秀作である。本書とは違った角度からその後の研究展開について取り上げており，参考文献もまた異なっている。併せて参考にしていただきたい。また，伊藤（2006）は，リプスキーの議論を丁寧にまとめて現代的な意義を検討した先駆的な論考であり，この論考も大変に参考にさせていただいた。

(21)　もちろん，リプスキーよりも以前に現業職員に注目した研究がなかったわけではない。例えば，プレスマンとウィルダフスキーの『業務の実施』（Implementation 1973年）も同じく著名であろう（真山1991：212；Hupe, Hill & Buffat, 2015：11）。しかしながら，政策や業務の実施過程において，公務員である現業職員とクライエントである市民・公共サービス利用者の間に発生する権力関係を学問的テーマとして昇華させたのは，まさにリプスキーであった（Evans 2010：1）。

(22)　『生活保護行政を適正に運営するための手引きについて』（2006年3月30日　社保発0330001号）が通知されてからの政策運営状況を，第四次適正化と呼ぶ論者もいる（内田2014：2）。

(23)　敢えて記せば，第5章第3節に記したように，「社会福祉費と生活保護費の国の歳出中での調整」が行われ，生活保護費を財政均衡の手段として削減するなかで採用された政策手段だったのではなかろうか。

(24)　第2章で取り上げたNPMのもたらした正の成果とも言える側面である。NPMは効率性が重視されすぎた結果，様々なひずみを生み出したため，批判の対象となることが多いが，行政の非効率性や第一線職員の権力構造を改善した側面があったのは否めない。こうした側面は第一線職員論の現状を検討する多くの論者によって取り上げられている（Scourfield 2013：4；Brodkin 2013：18-19等）。以上の①と②の要因については，行政サービスの衰退要因としてリプスキー自身も『行政サービスのディレンマ』の増補版において取り上げている（Lipsky 2010：215-221）。ただし，リプスキーはSLBの基本構造を変えるというよりも，自身のSLB論の取り上げる行政の影響力を希薄にするものとして描いている（Lipsky 2010：215）。

参考文献

池上惇，1974，「シビル・ミニマムと公共サービス」『経済論叢』第114巻第1・2号（京都大学経済学会）：1-23

伊藤慎弐，2006，「第一線職員研究の一試論」『社会科学』（第77号　同志社大学人文科学研

究所紀要2006年9月）：1-16

内田充範，2014，「生活保護の適正な運用とは何か──厚生労働省通知の変遷から」『中国四国社会福祉研究』（日本社会福祉学会中国四国ブロック）第3号：1-11

大阪府社会福祉協議会，2013，『社会福祉法人だからできた誰も制度の谷間に落とさない福祉──経済的援助と総合生活相談で行う社会貢献事業』ミネルヴァ書房

大友信勝，2000，『公的扶助の展開──公的扶助研究運動と生活保護行政の歩み』旬報社

小林良二，1980，「福祉事務所と専門職制」『季刊・社会保障研究』（Vol.15, No.3）：141-159

桜井啓太，2020，「生活保護ケースワーク業務の外部委託化提案の経緯とこれから」『賃金と社会保障』No.1754（2020年5月下旬号）：4-22

新藤宗幸，1996，『福祉行政と官僚制』岩波書店

高橋克紀，2014，「ストリート・レベル官僚制論の見直し」『姫路法学』（第55号）：33-55

高橋紘一，1985，『現代都市の福祉行財政──福祉ミニマム水準と財源保障』時潮社

高橋紘士編，2008，『地域包括支援センター実務必携』オーム社

高橋紘士・武藤正樹共編，2013，『地域連携論──医療・看護・福祉の協働と包括的支援』オーム社

武田英樹，2007，「生活保護行政におけるソーシャルワークの課題」『近畿大学豊岡短期大学論集』第4号：49-62

地域包括ケア研究会，2017，『地域包括ケア研究会報告書──2040年に向けた挑戦』（地域包括ケアシステム構築に向けた制度及びサービスのあり方に関する研究事業報告書）

永田祐，2019，「包括的な支援体制の実際」新川達郎・川島典子編『地域福祉政策論』学文社：85-104

畑本裕介，2016，「社会福祉行政とナショナル・ミニマム」『山梨県立大学人間福祉学部紀要』（第11号）：17-29

───，2018，「第7章　福祉行政における総合相談窓口設置──P市の事例をもとに」遠藤久夫・西村幸満編『地域で担う生活支援──自治体の役割と連携』東京大学出版会：157-178

───，2020，「社会福祉行政におけるミクロ権力論：リプスキー再訪」『同志社政策科学研究』第21巻第2号：1-14

平野方紹，2005，「福祉事務所の業務と組織」宇山勝儀・船水浩行編著『福祉事務所運営論第3版』ミネルヴァ書房：89-119

───，2015，「支援の『狭間』をめぐる社会福祉の課題と論点」『社会福祉研究』第122号：19-28

福地潮人，2020，「介護保険制度と『地域包括ケアシステム』構想の課題──介護保険法施行20周年に寄せて」『賃金と社会保障』No.1756（2020年6月下旬号）：4-16

藤澤益夫，1997，『社会保障の発展構造』慶應義塾出版会

松下圭一，1971，『シビル・ミニマムの思想』東京大学出版会

真山達志，1991，「行政実施の理論」宇都宮深志・新川達郎編『行政と執行の理論』東海大学出版会：211-236

三浦文夫, 1987, 『増補社会福祉政策研究』全国社会福祉協議会

山本隆, 1989, 「措置費制度の歴史的性格」成瀬龍夫他『福祉改革と福祉補助金』ミネルヴァ
　書房：132-168

横川正平, 2014, 『地方分権と医療・福祉政策の変容――地方自治体の自律的政策執行が医
　療・福祉政策に及ぼす影響』創成社

横浜市保険福祉局, 2006, 『横浜市社会福祉基礎構造改革検討会報告書』

吉永純, 2020, 「生活保護ケースワーク民間委託の問題点――現行法制, 給付とケースワー
　ク, 現場の意見を踏まえた考察」『賃金と社会保障』No.1754（2020年5月下旬号）：23-34

六波羅詩朗, 1994, 「福祉事務所の役割と課題（上）」『長野大学紀要』第16巻第1・2号合併
　号：67-77

Bartels, K.P.R., 2013, "Public Encounters: The History and Future of Face-to-face Contact
　between Public Professionals and Citizens", *Public Administration Vol.91, No.2*: 469-
　483

Brodkin, E. Z., 2013, "Street-Level Organizations and Welfare State", Brodkin E. Z. & G.
　Marston (eds.) *Work and the Welfare State: Street-Level Organizations and the Workfare
　Politics*, Georgetown university press (Washington DC): 17-34

Durose, C., 2011, "Revisiting Lipsky: Front-Line Work in UK Local Governance", *Political
　Studies*, Vol 59: 978-995

Edwards, E., & J. Glover, 2001 "Risk, citizenship and welfare : introduction", Edwards, E.,
　& J.Glover (eds.) 2001, *Risk and citizenship*, Routledge: 1-18

Evans, T., 2010, *Professional Discretion in Welfare Services: Beyond Street-Level
　Bureaucracy*, Routledge

Hupe, P., M. Hill & A. Buffat, 2015, "Introduction: defining and understanding street-level
　bureaucracy", Hupe, P., M. Hill & A. Buffat (eds) *Understanding Street-Level
　Bureaucracy*, Polity Press (Bristol), 3-24

Lipsky, M., 1980, *Street-Level Bureaucracy: Dilemmas of the Individual in public Services*,
　Russell Sage Foundation (New York) ＝ 田尾雅夫・北王路信郷訳, 1986, 『行政サービス
　のディレンマ――ストリート・レベルの官僚制』木鐸社

―――, 2010, *Street-Level Bureaucracy: Dilemmas of the Individual in public Services 30th
　Anniversary Expanded Edition*, Russell Sage Foundation (New York)

Scourfield, P., 2013, "Even Further beyond Street-Level Bureaucracy: The Dispersal of
　Discretion Exercised in Decisions made in Older People's Care Home Reviews", *British
　Journal of Social Work (2013)*: 1-18

索　引

■著者紹介

畑本 裕介 (はたもと・ゆうすけ)

1971年生. 慶應義塾大学大学院法学研究科政治学専攻後期博士課程単位取得退学
博士 (公共政策学／熊本大学)
山口学芸大学, 山梨県立大学などを経て,
現在, 同志社大学政策学部教授

◉主要業績◉

『再帰性と社会福祉・社会保障──〈生〉と福祉国家の空白化』(生活書院, 2008年)
『社会政策の視点──現代社会と福祉を考える』(法律文化社, 2011年／共著)
『社会福祉行政──行財政と福祉計画』(法律文化社, 2012年)

Horitsu Bunka Sha

新版 社会福祉行政
── 福祉事務所論から新たな行政機構論へ

2021年8月25日　初版第1刷発行

著　者　　畑本裕介

発行者　　畑　　　光

発行所　　株式会社 法律文化社

〒603-8053
京都市北区上賀茂岩ヶ垣内町71
電話 075(791)7131　FAX 075(721)8400
https://www.hou-bun.com/

印刷：㈱冨山房インターナショナル／製本：㈱藤沢製本
装幀：白沢　正

ISBN 978-4-589-04168-5

三好禎之編

初めての社会福祉論

A 5 判・176頁・2420円

保育・介護を初めて学ぶ人に，社会福祉専門職として修得すべき基礎知識だけでなく，地域の住民を支える役割，身に付けたい世界観まで解説。貧困や介護事故対応など今日的課題も理解できるように資料やコラムを多数収載。

古橋エツ子編

新・初めての社会保障論〔第2版〕

A 5 判・218頁・2530円

日本の社会保障・社会福祉制度を，定義，理念，歴史的背景・経緯，今後の課題について，初学者向けにわかりやすく解説。社会福祉・精神保健福祉士などの国家試験にも対応できるよう配慮。2021年秋に第3版刊行予定。

神野直彦・山本 隆・山本惠子編著

社会福祉行財政計画論

A 5 判・256頁・2860円

危機の福祉をいかに立て直すか。「3つの政府」体系構想を軸に福祉サービスと財政を考える。福祉行財政の実施体制や実際を概観し，計画を支える理念や目的を解説。領域別の具体事例を参考に政策力・計画力を養う。

河野正輝・中島 誠・西田和弘編

社 会 保 障 論〔第3版〕

四六判・368頁・2860円

社会保障制度のしくみをわかりやすく概説した入門書。より深く学べるように制度の背景にある考え方や理念がどのように反映されているのかについても言及。旧版刊行（2011年）以降の法改正や関連動向をふまえ全面改訂。

増田雅暢・脇野幸太郎編

よくわかる公的扶助論
―低所得者に対する支援と生活保護制度―

A 5 判・196頁・2640円

社会福祉士養成の指定科目「低所得者に対する支援と生活保護制度」の内容を網羅した「公的扶助論」について，生活保護制度の概要や歴史を中心にコンパクトにまとめ，近年の政策動向や基本判例もふまえ理解を深める。

―――――法律文化社―――――

表示価格は消費税10%を含んだ価格です